公共图书馆

# 中国公共图书馆
# 创新案例

段宇锋 金晓明 编著

Innovation Cases of
Public Libraries in China

上海交通大学出版社
SHANGHAI JIAO TONG UNIVERSITY PRESS

**内容提要**

本书分为理念与制度创新、技术与业务创新、空间创新、重点群体服务创新四个部分,通过21个案例系统地反映近十年中国公共图书馆界具有典型意义的服务创新实践。在中国图书馆事业的繁荣发展前所未有的宏观环境下,为公共图书馆在微观领域如何创新分享创新经验,为系统地进行图书馆创新研究提供素材。

**图书在版编目(C I P)数据**

中国公共图书馆创新案例 / 段宇锋,金晓明编著. —上海:上海交通大学出版社,2020

ISBN 978 - 7 - 313 - 23761 - 3

Ⅰ.①中…　Ⅱ.①段…　②金…　Ⅲ.①公共图书馆-图书馆管理-案例-中国　Ⅳ.①G259.252

中国版本图书馆 CIP 数据核字(2020)第 171647 号

中国公共图书馆创新案例
ZHONGGUO GONGGONG TUSHUGUAN CHUANGXI ANLI

编　　著:段宇锋　金晓明
出版发行:上海交通大学出版社　　　　地　　址:上海市番禺路 951 号
邮政编码:200030　　　　　　　　　　电　　话:021 - 64071208
印　　刷:上海天地海设计印刷有限公司　经　　销:全国新华书店
开　　本:710mm×1000mm　1/16　　印　　张:14.75
字　　数:287 千字
版　　次:2020 年 11 月第 1 版　　　　印　　次:2020 年 11 月第 1 次印刷
书　　号:ISBN 978 - 7 - 313 - 23761 - 3
定　　价:68.00 元

# 序　　一

中国进入全面建成小康社会的新时代,创新成为引领发展的第一动力。党和政府制定了建设创新型国家的蓝图。2012 年,党的十八大提出实施国家创新驱动战略,2016 年,中共中央、国务院印发《国家创新驱动发展战略纲要》,党的十八届五中全会确立以创新、协调、绿色、开放、共享的新发展理念指导各项工作,党的十九大提出加快建设创新型国家,加强国家创新体系建设,倡导创新文化,激发全民族文化创新创造活力,建设社会主义文化强国。习近平总书记发表了一系列关于创新的重要论述,在给国家图书馆老专家回信中对图书馆创新提出殷切期望。在党和国家一系列创新理念、战略、政策、措施的指导和推动下,全国图书馆工作者积极响应,掀起了前所未有的创新浪潮,充分发挥智慧和才能,不断推动创新向纵深发展,取得了丰硕的成果。图书馆事业在创新的引领下,充满生机和活力,在许多方面取得突破性发展。图书馆的服务效益和效能显著提高,更好地满足了经济社会发展的需求,为人民群众提供了更丰富更高质量的文化服务。

对创新经验及时加以总结与推广,对于推动创新不断向前发展是十分重要的。段宇锋和金晓明同志编的《中国公共图书馆创新案例》,精选了 21 个优秀案例,涵盖了图书馆理念与制度创新、技术与业务创新、空间创新、服务创新等方面,其中多个案例获得了国际、国内著名奖项,享有盛誉,具有很强的示范性。案例的写作建立在深入的实地调研和翔实的数据、资料基础之上。对案例的介绍从诞生的背景、方案的形成、实施的过程到实施的效果、发展的前景一一做出了客观、详尽的描述,并加以准确精当的分析和评价,无论对科研、教学工作者,还是创新实践者都具有很高的学习、借鉴、参考价值。

这些案例具有以下特点:

其一,鲜明的时代特征和中国特色。中国特色社会主义进入新时代,全面建成小康社会,满足人民对美好生活的新期待,是新时代中国特色社会主义建设的奋斗总目标。新时代的公共图书馆事业与全面建成小康社会总目标息息相关。建设覆盖城乡的公共图书馆网络,提供普惠、便捷、优质的服务,是新时代图书馆事业建设的重点目标。围绕这一目标,各地因地制宜,大胆创新,创造了各具特色的基层图书馆新形态与总分馆制建设的新模式，嘉兴等地的总分馆制、城市书房、图书馆驿站、和合书吧案例就是其中的部分典型代表。

其二，彰显了我国公共图书馆人文关怀的价值观，诠释了图书馆服务新理念。习近平总书记指出，图书馆是国家文化发展水平的重要标志，是滋养民族心灵、培育文化自信的重要场所。案例中的公共图书馆牢记肩负的使命，把保障视障人士等特殊群体、贫困地区群众特别是留守儿童的文化权益放在重要位置，用贴心的服务传递温暖，让文化滋养人们的心灵，用知识的力量助力脱贫，为社会和谐发展作出贡献，生动地诠释了平等、公益等公共图书馆服务理念的内涵。秉持以读者为本，以需求为导向的服务理念，"彩云服务"案例创造了文献采选的新途径，打破图书馆文献采购的传统做法，给予读者一定的参与权、选择权，大幅提高了图书借阅率，达到了提高服务效能的目标。

其三，积极把握现代信息技术提供的机遇，实现创新发展。网络化、数字化、智能化是当代图书馆发展的潮流，新技术的应用为图书馆解决现实问题，提高管理效率和服务效益提供了强大的工具。本案例集对数字阅读与 RFID 技术在我国图书馆的应用与发展过程有详细的介绍，充分证明了应用现代科学技术对图书馆实现高质量发展非常重要。

发展没有止境，创新永远在路上。回顾创新发展的历程，中国图书馆人充满成就感。展望未来，任重而道远，勤奋、智慧的中国图书馆人将谱写绚丽的新篇章。我们有信心创造更加美好的未来！

刘小琴

# 序　二

对于任何一个行业,创新都是其发展的强大动力。图书馆行业也不例外。以往图书馆领域的创新,无论是杜威十进分类法、克特卡片目录的发明,还是机读目录格式、联机编目系统的研发,无论是 Web 2.0、云计算、物联网的应用,还是移动技术、大数据、人工智能的应用,都大大促进了图书馆事业的进步。但是,图书馆人津津乐道的创新往往是技术或方法领域的创新。相对于技术领域的创新,管理创新更值得图书馆人关注。管理创新定义即"明显偏离了传统的管理原则、流程和实践,或者偏离了显著改变管理执行方式习惯的组织形式"(Hamel,2000)。由于图书馆行业的某些特殊性,管理创新一直难以成为图书馆发展的主要动力。早在 1984 年,管理学家达曼普和埃文就注意到图书馆关注技术创新远胜管理创新的问题。他们通过对 85 个公共图书馆的研究得出结论:"图书馆采用技术创新的速度要比管理创新快",并断言"高绩效组织中管理创新和技术创新的相关度比低绩效组织中的更高"(Damanpour and Evan,1984)。由于忽视管理和服务的创新,图书馆行业往往被当成一个更偏重保守、远离创新的行业。马克斯·韦伯曾在《新教伦理与资本主义精神》提出"铁笼"(iron cage)概念,1983 年被迪马乔和沃尔特引入管理学领域,作为一种保守的管理文化现象(Di Maggio and Walter,1983)。2017 年,罗纳德·詹茨发表《创立图书馆的创新文化:通过管理创新摆脱铁笼》,首次用"铁笼文化"形容图书馆的保守文化。詹茨认为,图书馆人拥有根深蒂固的价值观和信念,这种文化以一种维持现状的方式行事,因此很难实施一项重大的创新。该文结论期待新一代图书馆管理者,即"以非常规方式进行思考,充实现有服务并树立根本性新服务理念的领导者"(Jantz,2017)。

公共图书馆的创新动力源于图书馆用户需求变化。早期公共图书馆公认的三大职能——社会教育职能、文化娱乐职能、信息服务职能,正在随着社会环境的变化而日益弱化:由于义务教育的普及而导致全社会文盲率大幅下降,早期公共图书馆的社会教育职能已经变得可有可无;由于社会文化娱乐方式增多,特别是广播电视、电子游戏的出现与普及,公众已经不将读书当成最主要的娱乐休闲方式,公共图书馆文化娱乐功能的吸引力大幅下降;由于社会信息获取途径的多样化和普及化,公众对图书馆的知识与信息服务的需求不再是刚性需求,公共图书馆信息提供的职能已经走向边缘。尽管这些变化对于图书馆行业的影响十分深刻,但因为它们持续发生在近半个多世纪的时间里,很多图书馆人对于它们所导致的危险已经麻木,无法感受到这些变化对于公共图书馆的巨大挑战。著名图书馆学家兰开斯特关于变化的许多预言,甚至经常成为国际会议或大学课堂上专家教授们嘲讽的话题。进入信息时代后,互联网信息服务均可争议地取代图书馆信息服务,成为社会最大的公共信息中心。即使如此,仍有相当多的图书馆人不屑于变革与创新,这就是詹茨以铁笼文化形容图书馆文化的行业背景。

　　随着信息环境的变化,图书馆传统价值的逐渐消失,发达国家图书馆读者人数一再下降,经费一再削减,人员一再裁减。一个描述图书馆现状的新术语出现了,这就是"新常态"(New Normal)。新常态的概念是2009年D.安东尼在《不断变化是新常态》一文中首次提出,2012年,(ALA)将其引入用于评价高校图书馆:"美国高校图书馆处于'新常态',其特点是预算停滞,成本增加,学生增加,员工减少,以及在高等教育中显示价值的新的紧迫性和重要性"(ALA,2012)。很快,"新常态"的概念由高校图书馆走向公共图书馆,并由吴建中先生引入我国(吴建中,2012)。比美国图书馆"新常态"更为严峻的事实是,在公共图书馆的故乡英国,维持"新常态"却并非易事。2010年以后英国公共图书馆出现成百成百的关闭,公共图书馆从业人员数量下降四分之一以上,英国朝野关于修订1964年《公共图书馆和博物馆法》的呼声也越来越强烈。可以毫不夸张地说,兰开斯特曾经预言的图书馆消亡,在英国公共图书馆领域正在部分变为现实。此时,人们才能清楚地看到1990年代以来美国图书馆人持续的服务创新尝试的价值。同样面临信息环境变化带来的挑战,美国公共图书馆并没有出现英国那样的关闭情形。这是因为他们以更加积极的创新姿态应对挑战。在创新文化激励下,美国图书馆的各种新型服务(在统计指标中一般用"活动"表示)的参与人数,早已超越传统文献借阅服务人数,成为图书馆的主流服务。正是通过不断发展的创新服务,美国公共图书馆通过继续吸引读者参与,获得社会与公众的支持。这就是图书馆服务创新的价值。

　　翻阅图书馆学文献可以发现,图书馆人对图书馆服务创新的评价是空前的。图书馆服务创新早已超出基层图书馆管理与服务人员的探索,而成为图书馆战略和顶层设计的一部分。2013年美国《图书馆杂志》召开主题为"创新始于顶层:思维设计与对应措施"的高层峰会,这次会议标志着图书馆服务创新已经从部分图书馆员的个人行为转向由图书馆管理者顶层设计推动的整体战略。同年美国哈伍德学院与 ALA 合办的公共创新实验室问世，标志着图书馆行业组织直接介入图书馆服务创新的设计。在图书馆招聘广告中，"创新经理（Innovation Manager）""创新主任（Innovation Librarian）"一类新职务频频出现。我的微信公号中曾报道过美国丹顿公共图书馆"阅读文身"的创新服务活动，这一活动的组织者就是丹顿公共图书馆一位名为 Anne Kemmerling 的创新经理。图书馆管理者也试图通过激励创新形成新的图书馆文化。2014 年，纽约公共图书馆启动了一个创新项目（New York Public Library's Innovation Project），该项目旨在创造一种变革文化，使纽约公共图书馆的员工能够提出创新方案来应对图书馆面临的挑战。图书馆人对于管理创新与服务创新的普遍追求，清晰表明他们已经与"铁笼文化"决裂，成为一个勇于追求创新的富有生气的行业。

在我国，2011 年文化部、财政部下发《关于推进全国美术馆公共图书馆文化馆（站）免费开放工作的意见》，以中央政府资金补贴和奖励解决了公共图书馆免费开展服务项目的后顾之忧。这一政策为我国公共图书馆服务创新注入了强大的动力。特别是中央政府用于免费开放的补贴资金明确为"开展基本公共文化服务项目经费"，这意味着公共图书馆需要开展更多更好的服务项目，满足人民群众对于公共文化的新需求。开展基本公共文化服务项目的新要求，大大冲击了公共图书馆传统的业务流程与业务模式，是中国图书馆人面临的全新挑战。而中国图书馆人也不负时代所托，他们表现出我国图书馆发展史上罕见的热情、勇气、智慧与见识，大力开展服务创新。由于公共图书馆人的不断创新，我国公共图书馆服务水平迅速弥补了与发达国家的差距，成为当前全球公共图书馆发展的最大亮色之一。

段宇锋教授曾长期研究情报学和文献计量学，具有良好的科学素养和敏锐的学术洞察力。早在 2015 年，段宇锋教授开始研究公共图书馆服务创新问题。2018 年起，受我国公共图书馆服务创新大潮的感染，段教授带领他的团队，下沉到东中西部基层、社区、乡镇，认真调研，细心梳理，对公共图书馆服务创新案例进行富有学理性的深入研究。本书收录的 21 个案例，就是段教授公共图书馆服务创新案例的一部分。这些案例中，既有近年来特别受人关注的理念创新与制度创新，也有图书馆人长期引以为自豪的技术创新与业务创新；既有充分展示我国公共图书馆整体形象的空间创新，也有体现公共图书馆核心价值与使命的重点服务人群创新。案例中的图书馆，既有上海图书馆、杭州图书馆这样的超级明星馆，也有贵州、云南、内蒙等"老少边贫"地区图书馆。案例中的图书馆各有特色,但无一不是面向公众需求的新变化,坚持现代公共图书馆理念,建设适合本地特色的多样化的图书馆服务体系,开展多层次多模式的公共图书馆公众服务,以服务创新提升公共图书馆的服务能力的典范。

范并思

# 前　言

创新始终是图书馆事业发展的驱动力(Buckland，1996)。"图书馆是成长着的有机体"(Ranganathan，1931)，"在威胁和希望并存的环境中，图书馆员必须同时是批评家和缔造者，破除一切陈腐、不合时宜的，缔造自己的未来"(Shera，1966)，这些观点被全世界的图书馆人奉为圭臬。20 世纪 80 年代，信息技术迅猛发展引发的数字化浪潮对传统的信息存储、传播和利用方式产生了巨大冲击，90年代互联网的普及加剧了这一进程，人们获取信息的渠道越来越丰富、便捷，图书馆的读者迅速流失(刘国勋，1988；Atkins，1991；Budd，2012；Michalak，2012)。面对变化，图书馆唯有创新才能获得新生(Stoffle，2003)。正是在此时，睿智、坚韧的中国图书馆人开始系统地思考和探索中国图书馆的未来发展之路。

在这 30 年中，创新成为中国图书馆界一道靓丽的风景。中国的图书馆事业不仅从低谷中走出，还缔造了一个又一个令世人瞩目的成就。例如，2017 年的第14 届 IFLA BibLibre 国际营销奖前 10 的项目中中国独占 6 席，并包揽了前 3 名；中国图书馆学会公共图书馆分会举办的"创新引领未来——第一届公共图书馆创新创意征集推广活动"，收到了来自全国的 311 项作品，覆盖面之广，内容之丰富令人叹为观止。

作为中国图书情报界的一员，金晓明先生和我萌发了要让更多的人了解这些成功实践，甚至向全世界宣告中国图书馆界辉煌创新成就的想法。在范并思教授、吴建中馆长等学界和业界权威专家的悉心指导下，我们选择了一批近十余年在中国公共图书馆领域产生了较广泛影响、具有代表性的理念创新、技术创新和业务创新实践案例，从 2017 年 5 月起进行了长达 2 年的调研、素材整理和撰写工作，力求客观、完整地呈现这些创新从创意到实施的全过程，分享创新成功经验。在推进过程中，我们一方面感受到创新给中国图书馆界带来的蓬勃生机和活力，另一方面也惊诧地发现无论业界还是学界都没有给予创新管理足够的重视。2016 年 12 月 25 日《中华人民共和国公共文化服务保障法》和 2017 年 11 月 4 日《中华人民共和国公共图书馆法》相继颁布，为中国图书馆事业的繁荣发展营造了前所未有的宏观环境。但是，在微观领域，图书馆如何创新，如何获得持续创新能力,在理论和实践上都缺乏可资借鉴的成果。因此,本书也希望能为系统的图书馆创新管理研究提供素材。

本书为国家社会科学基金重大项目"图书馆阅读推广理论与实践研究"(项目编号:18ZDA324)的研究成果之一。在本书完成之际,我们衷心地感谢各位图书馆的领导和馆员对调研给予的大力支持!感谢刘小琴女士对此项工作的鼓励!感谢吴建中馆长、范并思教授等专家的慷慨指导!感谢《图书馆杂志》《图书馆论坛》和上海交通大学出版社对本书出版提供的帮助!感谢参与调研、资料整理和案例编写的合作者们的付出!

# 目　　录

## 重点群体服务创新

# 理念与制度创新

联合国教科文组织（UNESCO）在《IFLA/UNESCO Public Library Manifesto 1994》中宣告，"联合国教科文组织坚信公共图书馆是传播教育、文化和信息的一支有生力量，是促使人们寻找和平和精神幸福的基本资源。"

20世纪90年代以来，计算机和网络技术的发展和普及颠覆了原有的社会信息环境。面对挑战，公共图书馆必须破除理念和制度上一切不利于创新发展的陈腐观念和僵化的体制，与时俱进，创新发展。

公共图书馆的理念与制度创新主要体现在3个方面：一是观念创新。公共图书馆要紧密结合当前经济和社会发展的现实需求，秉承跨界、融合的新思维，解放思想，更加有效地发挥公共图书馆的社会价值；二是体系创新。公共图书馆作为人们寻求知识的重要渠道，要打破固有的组织壁垒，突破单个图书馆的局限，构建多层次、多元化的服务体系，以适应个人和社会群体终身教育、自主决策和文化发展的需要；三是运行机制创新。开放、合作是当今时代的主旋律，中国图书馆学会第七届四次理事会审议通过的《图书馆宣言》因而提出，"图书馆与一切关心图书馆事业的组织和个人真诚合作"。与此同时，权力意识的觉醒使得读者主动参与公共图书馆管理、运行的意愿越来越强烈。内、外部因素共同推动着公共图书馆运行机制的创新。

# 上海图书馆创·新空间 *

熊泽泉①（华东师范大学图书馆，华东师范大学经济与管理学部）
段宇锋②（华东师范大学经济与管理学部）

**摘　要**：在全球数字化高度发展的大背景下，公众对于文献资源获取的成本和难度在逐渐降低，对于图书馆的依赖正日趋减弱，公共图书馆利用新技术，对传统服务实施转型升级已成为大势所趋。上海图书馆创·新空间在这样一个背景下应运而生，并迅速成为国内公共图书馆创新服务的一个典范。本文基于对创·新空间馆员的调研访谈，对创·新空间的缘起、起步、发展等多个阶段进行了全貌展示，并对创·新空间在发展过程中所产生的思考以及解决方案进行了深入揭示，为公共图书馆服务转型升级提供了很好的借鉴材料。

**关键词**：创·新空间创客空间；空间服务；上海图书馆；创新服务

2013 年 5 月，上海图书馆推出"创·新空间"服务，引发了国内图书馆空间再造的热潮。在四年的运营过程中，"创·新空间"积累了丰富的经验，获得了社会的一致认可。2020 年上海图书馆浦东新馆开馆在即，如何在新馆的空间建设中再铸辉煌，成为"创·新空间"团队关注的重点。

# 1. 缘起

20 世纪 90 年代以来，作为现代服务业重要组成部分的文化创意产业，逐渐渗透到各行各业。如产品构思、设计、造型、包装、商标、广告等，无一不凝结着文

---

　＊　案例发表于《图书馆杂志》2018 年第 2 期。文中未标明出处的数据和素材来源于上海图书馆创·新空间业务报告和访谈，在此衷心感谢上海图书馆对本文撰写提供的支持。
　①　熊泽泉，华东师范大学图书馆情报咨询部，副主任，馆员。
　②　段宇锋，华东师范大学经济与管理学部，教授，博士生导师。

化素养、文化个性和审美意识。上海市政府逐渐意识到文化创意产业的重要性，在全国首创园区建设与历史建筑保护相结合的发展模式，于 2005 年 4 月为第一批文化创意园区授牌；2010 年 2 月，上海市加入联合国教科文组织"创意城市网络"，被联合国教科文组织授予"设计之都"的称号。作为全国文化体制改革试点城市，上海不断创新和完善文化创意产业发展的各项政策。根据国家《文化产业振兴规划》，上海市连续推出《关于加快本市文化产业发展的若干意见》《上海市金融支持文化产业发展繁荣的实施意见》《上海创意产业"十一五"发展规划》《上海创意产业发展重点指南》等一系列指导性文件。同年 9 月，上海市成立文化创意产业推进领导小组及办公室，统筹上海市文化创意产业的发展。

　　在上海市文化创意产业蓬勃发展的背景下，2011 年 3 月 25 日，上海市文化创意产业推进领导小组办公室成立了"上海文化创意产业信息中心"，并落地于上海图书馆，希望利用上海图书馆在文献馆藏、信息分析、情报咨询等方面的优势，推动上海市"创新驱动，转型发展"的战略规划。为了切实发挥信息中心的作用，上海图书馆开始思考文化创意产业到底是什么？作为公共图书馆，如何助力文化创意产业？如何让公众了解文化创意等一系列问题。当时创客的概念在国外已经兴起，并逐渐影响到一些高校图书馆和公共图书馆[1]43，图书馆空间服务的理论迅速发展。创客的创新与特种文献、信息服务紧密相连，图书馆是否可以建立一个支持社会创新、创造活动的创客空间呢？

# 2. 起步

## 2.1　定位与服务模式

　　有了初步的设想，上海图书馆便迅速启动了创客空间的筹建工作。创客空间的概念在当时国内虽然已有一些理论介绍，但尚未有图书馆进行实践，上海图书馆作为"第一个吃螃蟹"的公共图书馆，前期的困难可想而知。其中，第一个需要解决的问题便是创客空间的定位及服务模式的确定。在前期多次讨论和调研的基础上，上海图书馆将创客空间定位为文化创意产业普及，即为创客等群体提供专业信息服务，搭建交流、展示平台，同时让普通市民也能够参与到新产品、新技术的创新与体验中。

　　如果仅仅将文化创意产业相关的资源整合在一起开放给公众，那新的空间就与常规主题阅览室无异。为了寻找适宜的服务模式，上海图书馆在充分调研国内外公共图书馆、学校图书馆的空间建设情况，并与企业、大专院校相关专业学生、创客团队、新锐设计师深入访谈的基础上，提出在现有文献资源的基础上，引进人、设备、技术三大块内容,建立资源、人、物理空间三位一体的服务模式,使空间围绕"激活创意、知识交流"这一主旨,以各类创新型活动项目作为载体,激活读者智慧,营造创新氛围,实现创新灵感与设计的对接。另外,为了打造属于上海图书馆的自有品牌,实现更好的传播效果,在确定创客空间的定位及服务模式后,上海图书馆将创客空间的名称正式命名为"创·新空间"。

## 2.2　资源配置

"创·新空间"的资源配置主要涉及与创新、创意相关的文献资源、软件、创意开发与体验设备的采购、布局等内容。

### 2.2.1　文献资源

"创·新空间"建立在原专利标准特种文献阅览室的基础上,拥有大量专利、标准、科技报告等资源,很多都与创新、创造理念相关,但是"创·新空间"空间有限,无法存放大量的纸质资源。因此,团队成员对纸质资源进行了清理,剔除了许多内容重复、符合停订标准和年限过久的工具书、文摘、专利公报等,保留了与文创产业相关的特种文献资源。对于新引进的纸质图书,主要根据上海市文化创意产业推进领导小组办公室和上海市统计局在 2011 年 9 月发布的《上海市文化创意产业分类目录》中提出的十大文化创意产业,涉及媒体、艺术、工业设计、时尚、建筑设计、网络信息、软件、咨询服务、广告会展及休闲娱乐的各类文献资源[1]。再经过反复调研,根据《中国图书馆分类法》第五版的主要分类,主要收录了 J、TB、TS、TU 四大类图书作为室藏。到 2013 年 5 月"创·新空间"开放时,共有中外文创意类书籍 5000 余册,设计类期刊 175 种[2],以及部分专利、标准工具书。

上海图书馆拥有着大量的电子期刊、电子图书、专利、标准等数字资源,但是艺术设计类资源却处于稀缺状态,为此,"创·新空间"馆员对全球范围内的时尚创意产业数据库产品进行了全面的调研,通过试用,比对资源优劣;同时考量不同采购服务模式的适用性,出具书面采购意见。采购的电子资源包括:WGSN Fashion、WGSN LIFESTYLE & INTERIORS、Oxford Art Online(牛津格罗夫艺术在线)、The Women's Wear Daily Archive、Bridgeman 艺术图书馆、EBSCO Art Source、Berg Fashion Library、Stylesight 等。

### 2.2.2　软件

利用计算机进行创意的可视化呈现是文化创意产业上重要的一环,为了迎合读者对于设计类计算机辅助工具的使用需求,"创·新空间"采购了大量平面设计、三维设计、工业设计、网页设计、视频编辑领域的主流软件,主要包括表 1 中的类别:

表 1    创新空间购置的软件资源

| 软件功能 | 软件名称 |
|---|---|
| 平面绘图 | Painter X3、Adobe Creative Suite、CorelDRAW Graphics Suite X6 |
| 三维建模 | 3ds Max 2015、SketchUp Pro 2014 |
| 动画视频 | Maya 2015、Luxology modo801、VideoStudio Pro X4 |
| 机械设计 | SolidWorks 2014、Rhinoceros 5 |

软件的配置和使用,充分考虑了个人创作和团队创作的不同需求。在空间运行初期,信息技术部便采用协同工作模式部署计算机资源,保障团队协作的可操作性,同时,在保证系统存储、共享、传输等方面安全性的前提下,保留了一定的开放性,改善用户体验感。

### 2.2.3    创意开发与体验设备

为了支持创客的创新,同时让普通市民也能够体验创新产品和技术,上海图书馆购入了许多创新创意产品和设备。当时国际上 3D 打印技术趋于成熟,一些国外图书馆已将 3D 打印机用于创客空间,因此"创·新空间"在国内图书馆中率先购入了 3D 打印机,为创客提供 3D 打印服务。这一空间服务迅速获得了读者的热捧,每天来体验的人络绎不绝。随后,"创·新空间"又紧随科技潮流,购入了大疆无人机、谷歌眼镜、VR 设备等,供读者体验,并提供了相应的背景知识介绍,让读者在亲身体验高科技产品的同时,对产品的原理、制造过程等也能有一个大概的了解。

利用"创·新空间"提供的 3D 打印机等设备,创客大大地提高了创新创造的效率。譬如,在某创客团队的科创项目中,创客需要对车厢顶轴进行设计,在与"创·新空间"馆员共同讨论三维设计结构和参数的基础上,团队成员利用 3D 打印机对设计模型进行了打印,快速地对设计草图进行了立体呈现,发现设计中的不足之处,并迅速作出改进,有效地解决了设计需求,降低了开发成本。此外,"创·新空间"以"3D 方兴? 4D 不远!"为主题,进行 3D 打印展览活动。在展览的同时,提供大量关于 3D 打印的书籍,和多型号多级别的 3D 打印机供读者体验,并邀请《商业生态》(*BUSINESS ECOLOGY*)杂志编委现场介绍 3D 技术的基本情况及实际案例。

## 2.3    空间设计

为了充分体现"创·新空间"在文化创意产业普及活动中的定位,将图书馆传统阅读服务与创新、创意的体验、分享、交流等新型服务融为一体,"创·新空间"在布局上注意了空间的动静结合,将整体划分为阅读空间、信息共享空间、专利标准服务空间、创意设计展览空间、全媒体交流体验空间五大功能区域[3]。由于"创·新空间"面积有限,因此各区域之间不设明显隔断,仅依靠家具、设备等软装来进行功能的区分;同时,采用白色作为空间的主色调,既凸显了科技感,又让空间显得更加宽敞明亮;除此之外,定制嵌入式的家具设备,以节省空间面积。五大功能区域具体为:

- 阅读空间:主要提供传统的阅读服务与检索服务。该空间提供数千册中外文创意设计类新书和上百种创意类外文期刊供读者阅览;空间书架采用 S 型的流线型设计,围绕在阅读空间内,方便读者取阅;对于一些厚重的不便取阅的艺术与设计类的大开本图册,将其放置在空间中心区域的阅览桌上,供读者随意翻阅;空间内提供 16 台高配置一体机,并配置有 AUTODESK 123D、Coreldraw 等设计类软件及多种设计类数据库,读者可方便地进行资料查询与设计作图。

- 信息共享空间:主要为读者提供讲座、讨论的场地。该空间配置有多媒体投影设备和五十余个座位,充分体现了"创·新空间"分享与交流的目的。

- 专利标准服务空间:"创·新空间"建立在原专利标准特种文献阅览室的基础上,继承了大量与创新创意相关的特种文献与数据库,"创·新空间"将这一类资源集中在一起,为创客提供专利检索、外观检索等服务,并配置专业情报服务人员,将科技查新、外观设计、实用新型等文献情报服务与文化创业产业服务有效结合起来。

- 创意设计展览空间:主要用于各类设计师作品、创意产品的展示。后期引入的高科技产品也主要放在这一区域供读者体验。譬如,上海图书馆在国内图书馆界率先引入了的 3D 打印机和 3D 扫描仪就放在该空间内。

- 全媒体交流体验空间:主要提供人机交互体验。该空间主要由三部分设备组成。第一部分包括六块液晶屏组成的数字画廊,液晶屏滚动展示各国名画及设计作品,并具有动作感应式智能互动功能;第二部分为三组数字创意台,主要用于 CAD 设计,可直接展示 3D 打印设计效果,同时也可通过触摸屏提供视频、图片转换,为小组交流和创意头脑风暴提供多种沟通方式;第三部分为一组大型创意数字化展示台,使用触控技术,用于展示设计历史、创意作品或进行各类主题文件分享。

　　除了上述五大功能区域外,"创·新空间"在其他区域的设计上也注入了动静结合的理念。譬如,在"创·新空间"入口处,设置咨询台,可第一时间为读者提供咨询服务;咨询台后墙设置有三块数字信息显示屏,可滚动宣传"创·新空间"的服务内容,后期也可用于上海图书馆实时人流量、资源流通情况等大数据展示;在已有的开放空间内,购置了两把多媒体试听椅,可让读者包裹其中,既给读者提供了隐私空间,又可以让读者在不影响他人阅读的前提下,沉浸在音乐中产生创意灵感。

## 2.4　人员引进

传统的读者服务一般只涉及借还书业务,但"创·新空间"无论在服务内容、形式上,还是在涉及的要素上,都要复杂得多。譬如,"创·新空间"与读者的交互增多,不仅要回答读者传统的文献检索、专利分析等方面的问题,还必须能够参与支持用户从创意产生到实现的整个过程,需要扮演参考咨询员、创客先锋、社区协调联络员等多重角色[4]。因此,在"创·新空间"的馆员配置上,主要考虑如下四类人员:

- 服务导航型:"创·新空间"提供的服务有别于传统阅览室,需要更多地对读者进行引导与交流,因此需要具有服务意识,善于沟通和信息导引能力的馆员。
- 学科专业型:"创·新空间"要支持不同专业背景的创客创新活动,就要求馆员必须具备相关学科背景,并且熟练掌握各种信息检索技巧,熟悉图书馆各类馆藏资源,能为读者提供深层次的咨询服务。
- 技术支持型:"创·新空间"的主要功能是运用新技术改进传统服务,开展创新服务,为创客提供必要的技术支持,因此,要求馆员不仅具有传统的技术能力,还应具备对新技术的敏感度和自我学习能力。
- 策划推广型:"创·新空间"一方面需要通过传统媒体和新媒体进行信息发布,宣传各类讲座和活动信息;另一方面需要联系创客、创新团队共同设计活动方案,因此需要工作人员具备一定的营销策划知识和推广经验。

围绕"创·新空间"工作人员的甄选,上海图书馆在自愿报名的基础上专门组织选拔考试,评价馆员的表达能力、逻辑分析能力、信息素养、检索技能和对文化创意产业的认知水平,综合考虑他们的学科专业,发挥他们的长处。除此之外,考虑到"创·新空间"的服务还涉及专利查新、多媒体加工等专业化程度较高的内容,因此又在全馆范围内推选出有从事专利标准检索工作三十余年的老馆员和具备模型、广告、信息技术等专业知识背景的年轻馆员,共同组成"创·新空间"的运营团队。经过不断淘汰、补充,目前"创·新空间"共有 9 名馆员,其中,35 岁以下的年轻人超过 70%。

# 3. 发展

创客、创业团队、创新爱好者是新活动的主体。"创·新空间"建设初期,馆员主要依靠主动联系,将各种创新主体吸引进来,包括上海第一个创客空间团队——新车间、同济大学、上海交通大学以及上海视觉艺术学院的团队。经过近一年的调研、筹备，"创·新空间"于2013年5月27日正式开放。"创·新空间"一开放便进入火爆状态，甚至不再需要馆员主动联系创客，每天都有各种创客、创新团队联系上海图书馆，带着他们的创意、产品来到"创·新空间"进行展示和交流，包括上海市最为活跃的创客群体"设计丰收"、美田艺术、上海设计中心等机构和专家[5]。活动内容也多种多样，包括民间艺术、艺术设计、家居设计、生态时尚、DIY小手工、数码科技普及等[6]。自2013年5月至2014年5月底，"创·新空间"共开展各类活动78场，吸引8500余名读者积极参与[5]。2014年10月，在上海设计之都活动周期间，"创·新空间"推出"向自然学习"生态创意展览，引发了新闻媒体的争相报道[7]。

除各类讲座、展览如火如荼开展起来外，"创·新空间"提供的各类情报咨询服务也吸引了大量的读者和企业。2013年11月至2015年7月，"创·新空间"服务专利标准检索近三千人次，涉及专利、标准上万件；针对小微企业在创业初期知识产权意识薄弱的特点，编制了《创之源企业服务手册》，并免费发放给企业。2014年1月起，与上海市中小企业协调办公室合作推出《上海中小企业信息速递》中的科技新干线栏目，提供国外有关新能源、新材料、生命科学、信息通信、机电以及生活创意等内容。这一系列服务得到了小微企业，草根创业者的认可和肯定。

在大众创业、万众创新的时代背景下，为了更好地服务中小企业的创新活动，上海图书馆于2014年7月启动产业图书馆项目，进一步对原资源与服务进行了整合和创新。作为"创·新空间"的馆中馆，产业图书馆在原有特种文献的基础上，加强了产业领域非正式出版物的收集、整理、加工和服务，将重点放在办公和交流方面，以满足创业人群在知识情报方面的需求。产业图书馆主要分为小型办公空间、信息共享空间和产品展示空间[8]，并通过举办各类小型专题论坛、主题报告，开展产业信息增值创新服务、产业信息展览、传播和交流活动，为相关企业新成果、新产品发布、展示提供大众平台。产业图书馆在2014年8月正式上线后，迅速成为上海市中小企业公共服务示范平台的服务窗口。

巨大的社会效应也引起了文化部领导的注意，在2013年底，文化部部长雒树刚作出批示，号召各文化机构向上海图书馆学习，以公众需求为导向，创新运营模式。由此，拉开了国内图书馆空间再造的序幕。

# 4. 思考

2015年初，正当上海图书馆的"创·新空间"服务蓬勃发展，国内其他图书馆亦开始如火如荼地开展创客空间建设的时候,上海图书馆却主动放慢了脚步,开始将重心放在探寻创客空间未来发展方向的思考上。

虽然在近两年的运营过程中,"创·新空间"成效显著,获得了读者和领导的一致好评。但是在馆员们看来,图书馆馆员的核心价值并没有得到充分体现,作为具有专业化信息能力的图书馆员在创客空间仍有很大的发展空间。为了寻求"创·新空间"在服务内容、服务模式等方面的突破,在读者的创新创造活动中更加凸显图书馆和图书馆员的价值,并让更多的人受益于此,有必要对前期的工作进行总结,对未来的发展与变革进行思考。"创·新空间"的活动也因此进入减量提质的调整阶段。

首先,运营团队严格筛选"创·新空间"的活动,将数量压缩了一半以上。只有与上海图书馆的本身定位相符、资源契合,新颖性突出,体验交互性强的活动才会举办;而具有明显商业化特征,或者与图书馆相关度不高、可以在其他文化机构开展的活动则不再被空间接纳。

其次,抓管理,提升活动品质成为工作的重点。对于进入"创·新空间"的活动,设专人与相应机构或者个人对接,制定详细的日程安排表,确保每次活动前都提前进行沟通,并对活动的内容进行审核。也就是说,由专门的馆员负责整个活动的始末,包括联系、接待、策划、布展、宣传等工作,这对于馆员来说是一种压力,也是一种激励,更好地体现了馆员在活动中的个人价值。

除此之外,上海图书馆的领导和"创·新空间"的馆员在不断深入了解创客的真实需求,优化运营和管理细节,提高用户满意度。譬如,对于中文文献,读者一般需要理论、指导性文献,而不需要图册,而对于外文文献,大部分读者则只看图册,不会去阅读理论性文献;除了语言因素外,不同专业人员对资源也有偏好,譬如园林专业的读者喜欢看理论性文献,而建筑设计类的读者则倾向于看图册。根据这些在平常工作中发现的细节,馆员们不断根据读者的需求对资源进行优化调整,剔除使用量低的资源,增加读者真正需要的资源。

通过上述措施,在保证"创·新空间"有条不紊运营的同时,馆员们有了更多的时间进行深入思考,在空间布局、服务内容等方面获得了诸多良策。

在空间布局方面,现有的空间布局受限于上海图书馆原有的空间结构,采用开放式设计,虽然最大化利用了空间面积,但也易带来不同读者之间的矛盾[3]。譬如,"创·新空间"在开展活动或讲座时,难免会发出声响,而图书馆阅读区域的读者又希望有一个安静的阅读环境;如何能同时满足双方的需求?馆员们提出了一系列的解决方案,其中不少方案已经获得了上海图书馆领导的认可,相信不久将在上海图书馆浦东新馆中付诸实践。

在服务内容方面,现有的"创·新空间"服务,图书馆在其中扮演的更多的是辅助角色,譬如为创客的产品设计提供资源服务,为小微企业产品的研发提供情报服务,为设计师的作品提供展出空间,等等。如何提高公共图书馆及其馆员在这一系列创新创造活动中的地位和价值?馆员们针对这一问题同样展开了热烈的讨论,一些馆员认为大数据时代,读者之间的数字鸿沟逐渐减小,而数据鸿沟则逐渐显现,而对大数据的处理能力,在当今双创环境下至关重要,图书馆员可以运用自己在数据素养方面的竞争力,提高数据处理能力,在创客活动中提供数据分析与挖掘服务,凸显更高的价值。另一些馆员认为,还可以将更多的专业服务人员引入"创·新空间",甚至与金融、专利服务、商标注册等机构合作,提供现场办公,为创客解决产品走向市场等一系列问题提供帮助[3]。

# 5. 砥砺前行

　　2015 年之后,上图人不断地总结与讨论,蓄势待发,等待着在浦东新馆大展拳脚。2017 年 8 月,上海图书馆专门立项了"上海图书馆创新空间究竟是什么?"的研究课题。课题从人、财、物以及社会影响力等方面深入剖析"创·新空间"的工作,通过这项研究,上海图书馆力求解决两大问题:一是对"创·新空间"四年间取得的经验和教训形成书面文件,为 2020 年上海图书馆东馆的空间建设提供有针对性的建议;二是对团队和个人发展进行了更加细致的考量与规划。包括馆员在创客团队的项目中,如何更好地体现其作用与价值,如何更好地对"创·新空间"的绩效进行评估,将"创·新空间"所提供的价值更好地反映出来。

　　在接受我们的访谈时,上海图书馆阅览部的主要负责人给我们展示了团队成员围绕这一系列问题所做的调查思考形成的板书,每一张都凝聚着团队成员的汗水与智慧。她表示,虽然我们的"创·新空间"仍处于不断摸索之中,但既然在国内首创了"创·新空间"这个概念,就希望它能够延续下去,并且越做越好。我们相信,通过一段时间的积蓄力量,上图人已经自信满满,在浦东新馆开放的时候,"创·新空间"又将爆发新的活力,继续引领公共图书馆创新空间建设的新潮流。

**参考文献**

[1] 曲蕴.公共图书馆"创客空间"实践探索——以上海图书馆"创·新空间"为例[J].新世纪图书馆.2014(10):42-44.

[2] 乐懿婷.上海图书馆"创·新空间"实践探索[J].科技情报开发与经济.2014(10):44-46.

[3] 杨绎.上海图书馆创客空间实践探索[J].四川图书馆学报.2016(06):28-31.

[4] 续穆,卫俊杰.基于"创·新空间"的图书馆服务策略研究[J].公共图书馆.2014(04):31-39.

[5] 周德明,林琳,唐良铁.公共图书馆转型发展的思考与实践——以上海图书馆为例[J].图书馆杂志.2014(10):4-12.

［6］丁利霞,田顺芝.公共图书馆创客空间发展实践研究及对策［J］.图书馆研究与工作.2017
　　(04)：14－18.

［7］王正飞."旧"空间,"新"用途——访上海图书馆读者服务中心主任刘燕［J］.中国广告.
　　2014(12)：49－50.

［8］杨绎,金奇文.公共图书馆创客空间发展模式研究——基于上海图书馆的实践［J］.情报探
　　索.2017(02)：114－117.

# 嘉兴市城乡一体化公共图书馆服务体系建设<sup>*</sup>

段宇锋<sup>①</sup>　郭　玥<sup>②</sup>　王灿昊<sup>③</sup>（华东师范大学经济与管理学部）

**摘　要**：嘉兴市探索构建城乡一体化公共图书馆服务体系，形成了以"政府主导、统筹规划，多级投入、集中管理，资源共享、服务创新"为基本特点的公共图书馆总分馆制建设"嘉兴模式"，并在与时俱进不断开拓的过程中得以深化，近二十来年服务体系中各总分馆取得了显著的社会效益，受到了社会各界的高度赞扬，基本实现了城乡均等化的公共文化服务。探其本源，究其历程，本案例在访谈和系统化地整理相关文献的基础上，全面梳理了从城区分馆探索、乡镇分馆试点、嘉兴地区全覆盖，到延伸和拓展、精准化服务的各个阶段；同时详细阐述了建设过程中所形成的建设和管理体制、联席会议制度等顶层设计制度机制，以及所遭遇的困难阻碍和相应的解决策略；并于文末附述嘉兴市图书馆对于这一庞大系统未来发展之路的诸多期许和延展思路，予业界同仁分享以借鉴。

**关键词**：嘉兴市图书馆；总分馆；公共图书馆服务体系嘉兴模式；城乡一体化

# 前　　言

迈进嘉兴市图书馆的门厅，一幅市本级公共图书馆服务体系的分布图便映入眼帘，居于中心地带的嘉兴市图书馆采用红色图例标识，仿佛一盏耀眼的明灯，照

---

  *　案例发表于《图书馆杂志》2019 年第 3 期。文中未标明出处的数据和素材来源于对嘉兴市图书馆的访谈和内部资料，在此衷心感谢嘉兴市图书馆对本文撰写提供的支持。

  ①　段宇锋，华东师范大学经济与管理学部，教授，博士生导师。

  ②　郭玥，华东师范大学经济与管理学部，硕士研究生。

  ③　王灿昊，华东师范大学经济与管理学部，博士研究生。

射着四周如繁星般星罗棋布的公共图书馆服务设施。以不同颜色标出的两区分馆和乡镇(街道)分馆、村(社区)分馆和图书流通站、汽车流通点和24小时自助服务设施等,分布在地图的各个区域,织就了一张针线紧密的公共图书馆服务网,广泛地将嘉兴市城乡的每一个角落纳入其中。另一侧的数据面板上跳动着嘉兴市本级和下辖三县两市公共图书馆服务体系的总馆及各分馆的社会效益指标数据,嘉兴市数字图书馆的年访问量、资源下载次数等利用情况也清晰可见,阵地服务与数字平台的社会效益均呈现出逐年上升的趋势。

在过去近二十年充满着机遇与挑战的实践历程中,嘉兴市探索出了独具地方特点的公共图书馆总分馆制建设"嘉兴模式",并通过跨行业、跨系统的合作共建与资源整合,形成以覆盖城乡的公共图书馆服务设施网络为基础,以全面共享的数字资源服务平台作支撑的运作模式,真正使得城乡一体化的公共文化服务从梦想变为现实。

嘉兴市城乡一体化公共图书馆服务体系已然展现出健康、有序、可持续的发展态势,那么其构建设想和实施路径、建设过程的困难阻碍和解决方案、创新机制的关键特征和核心作用等究竟如何,都值得我国公共图书馆界进行深入研究。

# 1. 从零起步、效益为先的市总馆城区分馆探索

嘉兴市图书馆始建于1904年,前身为"嘉郡图书馆",是我国最早的公共图书馆之一[1],至今已百年有余。从清末到新中国成立,从改革开放到世纪之交,再到计算机网络技术飞速发展的信息时代,嘉兴市图书馆深耕普遍均等的公共图书馆服务理念,致力于为城乡居民提供平等无差别、普遍开放、全覆盖的公共图书馆服务,以保障人民群众的基本文化权益,实现信息公平。

2003年,嘉兴市图书馆迁入海盐塘路新馆,由于所处地理位置偏僻,人流量相对较少,并且面临着经费紧张和人员不足等多重压力。全馆上下一心,坚持以人为本、以社会需求为根本导向,考虑到读者利用图书馆的时段与过去传统的开放时间存在矛盾,在全国范围内率先实行免费开放、延长开放时间、全年无休的开放制度,并主动承办各类讲座、展览等活动,铆足了劲儿提升服务效益和社会影响力,希望借此争取领导支持和加大政府投入,进而步入政府全面主导的良性循环。

## 1.1　完全意义总分馆形式的自觉探索

在致力于提升本馆服务效益的同时,嘉兴市图书馆将目光投向原少年路的老馆,希望同步提升两馆的社会效益。在这一目标指导下,嘉兴市图书馆试图为少儿图书馆消除人财物等各方面运行保障条件的顾虑,使其精力集中于读者活动和

终端服务。经过馆内人员组织前往新加坡等多地开展调研,并针对公共图书馆服务体系的相关理论和成功实践进行系统化梳理,嘉兴市图书馆最终敲定以社会成本最低、专业化水平和资源共享程度最高的总分馆制模式来建设公共图书馆服务体系。因此,嘉兴市采取"一套班子两块牌子"的模式,将原少年路旧馆改为嘉兴市少儿图书馆,成为市中心主要面向少年儿童服务的分馆,作为嘉兴市图书馆的分支机构接受其统一管理。市图书馆与少儿图书馆的建设主体都是嘉兴市政府,财政预算和经费来源统一,且管理主体均为嘉兴市文化主管部门,所以市图书馆能够对少儿分馆的人财物和业务服务等各个方面实现集中管理,这在今天看来即形成了"最纯粹的"、联系最为紧密的总分馆形式。2005 年,南湖区政府投入经费,与市政府签订合作共建协议,使嘉兴市少儿图书馆正式成为南湖分馆。

为了进一步向分馆提供支持以提升服务质量,嘉兴市图书馆开始探索运用技术手段增强两馆之间的业务联系。章明丽馆长特别提起了全国文化信息资源共享工程(以下简称"共享工程")对于嘉兴地区公共图书馆事业的促进作用。2003年,嘉兴市成为共享工程的试点城市,负责实现各个基层服务点实时传播、更新数字信息资源的工作。正是在实施过程中,嘉兴地区市本级和五县(市)的公共图书馆探索 VPN 虚拟专网技术被运用并成功实现联网,使嘉兴地区各公共图书馆得到跨越式发展,信息化和现代化水平普遍提高,资源建设和服务水平也得以大幅提升,由此嘉兴地区的各个公共图书馆基本具备了延伸基层、辐射城乡的服务能力。在此基础上,嘉兴市图书馆将 VPN 技术引入图书馆业务管理系统,与南湖分馆联网并建立统一的书目检索平台和馆际互借系统,总分馆之间实现了统一的一卡通行、通借通还等基本服务。

## 1.2　委托契约式建设模式的初步实践

2005 年,恰逢嘉兴市秀洲区争创"全国文明先进区"。为达到一级公共图书馆的必置指标,秀洲区政府与市政府达成合作共建协议,由秀洲区政府与市图书馆联合建立嘉兴市图书馆秀洲分馆。秀洲区政府提供场地,并出资 40 万投入秀洲分馆建设,委托嘉兴市图书馆实行全面统一管理。2006 年,秀洲分馆落成以后,资源由市总馆统一采购、统一流通、统一配置,人财物均由市总馆集中管理,总分馆共享统一的业务系统和服务平台,实行统一标识,统一开放时间和服务标准,并与南湖分馆同步实现一卡通行、通借通还功能。本着以需求为导向的选址布点原则,秀洲分馆设立在人群集中的秀洲公园西侧,资源配置也以通俗读物、报纸杂志为重点,为散步休闲前来歇脚的嘉兴市民提供多样化的阅读服务,受到秀洲区居民的热烈欢迎。截至当年年底,秀洲分馆的到馆读者达 18 万人次,2007 年全年到馆人次为 23 万,外借册次为 7.9694 万,远远超出当年国内县市级公共图书馆的平均水平[2]。

　　秀洲分馆的诞生和成长以秀洲区政府保障分馆建设运行所需的必要经费为前提条件,以各级各方达成共识使总馆对分馆享有集中的业务管理权为实现途径,是嘉兴市以委托契约模式建设、形成扁平而紧密型管理模式的第一所公共图书馆分馆,首次体现了"嘉兴模式"中"政府主导、集中管理"的基本特征。事实证明,在嘉兴地区探索实践公共图书馆服务体系总分馆制,是以较小的财政经费投入获得较大的社会效益、且行之有效的建设和运行模式。

# 2. 试点先行、以点带线的市本级乡镇分馆建设

## 2.1　专业理念向试点乡镇分馆强渗透

　　2006 年,南湖区余新镇被列入浙江省东海明珠工程建设规划。建成东海文化明珠的乡镇必须具备设施设备齐全的基本条件,要求拥有一幢 1000 平方米以上的综合文化楼,其中图书馆(室)的面积不少于 100 平方米、藏书不少于万册[3]。彼时尚未建设公共图书馆的余新镇主动联系嘉兴市图书馆请求支援,这为嘉兴市图书馆向乡镇一级延伸公共图书馆服务带来重要机遇。由于已经具备了城区分馆建设的成熟经验,嘉兴市图书馆当即决定展开南湖区余新镇分馆的建设工作。在前期规划阶段,嘉兴市图书馆秉持最大化社会效益的初衷,设法将公共图书馆的专业思维和专业力量渗透其中,对建设和运行经费、场地和设施设备、人员配备、管理方式等进行了全方位的顶层制度设计,力图从根本上杜绝经费缺乏保障、专业技术力量不足、资源条件落后等后患。

　　首先,嘉兴市图书馆在建设之初便指明需高标准建设,提出馆舍建筑面积不得低于 500 平方米,远高于东海明珠工程的基本要求。章馆长解释道,大面积的场地空间是文献资源丰富、设施设备完善、服务功能齐全的基本前提,也是提升公众的体验感和舒适度、吸引和留存公共图书馆用户的关键因素;同时,嘉兴市图书馆明确分馆建设的选址主要依据人口数量和分布等因素,最终确定在余新中学对面设置余新镇分馆。此后,乡镇分馆也优先选择布点于中小学附近。

　　接下来,如此大面积的建筑由谁投入建设、今后的运营资金如何维持等自然而然地成为亟须解决的问题。力争所有相关的责任主体自愿承担建设责任、充分调动各方积极性,并在建设经费和运行经费的投入数额、方式、用途等方面达成共识,是确保乡镇分馆建设顺利开展的关键一步。在行政"分层管理"、财政"分灶吃饭"的现行体制下,乡镇层级政府的半级财政难以有效支持公共文化服务,致使乡镇图书馆无法有效承载相应的服务职能,国内基层图书馆的建设和发展状况一直不容乐观。而体制障碍的突破,必然伴随着创新机制的形成。嘉兴市图书馆开创

性地提出市、区、镇三级政府、三级建设主体、三级投入,改过去传统的独立建制为多级政府共同承担建设责任、多级财政共同投入的合作共建机制。由三级政府分担投入相较于一级政府独立建设,可以促成财政预算增量,并且更加容易实现[4]。然而,合作共建机制形成的前提是各级各方一致认同并明确落实各自应当承担的经济责任,于是嘉兴市图书馆开始在不同的政府部门之间协调周旋。不难理解,在"一级政府建设一个图书馆"传统建制下,市级政府本无须负责乡镇一级公共图书馆的建设和运作,因此嘉兴市图书馆的重点在于游说市级政府的财政经费投入。事实上,在全省创建东海文化明珠等一系列扶持农村建设的政府工程的推动之下,嘉兴市长期以来非常重视公共文化服务的城乡均等化发展。借助于良好的政治环境和政策导向,嘉兴市图书馆向市级政府提出三级政府平分乡镇分馆的开办经费,并指明分馆的文献资源交予市总馆统一管理且产权归市总馆所有的运行模式,以增加市总馆的馆藏资源拥有量为由,进一步建议请求市级政府公共财政下移、投入补助经费专项用于乡镇分馆的图书、期刊资源等的添置和更新。与此同时,嘉兴市图书馆将本馆创造条件力争社会效益的相关策略移植到分馆,鼓励乡镇分馆实行连续开放、节假日开放和晚间开放,并向区级政府争取到了相应的补助经费,以及激励其积极开展各类读者活动所用的运行补助经费。经磋商,最终确定由市、区、镇三级政府平等投入三分之一,各出 10 万元作为乡镇分馆建设的开办经费[5];由市财政每年划拨 10 万元专项款用于图书、期刊资源等的添置;由区级政府每年投入 10 万元作为乡镇分馆的设施设备的添置、更新、维修及消耗件补充,以及鼓励延长开放等的补助经费;乡镇分馆负责水电、通信等自身日常运行的支出,以及馆舍维护、管理人员工资等,原则上同样是与市区两级政府分担运行经费即每年投入 10 万元,但是不足部分需乡镇政府自行补足。

　　与经费相关的事项落实后,紧接着便面临这笔钱如何支付划拨和归谁管的问题。若要保证市总馆对分馆业务工作、服务活动等的集中管理力度,则必须确保市总馆享有支配资金的权利,能够因时因需地为乡镇分馆的业务开展、读者活动、资源调配等予以强力支持。资金支配权是业务决策权的先决保障条件。据此,嘉兴市图书馆在最初制度设计时力争保持运行经费的高自由度,最终各方商定将市财政和区财政每年划拨的共计 20 万元钱款集中至嘉兴市图书馆处,设立专项实施管理,通过以奖代补、分期拨付、分类补助的方法落实区财政补助的日常运行经费。此外,出于长远规划的考虑,未来建设的各个乡镇分馆所在当地的经济社会发展水平存在差异,消费水平和工资水平各有不同,因而乡镇政府投入的 10 万元运行经费由各乡镇实行专款专用,无须集中至市总馆。

　　集中管理所指的全面统一管理中的人财物三者缺一不可,因此,制度设计需明确分馆管理人员应当如何配备。首先,乡镇分馆馆长由嘉兴市图书馆委派一名懂业务、精管理的工作人员担任,对市总馆负责,传达市总馆的最新资讯和任务要求,并反馈分馆的工作开展情况和所遇困难。嘉兴市图书馆力图通过发挥分馆馆长的桥梁或纽带作用,加强总分馆之间的联系紧密程度,增强总馆对分馆的监督和集中管理力度,进而实现总馆的专业化管理理念、业务工作、读者活动等向分馆的有效延伸,以确保其在正确的轨道上运行发展。这一设置促进了以总馆带动分馆的服务联动模式的形成,有利于提高乡镇图书馆的专业服务能力和水平,避免乡镇分馆再度沦为属地管理、重蹈馆在楼空之覆辙,从根本上改变了过去乡镇图书馆因人员不稳、专业不足导致社会效益落后而形成的恶性循环。此外,在把握大方向的基础上,嘉兴市图书馆对乡镇分馆除馆长以外的管理人员采用相对集中的管理方式。具体是指乡镇政府根据市总馆要求在当地公开招聘分馆馆员,由市总馆统一对其进行业务培训和工作考核。值得一提的是,嘉兴市图书馆为乡镇分馆特别设置了副馆长一职。由于担心"空降"的分馆馆长人生地不熟,嘉兴市图书馆决定在当地配备的管理人员中任命一位热心、人缘好、社交面广的人担任分馆副馆长,一来可以深入了解社会需求并提供与之相适应的服务内容,吸引更多的公共图书馆用户;二来容易打开当地局面,通过广泛联系当地各行各业的企业、事业单位、学校等,有利于乡镇分馆各类活动的加强宣传和顺利开展;三来可以通过政府奖补资助方式和当地社会力量合作双管齐下,吸纳和鼓励社会资金进入乡镇分馆建设,有利于扩展公共图书馆服务体系建设的经费投入渠道,拓宽人民群众的文化受益面。

在市区镇三级财政共同投入和大力支持下,嘉兴市公共图书馆余新镇分馆建设工作启动,并于 2007 年 5 月 28 日正式开馆。在此期间,秀洲区王江泾分馆的建设也同步启动。王江泾镇政府在没有大块闲置场地的情况下,在镇小学对面租用一片约 500 平方米的场地来建设乡镇分馆,具体的建设和运营方式与余新镇分馆相同。同年 6 月 26 日,王江泾分馆正式开馆,全馆藏书 3 万余册、各类报纸杂志 300 余种。两个分馆均是所在区第一家配备空调、电脑、投影仪等先进的设施设备,并通过一卡通借通还等服务与市总馆实现共享的乡镇图书馆,开放伊始,便吸引了大量居民到馆享受公共图书馆服务。不仅如此,由于两处乡镇分馆分别设立在余新镇中学和王江泾镇小学对面,几乎每天放学后都可见一派人声鼎沸的热闹景象。

至此,嘉兴市图书馆在制度设计中落实由三级政府共同投入服务体系建设,实现对乡镇分馆的人财物的全面干预,通过突破条块分割的现行行政体制的束缚,创新公共财政投入机制和长效化集中管理机制,基本形成了"政府主导、统筹规划,多级投入、集中管理"的总分馆建设模式雏形,取得了预期成效和较好效益。

## 2.2　专业设想与政府建设意愿相契合

嘉兴市本级余新镇和王江泾镇乡镇分馆的试点工作开展得如火如荼,社会各界纷纷予以关注,各类新闻媒体争相报道,广大人民群众呼声高涨,公共图书馆人的努力也成功吸引到了政府部门的注目。适逢时任嘉兴市市长陈德荣调研联系乡镇,赴王江泾分馆视察。下午四点刚过,周边学校的学生们蜂拥而至,图书馆门前瞬间被堆积如山的书包堆满,孩子们有些在书架前徘徊寻觅,有些则走向熟悉的区域查阅感兴趣的书籍,还有些甚至熟练地从旮旯角落里翻出上回藏在此处的书,旁若无人地埋头读起来。面对此情此景,陈市长不禁感慨道建设乡镇分馆对于培养农村孩子们的早期阅读习惯意义重大。他说过去脑海中有交通、教育等如何统筹的想法,今日乡镇分馆之行提供了一种构建城乡一体化公共图书馆服务体系,从而实现城乡公共文化统筹的创新思路。未来就该按照这种模式,以在乡镇设立市图书馆紧密型分馆的方式,基于健全的城乡一体化交通运输道路、通信等基础设施,以城市的优质资源等去带动农村的优质资源,提升农村公共图书馆的服务水平和可持续发展能力。

为此,陈市长要求市图书馆开展专题研究、提交一份报告材料,对乡镇分馆的建设和管理路径进行从内而外地制度设计,并逐条列明目前尚需解决的问题,由市政府酌情处理。基于大量的文献调研和实证考察,嘉兴市图书馆相关项目团队首先梳理两个乡镇分馆试点过程中已经形成的建设和管理模式,接着提出目前所遇到的困难障碍,首先指出事业单位目前的编制数量极其有限,就连此前委派的各分馆馆长也是从市图书馆自身的人员编制中节省出来的,加剧了市总馆事业编制人数不足的窘境,因而请求市政府补足并进一步增加公共图书馆人员编制数量;资源匮乏也是急需解决的问题,假设按照每个乡镇分馆配置 3 万册图书的标准,若均由市总馆的资源存量进行分配,势必会有山穷水尽的一天,因而请求市财政每建一个乡镇分馆就划拨部分经费专项用于图书、期刊资源等的购置;再有,伴随着乡镇分馆数量的扩张,市总馆的业务量和管理成本相应增加,急需市财政安排专项经费用以购置一批先进的电脑、投影仪等信息化设施设备,以增强公共图书馆的现代化服务水平,从而确保服务体系中的各总分馆服务水平保持在全国前列。在一一列举诸如此类当务之急的基础上,嘉兴市图书馆再次反思乡镇分馆从规划、建设、实施到运行管理全过程中的每一个步骤,事无巨细地将顶层制度设计的方方面面写入材料文件。

## 2.3　行政指令促建设管理模式体制化

2007 年 8 月 29 日,根据陈市长批示精神,嘉兴市副市长柴永强主持召开市长专题会议,组织市党委、市区两级政府、市人大、市政协的各相关部门的重要领导,以及嘉兴市图书馆主要负责人列席参加,进一步探讨并落实市政府的批示文件,提出构建城乡一体化公共图书馆服务体系下一阶段的目标任务,同时明确有关建设和管理模式的具体事项[6]。市政府几乎全面肯定了市图书馆提出的制度设计,明确表示由各级政府共同承担建设和运行的保障经费,由市财政抓紧安排专项经费分别用于图书资源、现代化设备等的购置,以及对于公共图书馆晚间开放、节假日无休的工作特殊性的补助,由市文化主管部门与市编委办沟通并落实市图书馆及各乡镇分馆的增编要求。此次会议不仅为嘉兴市公共图书馆联席会议制度的形成奠定基础,而且出台了首份嘉兴市人民政府专题会议纪要,充分发挥了政府部门的协调作用,以政策文件的形式下达行政指令,得以高效调动各系统部门的行政力量、调配体制内资源,强效推动各级各方达成统一战线,并加快落实和具体执行所应承担的责任义务,使得嘉兴市图书馆跳出对一切问题大包大揽、充满不确定性因素的协议谈判模式,改为由制度保障的高度固化的“多级投入、集中管理”的合作共建机制和长效管理机制。所谓“多级投入”,是指由市区镇三级政府共同投入 30 万元用作市本级乡镇分馆的开办经费,并由市财政按照每建一个乡镇分馆投入 30 万元的标准专项用于图书、期刊资源等的购置,另外由市财政、区财政每年按照每个乡镇分馆投入 10 万元的标准分别用作文献资源添置和设施设备的添置、更新、维护等,由镇财政负责乡镇分馆的日常运行、馆舍维护和当地配备的管理人员工资等。所谓“集中管理”,是指各级财政投入乡镇分馆的补助运行经费由市总馆集中支配使用。

2007 年,中共嘉兴市委、市政府将加快城乡一体化公共图书馆事业全面协调可持续发展、推动嘉兴公共文化服务体系建设提上议事日程,成为打造城乡一体化先行地发展战略的组成部分;嘉兴市乡镇分馆建设纳入当年的政府十大民生工程,成为市长督查项目;纳入当地社会经济发展规划,被列入领导班子和干部的年度考评指标和业绩考核体系;同时,乡镇分馆建设目标被写入党代会和人大、政协两会报告[7]。政府力量的有力介入,将嘉兴市图书馆的行业力量从主导建设的责任主体中释放出来,在专业设想和领导意愿的契合下成功将行业部门工作提升为地区发展战略,以政府行为接替行业行为。通过统筹协调四套领导班子,明确统一的总体目标和具体任务,分工协作、各司其职、齐抓共管建设公共图书馆服务体系。由此,嘉兴市城乡一体化公共图书馆服务体系建设逐渐步入政府全面主导的轨道。

# 3. 点线联网、全面覆盖的图书馆服务体系构建

## 3.1　嘉兴市公共文化服务城乡一体化的战略导向

为全面推广乡镇分馆建设,嘉兴市政府相继印发一系列政策文件。2008 年2 月25 日,嘉兴市政府颁布《关于构建城乡一体化公共图书馆服务体系的实施意

见》[8],就乡镇(街道)分馆建设的总体目标、具体任务和工作重点等作出详尽阐释,并根据服务人口、乡镇分馆辐射能力等因素,对分馆的选址设点进行整体规划,统一制定乡镇分馆设施场地、资源设备等建设标准,确保乡镇分馆建设高水平广覆盖。以此红头文件为重要标志,嘉兴市城乡一体化公共图书馆服务体系建设正式走上政府全面主导的制度化道路。

此后,为进一步提高乡镇分馆建设的规范程度,市政府配套相应政策,先后出台《嘉兴市图书馆乡镇分馆管理暂行办法》和《嘉兴市图书馆乡镇分馆考核细则(试行)》,明确了各级政府职责和投入资金的用途,以及乡镇分馆的资金管理、人员管理、设备管理、乡镇分馆服务与读者权益、绩效考评等[9];一系列配套政策的问世,为公共图书馆总分馆制建设提供了强而有力的政策保障,为专业理念指导的建设和运行管理体制再添一重保障壁垒,进而将领导部门的意愿推动的政府主导升华成为靠政策保障的、制度化落实的政府主导。

## 3.2　县(市)级公共图书馆服务体系建设的全面铺开

在市本级总分馆服务体系建设工作如期展开的情况下,嘉兴市图书馆开始思考如何向市本级以外的全嘉兴范围推广延伸,为嘉兴地区的城乡居民建设一所有求必应、随处可达的城市大书房。实施这一设想的第一步是选择合适的建设单元和管理层级,其关键在于保证能够在现行体制下实现集中管理体制,同时要求遵循公共图书馆事业发展规律,还需符合嘉兴地方的社会经济发展水平。经过反复调研,发现由中小型图书馆形成服务单元、管理该地区的"图书馆群",建设一个总分馆体系,相对合理且效益较高。对于嘉兴而言,下辖三县两市均建有各自的县(市)级公共图书馆,基础设施完善、服务功能齐全、技术手段先进,基本具备在各自县域范围内建设覆盖城乡的公共图书馆服务体系、辐射乡镇分馆的能力。因此,嘉兴市图书馆设计以三县两市为独立单元,建设五个紧密型公共图书馆总分馆服务体系,旨在实现普遍均等、全覆盖的公共图书馆服务。在这个基本前提下,最大程度地降低服务体系建设的协调管理成本[10]。反之,若由市总馆全面统一管理各县(市)乡镇分馆,则需跨越市、县两个相对独立的行政层级来调动各方积极性,能否形成长效管理机制难说,即便实现集中管理,也很容易出现不同建制的公共图书馆的财政投入和图书设备等资源产权说不清道不明的情况。而且从建设半径和服务半径来看,太大的建设规模并不利于总馆的管理理念和服务模式向各分馆的推广和延伸,很难以较小的财政投入获得较大的服务效益,城乡基层居民所享受到的公共图书馆服务的品质也会大打折扣。

在嘉兴市政府的整体规划和统一部署下,嘉兴市城乡一体化公共图书馆服务体系开始向县(市)级全面延伸,桐乡市、海宁市、嘉善县、海盐县、平湖市根据嘉兴市政府印发的规范性文件,在两年间相继出台关于构建本地区城乡一体化公共图书馆服务体系的实施意见,意味着各县(市)的政府全面主导建设工作正式拉开帷幕。五县(市)公共图书馆服务体系在延续过去的总分馆制建设和运行模式的基础上,按照政府层级的不同作出相应的制度性调整,将服务体系中的三级政府减少为县(市)、乡镇(街道)二级政府,但是仍然保持每建一个乡镇分馆投入 30 万元开办经费的建设标准不变[11],由县镇二级财政平等分担、共同投入。

在建设过程中,嘉兴市图书馆尽管不具体参与各县市乡镇分馆的运作,但其作为整个嘉兴市城乡一体化公共图书馆服务体系的核心,承担服务体系的统筹规划和统一实施的责任,以及嘉兴市所有公共图书馆的业务指导和监管责任,成为服务体系的"中心馆";同时兼任市本级公共图书馆服务体系的总馆,负责建立地区的文献书目信息中心、图书资源配置中心、专业人员培训中心、网络技术支撑中心、行政和业务管理中心,带头为各县(市)总馆作出示范,充分发挥"总馆"功能,并不断加强自身建设,提升服务水平,扩大辐射范围。另外,嘉兴市图书馆也是本区域的阵地图书馆,为当地居民提供优质高效的公共图书馆服务,集三重角色于一身。因此嘉兴市城乡一体化公共图书馆服务体系形成了包括三县两市和市本级在内的六大总分馆服务体系,以及基于合作关系互联互通、市总馆统筹领导的"中心馆—总分馆"服务体系两个层次。

## 3.3　村(社区)公共图书馆分馆试点工作的正式启动

随着嘉兴市城乡一体化公共图书馆总分馆服务体系建设的不断推进,2009年全市已先后建成 20 个乡镇分馆,其中市本级基本实现乡镇分馆全覆盖[12]。嘉兴市开始着手进一步深化服务网络层级、探索向服务体系末端延伸,力图通过村(社区)分馆、图书室的建立和不断健全,逐步缩小农村读者与公共图书馆服务的物理距离。

在此过程中嘉兴市图书馆同样进行了系统化的制度设计,其中关键性设置包括两个部分:其一是村(社区)分馆建设的设施布局和选址原则,其二是具体的实施路径和操作方案。嘉兴市图书馆立足地方实际,提出市本级公共图书馆的村(社区)分馆建设坚决不搞"村村通",即不按照"一个村委会(居委会)一个图书室"的建设模式,而采取"建设主体上移、自治组织参与;分馆设置下移、管理主体上移"的方式向村(社区)延伸[7]。村(社区)分馆建设遵循如下的布点原则:优先在建筑面积 300 平方米以上、建有文化信息资源共享工程基层服务点的市级村(社区)文化活动中心开展试点工作[13],重点在 5000 人以上人口密集、条件成熟的行政村(社区)和拆并乡镇所在地规划建设村(社区)分馆,在 5000 人以下人口较少的村(社区)设置图书流通站和汽车图书馆等[12],形成动静结合的三级服务网络。除此之外,规定由市级政府揽下区级政府的建设责任,同时不强制规定村级行政部门的经济责任,形成市、镇二级建设网络和财政投入机制。此后各县(市)基本按照市本级试点"政府主导、统筹规划,多级投入、分层管理,服务规范、技术外包,通借通还,资源共享"的建设思路和实施步骤[2],并根据各地发展现状,有序推进村(社区)分馆建设。

暨嘉兴市城乡一体化公共图书馆服务体系建设项目入选首批国家示范项目,嘉兴市政府于2012年出台《关于嘉兴市城乡一体化公共图书馆服务体系创建实施意见》,其中明确将推行村(社区)分馆建设作为重点任务[14],意味着嘉兴市公共图书馆服务开始向整个地区范围实行全面覆盖。

经过不懈努力,嘉兴市城乡一体化公共图书馆"中心馆—总分馆"服务体系建立起以市(县、市)总馆为中心、乡镇(街道)分馆为切入口和纽带、村(社区)分馆和图书流通站、汽车流通点等为基础,横向到面、纵向到底几乎无缝对接的公共图书馆服务网络,形成"政府主导、统筹规划,多级投入、集中管理,资源共享、服务创新"的总分馆制建设"嘉兴模式"[15],初步实现了普遍均等的公共图书馆服务理念,有效保障了人民群众的基本阅读权利和基本文化权益,受到了社会公众、政府领导、行业领域的一致肯定和高度赞扬。

## 3.4　体系化跨系统部门协同制度机制的建立健全

在具体实施公共图书馆服务体系建设的过程中,嘉兴市加强政府部门的统筹领导和协同建设作用,在此前各相关行政部门共同参会的模式基础上,由市政府牵头建立起嘉兴市本级公共图书馆服务体系建设联席会议制度,其中区和镇(街)级的行政部门分管领导、公共图书馆和其他公共文化机构等主要负责人为联席会议成员,形成三级政府共同参与、相关部门合作共进的协调统筹机制。根据既定原则每年召开两次会议,负责研究讨论、部署安排公共图书馆服务体系建设的相关事宜,通过出台市长专题会议纪要,推进各类型主体有效解决问题,加快落实经费、人员等保障条件,提高乡镇分馆建设适应外界变化和可持续发展的能力。随后市文广局牵头,建立起市本级和地区两个层面的联席会议制度。在市图书馆一级,也由整个服务体系的中心馆即嘉兴市图书馆牵头,召集全市各层级、各类型图书馆共同参与联席会议。各级多方的联席会议制度明确了总分馆服务体系由谁来领导管理的问题,将服务体系涉及的多级建设主体理顺为一级[2],并通过同一性的建设主体和同一性的管理主体赋予市总馆对各分馆的行政管理权和业务管理权,确立了联席会议制度下的总馆馆长负责制。

在此基础上,嘉兴市进一步落实公共图书馆服务体系建设工作各个方面的推进机制,形成了一系列适应现行管理体制、适合管办分离制度的统筹运作机制。举例来说,针对公共图书馆服务体系的人员队伍建设,在统一培训、统一考核、统一管理的原则指导下,建立持证上岗的职业准入制度;建立市长、市督查办、人大、政协等多部门参与的监督检查机制,以及政府部门和公共图书馆之间双重双向的常态化评估考核机制；在技术手段运用方面，积极利用计算机、网络等先进技术创新服务手段和服务方式，建立由市总馆作为中心馆对各总馆、各总分馆之间的技术设备巡检制度，并培养高精尖的专业技术团队。

联席会议制度下的总馆馆长负责制，以及政府全面主导服务体系建设的领导机制、保障机制、推进机制、监督机制和管理机制的建立完善，是"嘉兴模式"取得显著的服务效益和广泛的社会影响、始终走在全国前列的一个重要原因，也是确保城乡一体化公共图书馆服务体系可持续发展的关键环节。其为"多级政府共建一个图书馆体系"的创新机制提供了系统化的组织支撑体系，得以协调不同系统部门、不同行政层级，甚至不同行业领域的多个主体，达成共识并有效解决问题，形成了推进公共图书馆服务体系建设的合力，极大降低了市总馆推进标准化建设的协调和管理成本，保障了人财物等必需条件的制度性落实，使得加强市总馆集中管理的长效管理机制日益稳固。

# 4. 延伸拓展、资源共享的大嘉兴文化系统融合

基于全覆盖的设施网络和健全的书刊资料配送体系，嘉兴市开始进一步探索城乡一体化公共图书馆服务体系的延伸和拓展，横向与不同行业领域组成合作联盟、共建数字资源，纵向对项目化、零散分布的社会公共文化资源实施整合共享。

## 4.1 以书刊资源流通和物流配送系统为基础保障

嘉兴市图书馆早期探索利用 VPN 技术实现市总馆与城区分馆的业务互联，而后从南京市图书馆引进力博图书馆管理系统，基于此开发了分布式图书馆业务管理系统和一站式资源检索服务平台，其在今天看来仍然处于相当优势的地位。首先，由于其数据库实现模式简单，易于在基层图书馆中广泛运用；其次，分布式相较于集中式，实现各个总分馆系统在相对独立基础上的合作共享，规避了因任何一方系统故障导致服务体系瘫痪的安全隐患，系统稳定性相对较高；也正由于分布式的特征，其系统规模和访问流量几乎不受限制，可以接纳指数增加的信息资源和不断扩张的乡镇分馆业务管理系统，不仅网络压力和维护成本较小，还能保持较好的响应能力。分布式图书馆业务管理系统和一站式资源检索服务平台的建立健全，实现了市本级和各县（市）总馆之间联合编目、通借通还、统一检索等基本服务功能的同步和共享。

为确保城乡居民及时获取需要的文献资源，嘉兴市将物流管理引入公共图书馆服务体系，与浙江省邮政速递物流有限公司嘉兴分公司建立合作，借助于覆盖率较高的邮政物流网络，为城乡一体化公共图书馆服务体系配套邮政物流配送系

统,让原本静置的馆藏"活"起来,使原本分立的公共图书馆实现文献信息资源的高效流转和巡回利用。分布式公共图书馆管理系统与书刊资源配送体系共同构建起全面完善的纸质文献资源保障体系,实现了服务体系资源的高度共享,为嘉兴地区城乡居民共享普遍均等的公共图书馆服务带来极大便利。

## 4.2　以图书馆联盟和数字图书馆建设为拓展模式

在不断加强纸质文献资源保障的同时,为了适应数字时代发展需要、满足社会公众日益增长的数字阅读需求,嘉兴市于 2010 年在网络图书馆平台的基础上,开通了数字图书馆[16]。然而当时的数字图书馆资源建设只有两种主要模式,即市本级和各县(市)总馆进行馆藏资源数字化和自建特色数据库,所形成的数字资源规模很小且种类有限,根本无法满足广大社会公众的需求。因此嘉兴市图书馆提出与嘉兴地区其他图书馆系统以及教育、科技、卫生、企业等各行业图书馆联合组成图书馆联盟、共同投入以加强嘉兴市数字图书馆建设的思路。

这一设想在起步阶段可谓是困难重重,其启动和实施需要市本级和五县(市)公共图书馆服务体系共同投入一笔启动资金,用于从外界购置商业数据库、专门领域的核心期刊、专利标准等大量数字资源。嘉兴市图书馆对这笔经费做了详细预算,拟定由市图书馆投入不少于 15% 的数字资源购置经费、三县两市各出 10 万元左右、教育系统与科委共同投入建设嘉兴市数字图书馆,预期可以看到接近 200 万元价值的数字资源。然而当时每馆每年的购书经费大约是 20 万元,10 万元的标准相当于抽去了其中一半,不难想象,这一提议最初遭到了各县市公共图书馆的强烈反对。这时,政府主导再次发挥了关键性作用。嘉兴市下辖五县(市)的文化主管部门得知数字图书馆的建设构想后,一致认为数字图书馆建设意义重大,既可以获得比投入高出近 20 倍的资源收益,同时还能够促进嘉兴地区的公共文化事业发展。三县两区文化局均表示愿意由政府出面解决,主动承担购买数字资源所需的经费投入,无须公共图书馆自掏腰包。

此后不久,在海宁市召开的第四季度"中心馆—总馆"馆长例会上,嘉兴市图书馆和与会的各县(市)公共图书馆馆长在政府部门的大力主导下达成共识,通过了构建嘉兴市图书馆联盟、建设嘉兴市数字图书馆先行的战略规划[7],建立以嘉兴市图书馆为中心、以嘉兴市公共图书馆系统和高等院校图书馆为主体、各行各业图书馆共建共享协作服务合作联盟。会议成立嘉兴地区图书馆联盟联席会议,实施对协作共建数字图书馆、共享数字资源及服务的统筹规划。于是,嘉兴市图书馆开始紧锣密鼓地筹备数字图书馆的建设,将各馆资源融入公共图书馆的开放式系统,开通多个不同类型数据库,建成统一的数字图书馆服务平台,使得嘉兴地区城乡居民足不出户便可享受到全市范围内图书馆丰富的数字资源和优质的图书馆服务,数字图书馆的资源数量和类型也得到大幅改善。

在整合各行业图书馆资源、自建和购买数据库等数字资源之外,嘉兴市图书馆还与国家科技图书文献中心、浙江省图书馆、上海市图书馆等开展合作,在嘉兴市公共图书馆文献资源无法满足社会需求时,获得资源存取、馆际互借和文献传递等服务支持,以最大程度地满足社会各类群体多种多样的、个性化的需求。

### 4.3　以社会公共文化和阅读资源整合为延伸触角

尽管近年国家重大文化惠民工程的投入力度很大,但是,由于建设管理体制的各自分立,没有形成一个有效联合的共同体,缺乏统一的建设规划和管理模式,建设的职工书屋、农家书屋等公共文化资源基本处于隔绝分离的孤岛状态,且资源复本量大、重复建设的情况十分严重。为此,嘉兴市图书馆主动提出将这类不同系统建制下的各类公共文化设施纳入公共图书馆服务体系,建立一种依托公共图书馆服务体系、整合社会公共文化资源的创新模式。一方面,可以利用这类公共文化设施地处城乡基层、距离农村读者较近的位置优势和设施条件,开展公共图书馆服务,与村(社区)分馆、汽车流通点等形成优势互补,实现公共图书馆服务向城乡居民的深入延伸;另一方面,可以通过对零散分布在各工程下各设施中的公共阅读资源的整合利用,逐步实现全市文化资源共享、文化系统融合的目标。最重要的是,通过资源整合和共建共享,确保各类公共文化设施配备专门的管理员、具有定期流通的图书资源[17],同时共享嘉兴市数字图书馆项目的统一平台和数字资源,提高可持续发展能力,让嘉兴城乡居民身边的"图书馆"热闹起来,让全市所有的文化和阅读资源在百姓之间流动起来。

2010 年,嘉兴市政府文化主管部门印发《关于开展图书流通站和"职工书屋"共建活动的通知》,此后相继出台多份关于加强农家书屋、职工书屋等建设及与公共图书馆分馆相互配合、合作共建的实施建议,从上而下统筹推进各项惠民工程项目的建设和发展。

## 5. 精准服务、社会合作的图书馆转型升级阶段

近年来,嘉兴市图书馆更多思考的是转型升级和创新发展,主要包括传统文献信息基础服务向知识服务、精准化服务、个性化服务的转型,以及针对各社会行业领域的主题分馆建设,另外还有公共图书馆馆舍建筑、功能布局、室内空间的全面设计和升级改造等。

## 5.1　服务职业群体，主题分馆试点，精准服务推广

### 5.1.1　服务两创科研人员试点先行

嘉兴市图书馆不断丰富服务项目内容，创新服务手段，将视野投向了图书馆系统之外社会各界的企事业单位和团体，并提出面向科研机构、法院、政府机关等企事业单位提供精准化服务，服务于地方产业经济发展、社会事业发展和政府决策咨询，以实现从传统的单一文献服务向多样化的知识服务转型。此举与统筹城乡产业发展等城乡一体化战略方向齐头并进，有利于形成相互协作、共进共赢的运作机制，同时有利于嘉兴市图书馆借力嘉兴地区的科研、技术等新兴产业，吸纳社会各界力量参与图书馆服务体系的建设，从而开辟政府主导之外的投入渠道。接着，嘉兴市图书馆明确了与图书馆系统之外的社会各行各业的单位团体展开合作、共建特色化主题分馆的建设思路，并按照惯例采取试点先行的探索和推广模式，启动了嘉兴市图书馆第一家主题分馆——清华长三角研究院嘉兴市公共图书馆科技分馆的试点工作。

2017 年，依托长三角联合知识导航站，以 24 小时自助图书馆的形式设立的嘉兴市公共图书馆科技分馆正式投入使用。其运作分别由嘉兴市图书馆负责提供文献保障，由清华长三角研究院负责提供培训、发布资讯、开展路演等。在基础文献资源服务之外，嘉兴市图书馆面向全市科研机构提供参考咨询和科技查新等专深的信息服务，并组织市总馆的项目团队与科研机构相关负责人之间畅通交流，通过及时反馈问题和建议的微信群、QQ 群等实时通讯平台，建立有效解决问题、最大满足需求的保障机制，同时加强科技分馆的资源合理配置、空间合理布局等，以科技分馆作为设施平台，营造专为科创人员设计、供以分享和交流的舒适环境。

### 5.1.2　主题分馆理念模式全面推广

借鉴嘉兴市图书馆科技分馆的建设经验，嘉兴市图书馆进一步与教育机构、其他产业、法院、医院等各行各业和政府部门等机关单位展开广泛的社会合作，主要包括如下几个方面：

为律师、医生等职业群体提供精准化服务，与各行业机构共同建设 24 小时自助服务设施，配备相应的法律、案件、医理等专业化程度较高的文献资源，成为嘉兴市图书馆主题分馆，免费面向全社会开放；

为嘉兴地区的其他产业部门提供精准化服务，加强各乡镇（街道）分馆和村（社区）分馆的特色化建设。如根据嘉兴市本级洪合镇以生产针织、毛衫等纺织品而著名的产业结构特征，与相关产业的企业团体和嘉兴学院的相关专业合作，为洪合分馆重点配置制衫工艺、纺织材料等相关的馆藏资源以及设计样衣等，成为嘉兴地区各种针织类书籍、材质等资源的集聚地，并同步开展展览、讲座和学术报

告等活动,促进嘉兴地区产业经济、教育科研的协调发展。进而通过各具特色的分馆馆藏建设和资源共享,为嘉兴市城乡一体化公共图书馆服务体系的配套专业性强、覆盖面广、服务精深的文献资源保障体系;

为政府领导提供决策参考咨询服务,提升政府的科学决策能力。嘉兴市图书馆在全面采集整理、整合加工相关信息资源和服务提供的过程中,建设用于辅助决策咨询的专业数据库,从而不断增强自身的情报挖掘、信息分析等专业服务能力。同时通过各政府机构内主题分馆的建设,改善服务环境、提升服务质量,以优质服务向政府部门彰显专业能力和社会价值,成为争取财政投入持续提高的有力依据。

## 5.2　服务特殊群体,馆舍空间改造,打造服务品牌

嘉兴市图书馆尤其关注特殊群体服务,通过建立以城带乡联动机制和城乡读者活动互动机制,面向各类特殊群体提供精准化、常态化的专门服务。面向未成年人,嘉兴市图书馆为3到7岁儿童打造"禾禾"少儿活动品牌,开展手工坊、科普站、故事会等系列活动,举办"未成年人读书节"、绘本剧展演等城乡联动的大型少儿活动,并与乐高玩具公司等合作增加各总分馆和汽车图书馆的服务内容、与教育机构合作针对有读写障碍的儿童开展"快乐读写"服务等,以举行益智游戏、主题竞赛等活动形式丰富服务项目;为视障人员提供送书上门服务,并健全相应的设施设备,尽一切努力为之消除享受公共图书馆服务的障碍;与此同时,嘉兴市图书馆优化服务手段,为各类社会群体量身打造新居民信息素养培训公共文化品牌,例如专为老年群体打造的"夕阳红 e 族"老年电脑培训服务品牌,面向嘉兴地区的老年读者开设数字阅读器、电脑、智能手机等培训课程;2012年春节前,嘉兴市图书馆利用千兆网络的优势条件,提供电脑、电子阅览室等软硬件设施设备,帮助外来务工的农民工兄弟抢订 680 张春节返乡的火车票[18],营造了"帮兄弟回家"农民工信息化素养培训公共文化品牌;此外,嘉兴市还面向全市读者,推广"亲子阅读,书香嘉兴""让好书去旅行"图书漂流等种类繁多的公共文化品牌,文化融合的大嘉兴正一步步发展成型。

为保持服务体系内各公共图书馆的统一标识、统一功能布局等标准化建设发展,各公共图书馆分馆空间全部增设与少儿阅览区动静分隔的亲子阅读专门区域,和配备有先进移动终端等设备的信息体验区,并邀请设计师参与馆舍建筑设计、空间功能布局以及家具、座椅、灯光等室内软装设计,全面推进"图书馆 2.0"阶段的升级改建工作。

除此之外,嘉兴市图书馆为秀洲书局、作家画家和收藏机构等社会团体在馆舍开辟专门区域,依托秀洲书局邀请作家协会、新闻媒体等各界文化名人,开展真人图书馆、讲座、沙龙和学术报告等活动,并开通网络直播等功能,形成"南湖讲

坛"等多个文化服务品牌。而承载嘉兴市公共图书馆各类展览和讲座活动的展厅已经成为最受读者欢迎的地方,其本着高标准投入、"不求量多但求精品"的原则投入大量成本建设,具备标准化美术展厅的灯光、场地等设施条件,吸引了大量社会机构主动联系、与嘉兴市图书馆合作举办展览和讲座报告,也因其作为公共图书馆基本服务免费开放的特征,吸引了广大人民群众到馆参加活动。同时,志愿者团队的登录制度正不断健全,与秀洲书局的合作正向着嘉兴其他地区推广延伸,各分馆也着手空间布局和室内设计的全面升级,试图面向社会公众展现设备先进、功能齐全、环境舒适的公共图书馆。

为了进一步实现大嘉兴的文化融合发展,加强各类文化活动的宣传力度,嘉兴市文广局于 2011 年牵头打造"文化有约"公益性服务品牌,以奖励补贴的方式鼓励嘉兴各行各业参与到文化系统中来,提供社会公众免费参与的各项培训、分享交流会等活动均可以在"文化有约"的网站平台上进行预约、报名和交流体验,使得嘉兴市城乡居民足不出户便可获悉周边乃至全嘉兴范围的文化活动,营造了良好且极具促进作用的文化氛围。

# 6. 回归人本、以应万变的图书馆创新发展之路

如今的嘉兴市城乡一体化公共图书馆服务体系,由"中心馆—总分馆""图书馆联盟""社会资源整合"三重服务体系共同构成,在提供精准化服务、建设特色化主题分馆和馆舍升级及空间改造的过程中,不断提高资源共享程度和服务创新能力。截至 2017 年底,已经建设有一个中心馆、六个总分馆体系、16 家乡镇(街道)分馆、32 家村(社区)分馆、336 家图书流通站(含农家书屋)、7 处 24 小时自助图书馆、9 辆流动图书车[19],线上线下相结合、阵地服务与流动服务相补充,社会力量不断参与、社会资源接连不断,城乡一体化公共图书馆服务体系的内涵和意义从未像现在这般丰富。

不论是从最初的南湖区、秀洲区分馆探索,还是到目前的创新服务、深化发展阶段,嘉兴市始终以广大人民群众的需求为出发点和落脚点,以免费开放、普遍均等的公共图书馆服务为理念,坚持高标准建设、高水平覆盖、服务效益为先和因地制宜的基本原则,以政府全面主导为主、社会参与构建为辅,以最大程度的紧密互联和集中管理为实现途径,以建成运作管理中关键性的协同机制和统筹机制为根本保障,探索出了一条同时符合嘉兴地方实际、遵循公共图书馆事业发展规律、适应现行体制且行之有效、并兼具可持续发展能力的"嘉兴模式"。

不难看出,嘉兴市图书馆在提升社会效益和服务效能方面作出了巨大努力。这其中以资源延伸和活动推广带动社会效益和服务效能、再以服务联动和社会影

响促进政府投入和社会合作的良性循环思路几乎贯穿在整个服务体系的建设过程中,而这一成功经验将在未来较长一段时期内继续指导嘉兴市城乡一体化公共图书馆服务体系的发展之路。章馆长笑称,现在嘉兴市已经进入到"图书馆3.0"阶段,接下来将会进一步在全市建设覆盖各行各业的主题分馆,并邀请资深设计师参与公共图书馆馆舍改建、空间布局、软装设计,满足人们对于资源和环境更高层次的需求。同时,嘉兴市已经启动相关的地方立法工作,将从法律法规的高度彻底保障嘉兴市城乡一体化公共图书馆服务体系的健康、有序和可持续发展。

嘉兴市图书馆认为,未来的公共图书馆应当为趋于小众化和社群化的社会公众开展主题活动提供一个设施服务齐全、环境舒适的平台,将愈加重视人与人之间的互动、交流和体验并成为一个综合体,通过邀请社会各界资深专家,吸引公众参与并形成基于各类主题的社交群体,为之提供相关主题图书、期刊等文献资源支持,使之建立自我管理、常态活动的运作机制。公共图书馆平台化、关注"人的最后一个需求",看似是走进了与公共图书馆毫不相关的行业领域,实则将公共图书馆服务的触角延伸至更广的全社会范围,进而吸引社会各界力量和优质资源向公共图书馆这一平台集聚。随着时间的推移,物质条件、技术网络、社会环境在变化,公共图书馆与时俱进和不断创新的服务内容、服务方式、服务手段等也在变化,然而,其免费提供信息和知识、传承和传播人类社会文明的基本功能和社会地位是不可撼动的,是公共图书馆服务的边界和底线,以及存在的根本价值。在未来的发展之路中,嘉兴市图书馆也将始终坚持文献信息资源在各类服务活动中的融入和体现,在当代形成依托社群交流、主题活动等开展阅读推广、传播信息知识的创新模式。

**参考文献**

[1] 崔泉森. 嘉兴市图书馆百年历程[J]. 图书馆研究与工作,2004(4):16-18.

[2] 章明丽. 构建普遍均等城乡一体的公共图书馆服务体系——嘉兴市乡镇分馆建设的实践与思考[C]//林吕建. 浙江蓝皮书,2010年浙江发展报告,文化卷. 杭州:杭州出版社,2010.

[3] 全国万里边疆文化长廊·浙江东海明珠工程建设规划(2001—2005年)[EB/OL]. [2002-11-05]. http://www.zjwh.gov.cn/dtxx/2007-12-11/32088.htm.

[4] 李超平. 中国公共图书馆服务体系"嘉兴模式"研究[J]. 中国图书馆学报,2009,35(6):10-16.

[5] 章明丽. 市馆推动 政府主导 构建城乡一体的公共图书馆服务体系——嘉兴市总分馆制的探索与实践[J]. 山东图书馆学刊,2008(1):12-13.

[6] 嘉兴市人民政府关于市图书馆乡镇分馆建设专题会议纪要之一,2007-09-05.

[7] 章明丽,金武刚,陆晓曦. 嘉兴市城乡一体化公共图书馆服务体系管理体制、协同机制、城乡统筹机制研究[C]//戴言. 制度建设与浙江公共文化服务. 杭州:浙江大学出版

社，2013.

[8] 嘉兴市人民政府办公室.嘉兴市构建城乡一体化公共图书馆服务体系的实施意见[Z]，2008－02－25.

[9] 嘉兴市文化广电新闻出版局.关于印发《嘉兴市图书馆乡镇分馆管理暂行办法》的通知[Z]，2008－04－10.

[10] 章明丽.图书馆总分馆建设的嘉兴模式[J].图书馆杂志，2009(10):46－48.

[11] 李超平.嘉兴模式的延伸与深化:从总分馆体系到图书馆服务体系[J].中国图书馆学报，2012,38(3):12－19.

[12] 嘉兴市人民政府关于市图书馆乡镇分馆建设专题会议纪要之二，2009－03－31.

[13] 嘉兴市文化广电新闻出版局办公室.关于在市本级开展村(社区)图书流通站建设试点工作的通知[Z]，2009－04－30.

[14] 嘉兴市人民政府办公室.嘉兴市城乡一体化公共图书馆服务体系创建实施意见[Z]，2012－05－03.

[15] 李国新.公共图书馆的"嘉兴模式"[N]，中国文化报，2008－09－21.

[16] 柴永强.嘉兴市图书馆总分馆建设的实践与思考[C]//于群，李国新.文化蓝皮书，中国公共文化服务发展报告(2012).北京:社会科学文献出版社，2012:154－164.

[17] 嘉兴市总工会办公室.关于开展图书流通站和"职工书屋"共建活动的通知[Z]，2010－07－23.

[18] 许大文.总分馆制公共图书馆品牌化活动建设初探——以嘉兴市总分馆制为例[J].图书馆研究与工作，2014(2):5－6.

[19] 总分馆体系建设总览[EB/OL].[2018－01－16].http://www.jxlib.com/lib/Sub.html♯!Module/Article/Type/Show/ColumnId/e1073cc0-4b1c-4016-bdbd-cd77a6b7f9b8/ItemId/597c7b98-3c04-40a5-92f3-a830dd3f3e8f.

# 内蒙古图书馆"彩云服务"的创新之路 *

段宇锋① 王灿昊②（华东师范大学经济与管理学部）

**摘　要**：由内蒙古图书馆开展的"我阅读 你买单，我的图书馆我做主"的"彩云服务"，通过与书店合作，用颠覆性的理念和创新性的服务方式推动了全民阅读氛围和图书共享热潮的形成。本文详述了"彩云服务"从"我阅读 你买单"的初级模式，经过移动平台的研发到彩云智能中转云柜以及社会大藏书体系建设等渐趋完善的发展历程，介绍了内蒙古图书馆对"彩云服务"在发展过程中所出现的采编馆员自身定位、图书借阅逾期以及馆藏体系破坏等问题上所采取的有效应对措施。最后分析了"彩云服务"的普适性，为其未来发展目标指明了方向——建立"全国性图书馆彩云服务联盟"。

**关键词**：公共图书馆；书店；彩云服务；理念创新

2016 年 6 月 27 日，对于内蒙古图书馆李晓秋馆长和每一位图书馆员来说都是一个激动人心、值得铭记的日子。在这一天，内蒙古图书馆的"彩云服务"荣获 2016 年美国图书馆协会（ALA）"国际图书馆创新项目主席大奖（Presidential Citation for International Innovation）"。当李晓秋馆长上台领奖时，整个内蒙古图书馆沸腾了，全体馆员无不欢呼雀跃，喜悦之情溢于言表。作为内蒙古图书馆馆长的李晓秋，站在万众瞩目，灯光璀璨的领奖台上，在接过沉甸甸的奖项的那一刻，终于长舒一口气，面对台下的观众，他也终于可以自豪地说"内蒙古图书馆找到了读者真正的阅读需求"，从而使得捉襟见肘的图书采购经费都"花到了刀刃上"。

---

* 案例发表于《图书馆杂志》2018 年第 4 期。文中未标明出处的数据和图片来源于对内蒙古图书馆的访谈和内部资料，在此衷心感谢内蒙古图书馆对本文撰写提供的支持。
① 段宇锋，华东师范大学经济与管理学部，教授，博士生导师。
② 王灿昊，华东师范大学经济与管理学部，博士研究生。

# 1. 为有源头活水来："彩云服务"项目的孕育

## 1.1  内蒙古图书馆的发展之"殇"

内蒙古图书馆的历史可以追溯到清光绪三十四年的"归化城图书馆"，是全国12个百年省级图书馆之一[1]。然而，随着信息技术的快速发展和互联网的普及，人们获取信息的方式呈现出多样化的态势，公共图书馆的社会职能和地位受到极大挑战。内蒙古图书馆这所百年名馆遇到的问题与全国其他公共馆一样：在过去的几年间，到馆借阅的读者数显著下降，而有限的采购经费和僵化的管理服务方式使到馆读者常常抱怨不能及时借到所需图书或畅销书，致使图书拒借率居高不下。

图书馆的老读者许倩就曾遇到过这样一件烦心事：得知著名作家迟子建出版了新书《群山之巅》，她满怀希望地来到内蒙古图书馆想一睹为快，但却被图书馆馆员告知这本书还没上架，需再等些时日。在焦急中等待了半个月之后，她再次来到内蒙古图书馆，得到的回复依旧是需再等些时日。自己心仪的图书迟迟无法在图书馆借到，许倩心里不免有些抱怨："图书馆无法及时满足读者的阅读需求，怎么还能说一切以读者为中心呢？"这件事深深刺痛了李晓秋馆长的心，如何才能及时满足读者对新书的阅读需求，提升公共图书馆的服务效率呢？文化部的统计数据显示，2012年我国公共图书馆图书的平均流通率约为40%，而内蒙古图书馆的图书流通率更是低至20%[2]，二次流通率几乎为零，书架上"死书"现象特别严重。有馆员坦言："图书馆几年前采购回来的书如今看起来还跟新书一样，丝毫没有被翻动过的痕迹，作为图书馆工作人员的我，多么希望图书越旧越好"。

## 1.2  而今迈步从头越："彩云"呈祥

"彩云服务"的发端是在2012年。莫言获得诺贝尔文学奖后，借阅其作品的读者激增，但馆藏就那么几本，根本满足不了读者的需求[3]。"既然这样，那就只能让读者自己来买书，我们可以召集几家书商，由图书馆提供场地，尽可能方便读者购书"李晓秋馆长这样想。此时，正值2014年4月23日"世界读书日"前后，在李馆长的推动下，包括新华书店在内的十几家书店在图书馆举办图书销售月活动。但是，由于入馆读者有限，现场销售图书的效果并不是很好。很多书商在活动即将结束时向图书馆反馈道："我们拉过来五十多包书，最后才卖两三包，还得再把这些书都运回去。虽说这种形式具有一定的新颖性，但对于我们书店来说确实有点劳民伤财"。面对这种窘境，李晓秋馆长在与读者和书商的交流中产生了新的想法:"现在国家这么重视文化建设,每年都会下拨一定的经费用于图书馆的图书采购。既然我们有专项采购经费,那为何不让读者自己选书,由图书馆买单呢?"

张树杰主任认为这件事是"彩云服务"落地的真正触点。但是,"彩云服务"创意的萌生和项目的实施,也与内蒙古图书馆的"数字文化走进蒙古包"工程息息相关。由于互联网难以进入辽阔的草原,那些生活在边远地区,远离城镇的农牧民,没有获取网络信息和知识的途径,体验不到数字时代给生活带来的巨大变化。因此,内蒙古图书馆根据自治区人文、地理环境的实际情况,首创"数字文化走进蒙古包"工程,让优秀的文化资源走进草原深处,从而使公共文化服务由过去的"点线服务"向"网面服务"方式转变,打通了公共文化"最后一公里"的服务瓶颈。"数字文化走进蒙古包"工程的实施,切实改变了当地农牧民的文化生活面貌和阅读习惯,成为一项深得民心的文化惠民工程[4]。看到建设得有声有色的"数字文化走进蒙古包"工程,内蒙古图书馆的领导和馆员们坚信,一定能把发达的城市地区居民的阅读兴趣调动起来。可以说,正是"数字文化走进蒙古包"工程取得的巨大成功,让内蒙古图书馆下定决心要把"彩云服务"这一创新服务模式坚决贯彻下去。

经过紧张的筹备,2014 年 5 月,内蒙古图书馆正式推出了"我阅读、你买单,我的图书馆我做主"的"彩云服务":凡是持有内蒙古图书馆读者证的读者,可以在任一与"彩云服务"数据交互云管理平台联网的图书销售单位借阅图书。所借图书费用由图书馆定期向图书销售单位结算,读者只需自所借之日起 30 天内把书还到内蒙古图书馆就算完成了借阅手续。这种将图书馆新书采购权交给读者的方式,实现了服务与需求的直接对接;通过自主研发的"公共文化服务体系中读者、书店、图书馆集'借、采、藏'一体化服务管理平台"(下文统称"一体化服务管理平台")使得服务效能显著提升;通过提供联合编目、资源共享、图书外借等一系列基于动态数据的云服务,让图书馆和书店成为"云图书馆"的服务终端,直接为读者服务[5],克服了图书馆传统购书受限于采购馆员个人偏好的弊端,为图书馆节约了成本,缩短了读者的等待时间[6]。说起"彩云服务",张树杰主任还专门给我们解释了这一项目名称的由来:"彩"借鉴中文谐音中的"众采",指的是由读者大众决定图书采购权;"云"则是依靠互联网云端技术所建立的读者、图书馆、书店三方数据平台,将二者结合起来就成为我们现在所说的"彩云服务"。

## 1.3 "政府主导,社会参与"共建"彩云服务"

自 2017 年 3 月 1 日正式实施的《中华人民共和国公共文化服务保障法》明确强调了要重点扶持革命老区、民族地区、边疆地区、贫困地区的公共文化服务建设,内蒙古图书馆开展的"彩云服务"正是乘上了良好的政策支持和政策鼓励等社会大环境的东风,加快自身转型步伐,使其朝着新形态、多业态方向发展。现阶段,无论是政府政策层面还是图书馆自身层面,都鼓励社会力量参与图书馆的建设。"彩云服务"实施之初就充分考虑到了要在政府的主导下,大力促进社会力量参与到"彩云服务"的建设中来。首先,设计"一体化服务管理平台"这么大的软件系统,单靠内蒙古图书馆网络中心的工作人员是远远不够的,因此内蒙古图书馆想到了通过向社会购买服务的方式,聘用了社会上的很多编程人员共同来开发软件系统。这些社会编程技术人员都曾为微软公司、苹果公司开发过软件系统,并且他们没有附属任何 IT 公司,完全依靠的是社会力量。最终,内蒙古图书馆将这些核心人员聚集在一起,历时 3 个月完成了平台的开发整合工作。这种图书馆作为需求方和管理方,社会力量作为实施方的合作模式,两者相互协作,充分体现了社会力量与图书馆建设的完美融合。其次,读者作为一种庞大的社会力量,"彩云服务"也将其纳入图书馆的建设过程中来。王子舟在其文章《社会力量是近现代图书馆事业发展的原动力》中提到图书馆的发展一定要注重读者资源的开发,只有读者资源才是图书馆的活态资源[7]。"彩云服务"将读者作为图书馆的采购员,通过参与图书馆的建设为图书馆增添了活力,是开发读者资源理念的真正践行者,也是将社会力量与图书馆自身发展相结合的体现。

# 2. "彩云"逐梦路:我的图书馆我做主

## 2.1 "我阅读 你买单"初具雏形

内蒙古图书馆首创的"彩云服务——我阅读、你买单,我的图书馆我做主"是以读者为主导的资源建设模式,使读者从文献资源建设的接受者和终端转变为发起者与首端,成为图书馆文献资源建设的决策者[8]。

知之非难,行之不易。"彩云服务"在前期的技术开发过程中,攻克了许多技术性难题。由于图书馆与书店分属于不同的行业,各自的管理系统都比较独立。所以内蒙古图书馆面临的首要任务就是要把图书馆数据系统与书店数据系统打通,使两者实现数据共享。经双方协商,书店向内蒙古图书馆开放部分数据,由内蒙古图书馆计算机网络部负责实现书店数据与图书馆书目和读者数据的整合,开发出"一体化服务管理平台"。书店每上架一本新书,这本书的书目数据就会自动上传到"彩云服务"的平台上,读者将第一时间获知书店的新书。持有内蒙古图书馆读者证的读者进入书店找到心仪的图书后,现场只需完成"选书""图书下单""图书入编"三个环节即可在书店办理完成借书手续。在读者将书店所借图书还回图书馆后,工作人员通过"图书入藏"和"订单结算"两个环节,将图书分编进入馆藏流通(如图 1 所示),购买图书的费用由图书馆与书店定期结算。

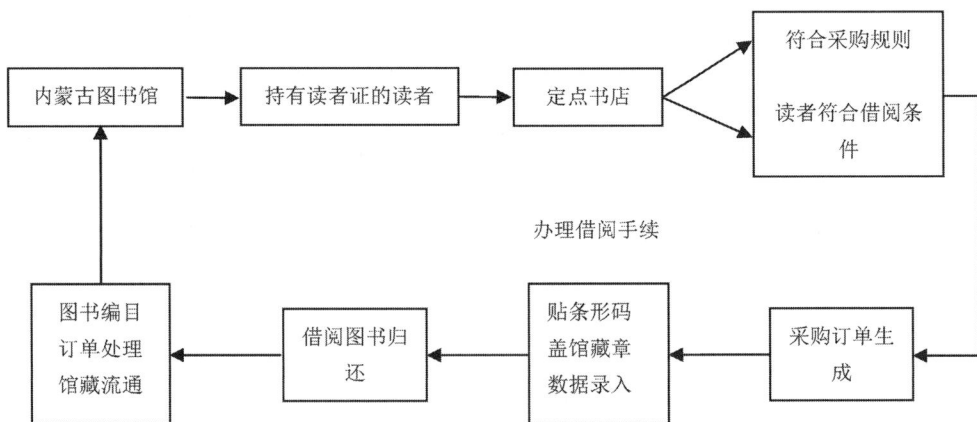

**图 1    内蒙古图书馆"彩云服务"图书借阅流程**

俗话说:"没有规矩不成方圆"。为了规范读者的借阅行为和还书期限,内蒙古图书馆针对"彩云服务"专门制定了一套借阅规则,具体如下:

①100 元押金借阅图书 2 册。其中,可在彩云服务合作书店借阅图书 1 册,且所借图书价格总和≤100 元。

②500 元押金借阅图书 5 册。其中,可在彩云服务合作书店借阅图书 2 册,且所借图书价格总和≤500 元。

③教辅类图书和字帖类图书不列入彩云服务图书种类。

④借期之内将图书还至内蒙古图书馆,借期 30 天,借期内可到内蒙古图书馆自助借还机办理续借手续一次,续期 20 天。

逾期或损坏图书按内蒙古图书馆图书借阅规则处理。借阅规则的制定,约束了读者的不良行为,为"彩云服务"的施行提供了制度保障。

现在,内蒙古图书馆的读者可以到内蒙古新华书店、内蒙古博物院书店、北京西单图书大厦、北京三联韬奋书店这 4 家与内蒙古图书馆签署合作协议的书店,借阅最新出版的图书。在合作书商的筛选方面,依据国外 PDA 的经验,首选实力雄厚、信用良好的书商。书店规模大小、诚信高低以及图书种类是否齐全,作为重要的考量因素[2]。内蒙古图书馆经过综合考虑,选择以上四家书店作为其合作伙伴。其中,后面两家位于北京,可以使读者在异地也能享受到"彩云服务"。"彩云服务"项目自 2014 年实施以来,内蒙古图书馆新增持证读者 5 万余人,持证读者的数量增加了一倍多,新书流通率达到 100%,读者的满意度大幅度提升。

## 2.2　百尺竿头 更进一步："彩云服务"升级,线上线下多管联动

### 2.2.1　"彩云服务"移动平台的建设

在"彩云服务"取得良好社会效果的基础上,内蒙古图书馆扩展了"彩云服务"的线上服务功能。相继研发并上线"彩云服务"手机 App 和微信公众号,从而与人们生活习惯更完美地融合。目前,该服务平台已成为自治区最大的图书借阅、交换平台,其具体功能如下:

①推荐:这一模块包含热门图书推荐和好评图书推荐两个功能。前者指的是按照书评数量位居前 12 的书;后者则是指好评数量居于前 12 位的书。

②附近:此功能涉及附近 10 公里内登录过客户端的读者的所有图书,既包含图书馆借阅的,也包含交换的图书。其中,在图书馆借阅的图书可以直接联系对方实现馆外转借;交换的图书则可以通过预约、收藏、见面等方式交换。

③搜索:包括全城搜书和书店扫书两大功能。全城搜书可以搜索出图书馆、书店和交换的图书。图书馆图书提供预约(三日内来馆里取书,三日后自动取消预约,三日内图书冻结,别人借不走)和直邮(图书馆以 6 元价格直邮到读者家,省去到馆借书的麻烦,邮费到付)两种获取方式;书店图书则显示该书是否可以免费购买,以及最近的彩云书店;交换的图书可以通过预约、收藏、联系对方等方式实现转借。预约指的是预约对方图书,然后直接联系或见面换书;收藏是指状态显示为已被预约的图书则只能收藏;联系对方可以直接拨出对方号码约定换书。书店扫书功能是在书店直接扫描书籍背后 ISBN 号,查询该书在书店是否可以免费购买以及相应的本数。

④"我的书架":功能包括"我的图书""我的预约"和"我的收藏"三个模块。"我的图书"指所有在读者手上的图书,包含借阅的、交换的以及直邮的图书;"我的预约"指的是所有查到并进行预约操作的图书;"我的收藏"指读者所借阅过的并保存收藏的图书。用户手机 App 右上角的扫码功能可以直接把"我的个人图书"添加到"我的图书"功能一栏中用于交换。平台的规则是:你的图书被人换走几本,你就能换取其他人几本图书。以避免所有人都拿破损书来换的问题。

⑤"个人中心":包括可借数量(图书馆图书最大权限)、彩云可借(自己可以免费买书的数量。而未使用过彩云服务的读者,其手机 App 上会显示未开通字样)、可交换数(每个读者默认为 1 本,此为手机 App 上免费赠送给用户的交换数)等信息。

### 2.2.2　图书复本量的分配

"彩云服务"极大地提高了读者借阅新书的积极性,新书流通率达 100%。但眼光犀利的李晓秋馆长很快又发现了新的问题:"读者都去书店买新书了,但买过来的新书二次流通率却非常低。对于畅销书,图书馆也不能购买太多复本,否则

资源浪费太大"。意识到这些问题后,内蒙古图书馆经过充分讨论,规定每种图书在图书馆的平均复本保藏量为5本;需求量大的畅销书,复本量为9本;冷门书籍的复本量为2—3本。当读者去书店选购图书时,订单系统会自动与内蒙古图书馆库存书目比对,如果所选图书已达内蒙古图书馆馆藏书复本数上限时,书店工作人员会告知读者请到内蒙古图书馆借阅该书或选其他图书借阅。当图书馆的馆藏复本全部外借出去时,读者可享受到图书馆的数字资源推送服务,在手机或kindle上阅读电子版书籍,做到服务读者无死角。

### 2.2.3　图书的转借

针对图书二次流通率低的状况,内蒙古图书馆完善了手机App的图书转借功能,实现了读者之间面对面借书和在内蒙古图书馆彩云智能中转云柜借书。读者无须回到图书馆办理还书手续,通过手机App的图书转借功能就可以让图书永远在读者间流转。面对面借书是当馆藏图书被读者借出后,允许读者之间进行借阅权转让。在图书借阅期内任何时间,其他读者都能使用面对面借书选中转借图书扫描要借人的二维码,将图书从正在借阅的读者手中借走,同时图书馆借书系统显示对方还书成功。面对面借书适合愿意以书会友以及熟悉的读者之间使用。对于那些互不认识,且由于时间冲突或距离较远而无法进行面对面转借的读者,内蒙古图书馆还专门设立了彩云智能中转云柜借书,读者通过附近的彩云智能中转云柜便可实现转借。还书一方的读者扫码开箱放书,借阅读者扫描开箱取书,即图书转借完成。另外,彩云智能中转云柜还有电子图书下载、爱心捐赠、物流中转的功能。目前,彩云智能中转云柜还处于试点阶段,全市的云柜放置点非常有限,内蒙古图书馆未来将根据其运营状况合理配置云柜数量。如果运营状况良好,则会有更多的云柜被放置在人流密集的地区,方便读者使用。以上两项新功能得到了广大读者的高度认可,使内蒙古图书馆图书二次流通率由最初的个位数增长到如今的95.9%,二次流通率显著提高[9]。

### 2.2.4　线上线下服务模式(O2O)助推彩云服务

说起"彩云服务"的O2O服务,作为快递员的小李深有体会。自从该服务上线以来,他每天不止一次要跑到内蒙古图书馆收取将要寄给读者的图书包裹,这正是内蒙古图书馆利用互联网技术实现"彩云服务"线下与线上相结合,即O2O的借阅模式。读者通过手机在线上借阅,图书馆收到线上借阅单后,在线下通过物流将图书送到读者手中,读者只需支付6元的快递费用。"彩云服务"O2O借阅模式,使读者不仅可以到任何与"彩云服务"合作的书店去体验其传统线下服务,而且也可以通过物流公司将读者预约的纸质文献送到指定地址。此外,上文还提到"彩云服务"平台可以依据读者的阅读需求,在线将读者所需文献书籍(数字资源)推送给读者。这种线上线下相融合的借阅模式,很大程度上满足了读者对选购图书的便捷需求。

### 2.2.5　共建"社会大藏书"共享平台

为盘活社会存书和用好读者家庭闲置图书,内蒙古图书馆通过"彩云服务"平台推出了"社会大藏书共享线上平台",这可以说又是一项方便、惠民的创新举措。"社会大藏书共享平台"旨在汇聚社会多方力量,让散落在社会各行各业及读者家庭里的闲置图书活起来,大家可以把不用的图书发布到该平台上,无偿捐赠给需要的人,也可以寻找自己需要的书。社会大藏书需要使用位置信息,读者使用时打开定位服务,通过彩云服务大藏书共享 App 点击"我要捐书",扫描图书背面的 ISBN 码即可完成捐赠。而需要借阅社会大藏书平台上图书的读者可通过图书转借平台完成借书。社会大藏书借助社会及大众读者的力量打造了一个集图书馆、书店、家庭及其他社会主体为一体的藏书流通体系[8],建立了社会与图书馆的良好互动机制。目前,读者借助社会大藏书平台已累计捐赠图书 4 万 5 千余册,1 万 3 千余册在流通之中。

已在内蒙古图书馆工作将近 20 年的张树杰主任是"彩云服务"的全程参与者之一,看到"彩云服务"从诞生时的青涩到如今的日渐成熟,他心中充满着自豪感。"其实'彩云服务'的核心是服务理念上的创新,它使馆员的自身定位从传统的图书馆主人转变为以读者为中心,读者才是图书馆的主人",这正是张树杰主任对"彩云服务"的最大感触。

# 3. 阳光总在风雨后:"彩云服务"破镜发展

内蒙古图书馆的"彩云服务"将读者的需求前移,由读者决定图书馆的采购书目。这是一次大胆的尝试,在获得众多认同和赞许的背后,内蒙古图书馆也承担着难以想象的压力。

## 3.1　原有采编馆员的重新定位

"彩云服务"把图书采购权交给了读者,那么馆内原有的采编人员就要面临自身的重新定位问题。内蒙古图书馆采取转岗的方式很好地解决了这一问题。首先,对这些馆员进行数据分析业务培训,在培训完成后,让这些馆员分析"彩云服务"的后台大数据。通过这种转型,一方面图书馆可以精准把握读者的阅读需求,引导图书出版商的供给,实现图书市场供给与需求的平衡;另一方面,也使得采编人员有了新的工作任务,满足了他们实现自身价值的诉求。

## 3.2　图书借阅逾期问题

图书逾期是困扰各级公共图书馆的管理难题之一。一般情况下,读者对图书都有"喜新厌旧"的心态。对于"彩云服务"来说,图书逾期,甚至只借不还的现象更加突出。因此有人提出,"彩云服务"会刺激读者的不诚信行为,造成图书的高流失率。为此,内蒙古图书馆专门制定了读者信用等级制度,为每位读者建立信用评级。整个信用等级共分为五级(A—E),初始级别默认为 C 级,在整个系统信用评级中居于中间位置。当用户超期 30 个自然日未归还书店购买书籍,系统评级自动降一档。同时,个人可购买图书的限额降低一档;当用户超期 90 个自然日未归还书店购买书籍,系统评级自动降为 E 档,读者不能再进行任何购买操作,即无法享受到"彩云服务"项目。信用等级制度的实施,具有正向引导和激励读者的作用,有效地约束和规范了读者的借阅行为,做到文明用书。

### 3.3    对图书馆馆藏体系的破坏

在对"彩云服务"项目进行评估的过程中,有专家提出,读者对图书馆的馆藏情况缺乏足够的了解,在选书时具有一定的随意性,容易导致图书资源质量良莠不齐,影响馆藏资源建设的系统性和完整性,从而破坏整个馆藏体系;从书店角度看,书店作为文化企业,其最终目标是追求利益最大化,这会使他们诱导读者借阅利润丰厚的书籍甚至冒充读者增加采购以增加自身收益。针对以上现象,内蒙古图书馆对现存的馆藏进行结构性调整和优化,依据馆藏体系合理分配购书经费。目前,内蒙古图书馆的年采购经费约 800 万元,将 40% 的购书经费用于保障民族、地方文献收藏体系建设,剩下的 60% 用于彩云服务。这既满足了"彩云服务"对读者的借阅承诺,又保证了基本馆藏资源的结构性和系统性。内蒙古图书馆针对读者在借阅图书类型方面也设有一定的激励措施。譬如,若读者前一年所购书籍在图书馆的流通次数超过 5 次,系统评级自动上升一档,可购买图书数量增加 1 本;若读者前一年所购书籍在馆内前一年数字资源下载使用排行榜中居于前 50 位时,系统评级自动上升一档,可购买图书数量增加 1 本;若读者前一年购买的书籍在书店前一年年底统计的销量排行榜排名前 50,系统评级自动上升一档,可购买图书数量增加 1 本;若读者前一年购买书籍超过 10 本,同时满足馆内流通率、书店排行榜的要求,系统评级上升至 A,可购买图书增加 3 本。此外,内蒙古图书馆还严格控制读者自主采购图书的种类、复本、个人采购量以及自主采购图书总量[2],确保每一本采购书籍的质量,使其能够发挥出最大功效。

## 4. 长路漫漫 上下求索:"彩云服务"的普适性分析

尽管内蒙古图书馆实施的"彩云服务"得到了国际图书馆界的认可,并取得了良好的社会效应,更是对阮冈纳赞所提出的"图书馆学五定律"的完美阐释[10],但同时在业界也出现了一些批评和反对的声音,这其中质疑最大的理论观点就是上文所提到的"彩云服务"对馆藏体系的破坏。我们不禁要问:国内图书馆的馆藏体系究竟是什么? 馆藏体系究竟是应该一成不变还是顺势调整? 在国外图书馆界,图书馆会根据读者的阅读需求而不断调整其馆藏体系,可见图书馆馆藏体系还是要围绕读者需求来精心设计,并不存在无法改变的藏书体系。"彩云服务"只是对内蒙古图书馆原有馆藏体系的调整,对于破坏之说显然无法服众。当然,"彩云服务"也应对读者的阅读需求加以引导,而不是盲目听从读者需求购买一些质量低下、内容庸俗的图书。目前,全国正式出版物将近 40 万种,仅新书就占到了50%,并且图书质量参差不齐。李晓秋馆长在"彩云服务"实施之初,就担心内蒙古图书馆会变成小说馆,可根据最近几年的"彩云服务"后台大数据分析,发现事情并非李馆长所担心的那样,图书馆所购买的图书所有门类都有涉及,并且所购图书第一次流通率高达 100%,二次借阅率更是达到 95.9%,这充分说明了读者对"彩云服务"的认同。此外,对于"彩云服务"存在泄漏读者个人信息的风险,内蒙古图书馆也做到了万无一失。读者在办读者证的过程中尽量不收集读者的个人信息;同时注重培养馆员及书店员工保护读者隐私意识,并与书店签订保护读者隐私的合同;在技术层面,内蒙古图书馆对个人数据库进行了加密设置,读者如借阅图书需要输入个人密码,当验证准确后系统会自动隐藏读者信息,未来内蒙古图书馆还打算引入指纹识别等高科技手段来确保读者放心借阅图书[11]。尽管还有来自业界的种种质疑,但是内蒙古图书馆并没有把它当成负担,而是将"彩云服务"与所遇到的质疑一一对照,不断完善其借阅系统并适时修改服务和标准,尽量使"彩云服务"调整得更加完美。

在"彩云服务"的普适性问题上,李晓秋馆长认为此模式适用于图书能够流通的图书馆,比如适用于以图书流通为主、收藏为辅的市、县级图书馆[12]。"彩云服务"自实施以来,共有 100 多个包含有县级、区级、省级的图书馆前来参观;并且在ALA 的颁奖词中已经明确"彩云服务"是可以仿效、复制的。比如山西太原市图书馆与太原市书城联合推出的"你选、我购、图书速借"活动、江苏大学图书馆与镇江市新华书店合作推出的"你选书,我买单"服务、佛山市图书馆以及杭州市图书馆都在尝试着类似于"彩云服务"的活动,而且开展得有声有色,大大提升了"彩云服务"模式的普适性。

创新永远在路上,对于内蒙古图书馆来说,还有很多新的功能正在研发过程中,比如未来的线上活动报名,即通过 App 申请报名参与图书馆的相关活动,还有很多线下的活动都会同步到线上,让读者实现线上线下活动互联,即所谓的图书馆 O2O 模式[13]。另外,由于目前"彩云服务"都是与线下书店合作,受限于书店的空间和库存,有些时候满足不了读者的阅读需求。而线上书店具有数量多、品种全、价格低廉的优势,因此,内蒙古图书馆正着手准备与线上书店联手,与当当网、京东商城的合作正在洽谈当中。相信在不久的将来,读者可以足不出户就能借阅到更多自己心仪的图书。谈及未来,"彩云服务"的发展还面临着种种困难和不确定性,需要更多人的共同参与。待时机成熟,内蒙古图书馆计划联合全国其他地区的公共图书馆,建立"全国性图书馆彩云服务联盟",让"彩云服务"惠及更多的读者。

**参考文献**

[1] 内蒙古图书馆. 内图概况(馆情介绍)[OL].[2016 - 04 - 24]. http://www.nmglib.com/ntgk/gqjs/.

[2] 韩冰,李晓秋. 内蒙古图书馆"彩云服务"探究[J]. 图书馆论坛,2016(3):65 - 69.

[3] 杜洁芳. 内蒙古图书馆"彩云服务":你选书 我买单[N]. 中国文化报,2015 - 06 - 29(001).

[4] 数字文化走进蒙古包:打造公共文化服务"人人通"[OL].[2015 - 07 - 20]. http://www.ce.cn/culture/gd/201507/20/t20150720_5979308.shtml.

[5] 内蒙古图书馆. 彩云服务(项目背景)[OL].[2016 - 04 - 24]. http://www.nmglib.com/ntzt/cyfwjh/qdcx/.

[6] 崔宇鹏."草原书屋"彩云服务刍议[J]. 内蒙古科技与经济,2016(22):122 - 124.

[7] 王子舟. 社会力量是近现代图书馆事业发展的原动力[J]. 图书馆论坛,2009,29(6):42 - 47.

[8] 王晴,赖永忠. 内蒙古图书馆"彩云服务"项目分析与思考[J]. 公共图书馆,2016(2):47 - 52.

[9] 王学思. 内蒙古图书馆:立体呈现多样化服务[N]. 中国文化报,2017 - 08 - 14(006).

[10] 阮冈纳赞. 图书馆学五定律[M]. 北京:书目文献出版社,1988.

[11] 易斌. 我国图书馆读者隐私保护现状调查与分析[J]. 图书馆,2012(6):68 - 71.

[12] 本刊编辑部. 社会力量参与图书馆建设的创新服务——图情学术沙龙第 2 期[J]. 信息与管理,2017,1(2):4 - 27.

[13] 韩冰,李萍. 对图书馆与书店合作开展读者自主采购借阅服务的冷思考[J]. 图书馆研究,2017(3):55 - 60.

# 信阅诚服——"记浙江省公共图书馆的信阅服务"*

段宇锋②　许静兰③（华东师范大学经济与管理学部）

　　**摘　要**：公共图书馆作为一个社会机构,旨在为公众提供更加全面便捷的借阅服务。本文通过对杭州图书馆和浙江图书馆信用服务项目相关负责人进行深入访谈,详细介绍了图书馆与芝麻信用展开合作的具体内容以及达成合作后所提供的相关服务,并且探讨了信用这一手段对于社会诚信体系的建设和未来图书馆联合的助推作用。2018 年 4 月 23 日,在浙江省第一个全民阅读月暨第 23 个世界读书日期间,浙江图书馆正式启动"信阅"服务,即读者的支付宝芝麻信用分达到 550 分就能成为全省任何公共图书馆的用户并享受图书馆的借阅服务。"信阅"服务平台自开通起到 8 月底,4 个月内读者总访问量超过 117.5 万次。全省共有来自 89 个区县的24421 名读者登录并使用"图书馆信用服务平台",完成在线选书订单 15795 笔,借阅图书 52083 册,平均每单 3.3 册(每单上限 5 册),借出图书累计码洋 275.06 万元。

　　**关键词**：公共图书馆;信用机制;第三方信用机制;信贷服务

# 1. 萌芽状态的信用措施

## 1.1　图书馆的免费服务

　　褚树青馆长说:"免费的公共图书馆"并不是我们的创意。根据联合国教科文

---

　　\*　文中未标明出处的数据和素材来源于对浙江图书馆、杭州图书馆的访谈和内部资料,在此衷心感谢浙江图书馆、杭州图书馆对本文撰写提供的支持。

　　②　段宇锋,华东师范大学经济与管理学部,教授,博士生导师。

　　③　许静兰,华东师范大学经济与管理学部,硕士研究生。

组织和国际图联共同颁布的《公共图书馆宣言》,公共、免费和无障碍是公共图书馆应该具有的属性。所以,我们现在要做的只是让公共图书馆回归这些属性。过去,由于受到客观条件的限制,我们没有做到;今天,我们的条件改善了,我们必须这样做。这是职业自律的要求,也是一种社会责任。

《杭州地区公共图书馆服务公约》于 2006 年 6 月 1 日颁布,以继承文化、传递信息、支持公民的终身教育和休闲娱乐为己任,发挥公益性服务机构的社会功能,对来馆读者实行基本免费服务[1]。从 2006 年 6 月开始,杭州地区的公共图书馆就已成为真正意义上的免费图书馆。

公约中约定,各公共图书馆包括杭州图书馆、杭州少年儿童图书馆、西泠印社印学图书馆及各区(县、市)图书馆、社区和乡镇(村)服务点的公共图书馆网络组成各地区图书馆联盟,并将图书馆业务系统统一更换成图书馆自动化集成系统(ILAS),实现文献数据的共建共享和文献服务的通借通还[2]。有了公约作为基础,杭州图书馆启用了"一证通"项目,全地区读者凭借与联盟内图书馆签订的原读者协议即可转变为杭州地区其他公共图书馆读者。从此,杭州市民可以充分利用图书馆借阅书籍,图书馆的公共性、无障碍原则得到了充分体现。以地区公共图书馆联定《服务公约》的形式,规范工作人员的行为,昭示业务内容,主动实行免费的、无障碍的服务,杭州图书馆开创了国内公共图书馆的先河。

该公约虽然并没有直接涉及信用方面的内容,但却以联盟公约的形式遵循各级图书馆与读者签订的契约内容,并以图书馆间的信任为基础,共同建立起统一的读者服务规范,让读者免费获取联盟馆间的资源与服务,实现了地区内容资源的开放与共享。

## 1.2 市民卡背后的信用机制

《服务公约》的签订初步实现了免费无障碍服务。杭州图书馆一直希望借助一套普及范围广、社会化的征信体系来替代现有的图书馆用户管理体系,以扩大注册读者的数量。2008 年,杭州图书馆新馆开馆在即,为了吸引更多的市民进入图书馆,杭州图书馆与杭州市市民卡公司合作,在以社保体系为依托的杭州市市民卡上增开图书馆的借阅功能,以此作为杭州图书馆的借阅凭证。只要持有杭州市户籍或者在杭按时交纳社保的为外籍市民都能申请杭州市市民卡,领取后仅需在杭州图书馆总服务台出示开通即可享有所有资源服务,无须交纳任何形式的工本费、押金等费用。

随着杭州市市民卡公司征信系统逐步建立,在 2014 年 4 月 23 日"世界读书日"来临之际,杭州图书馆再次与市民卡公司合作,将图书馆业务系统与市民卡公司管理系统实现对接,将市民卡系统中新增的用户直接输送到图书馆的业务系统中。此前,杭州市民卡图书借阅功能服务区域为杭州主城区,需到市民卡中心大厅及各服务厅开通。而现在图书馆与市民卡合作提供的服务区域将辐射整个大杭州范围,含主城区及所属 7 个区县市(萧山区、余杭区、桐庐县、淳安县、建德市、富阳区、临安区)。读者可以直接凭市民卡借阅图书,不用另行办理开通手续。新申领的市民卡将直接具备图书借阅功能。在征信体系的保障下,以市民卡取代借阅证,同时取消办证押金,这是杭州图书馆开展信用服务的初探。

# 2. 芝麻信用崭露头角

## 2.1 与蚂蚁金服的初步合作

杭州图书馆依托市民卡为本地市民提供极大的借阅便利,但外来居民仍然需要经过复杂的证务办理流程才可享受图书馆的服务。为了解决这一问题,杭州图书馆尝试与蚂蚁金服旗下的全资子公司芝麻信用管理有限公司开展合作。

芝麻信用作为一家第三方征信机构,旨在构建简单、平等、普惠的商业环境,是蚂蚁金服生态体系中的重要组成部分。芝麻信用利用云计算、机器学习等领先科技客观呈现个人和企业的商业信用状况[3]。信用是社会秩序的基础,芝麻信用就是把无形的信用有形化,以分数的形式呈现,公共图书馆就可以利用芝麻信用完成一系列的借阅服务。

杭州图书馆在 2017 年 4 月 23 日与蚂蚁金服联合推出"信用借还图书"服务,引入蚂蚁金服旗下的芝麻信用作为图书馆借阅证办理的考核标准,读者只要芝麻信用积分满 600 分,就能通过支付宝的风险考核标准并绑定其账号,由于支付宝账号与个人身份证号绑定,杭州图书馆就以身份证号作为个人借阅证号,在绑定账号的同时开通其身份证的借阅功能。与此同时,杭州图书馆与嘉图公司和图创公司合作开发了"互联网＋图书馆"解决方案,具体包括以下几部分:①免押办证,通过芝麻信用的积分来办理借阅号;②只要关注支付宝生活号,就可以在城市服务窗口享受到图书馆服务;③扫码借书,即无证借还。只要支付宝上扫一扫读者的读者证,就可以通过信用这个方式自由地借还。

如此一来,任何用户都可以随时在线上通过支付宝生活号的 O2O 平台使用网上借阅功能。在线上,借助互联网、物联网技术,实现"手机点书,物流配送上门",让传统图书借阅从"跑一次"变为"跑零次";在线下,可以凭借身份证直接享受图书馆的服务,免去了押金和烦琐的手续。同年 8 月底,杭州图书馆又在自助借还机设备上开设了信用借还窗口,这项功能使得读者到馆借阅变得更加便捷。

芝麻信用将读者的借还记录纳入芝麻信用的个人信用档案,根据其信用评价机制每月进行风险评估,评估结果综合反应在更新后的芝麻信用总积分中。图书馆根据每月的信用积分定期考核和重新评估读者的信用。

"信用借还图书"服务一经推出,在 5 个半月的时间内通过芝麻信用积分激活借阅功能的读者多达 5.4 万余人,在线上通过该方式被借阅的图书数量超过 2 万册。

在实践当中仍然存在几个比较大的问题。第一,如果某个读者在注册时达到了 600 分的基准分,但后期降到基准分以下,作为图书馆方应该要如何处理;第二,信用体系是一个需要长期累积的体系。芝麻信用只有三年的数据累计,相对而言不够全面,并不能完全代表芝麻信用用户的完整信用状况;第三,杭州图书馆免除了押金,但是仍然会存在读者逾期不还等失信行为。以往以逾期费、滞纳金等作为解决问题或警示的方式,现在的信用服务还无法从根本上杜决。

## 2.2　降低门槛提升开放度

早在 2016 年,上海图书馆就同芝麻信用合作以 650 分为基准。但是,650 分并不是一个容易达到的分数,它需要一点一点地累积,每个月的分数基本只能涨 1~2 分,甚至有时会出现一分未涨的情况。650 分的基准分对于一、二线城市的市民来说都需要长年累月的积累,对于三、四线城市支付宝和芝麻信用并不普及的地区居民来说就更难了。

因此,2017 年 9 月,在杭州举办了以"信用与公共图书馆"为主题的"2017 公共图书馆信用服务论坛"。听取与会专家的建议,杭州图书馆决定将信用办证的芝麻信用分由原来设定的 600 分降至 550 分。支付宝新注册用户的芝麻信用初始分值就是 550 分,这意味着在线上通过信用注册办理借阅证已经以零门槛的方式对所有互联网用户开放,使杭州图书馆的服务覆盖人群进一步扩大。

从 2017 年 4 月到 2018 年 10 月,通过网络新增用户接近 10 万人。新注册读者中,90 后和 80 后占 91.88%。开通信用服务的读者中,近 99%的是非杭州籍用户。此服务的推广不但使读者量、借阅量有了进一步提升,而且,通过引入芝麻信用,让杭州图书馆的服务能够面向所有互联网用户开放,消除了外来居民办证的门槛,通过互联网吸纳了更多的年轻人群体,也为后续跨区域服务、跨人群服务提供了可能。

## 2.3　多馆联合的尝试和探索

2017 年底,杭州图书馆又举办了"2017 公共图书馆信用服务论坛"第二次会议,会议上发布了《公共图书馆信用服务杭州宣言》。全国 27 家公共图书馆联合签署,达成信用服务共识,倡议以"信用"为载体,实现公共图书馆资源共存、共建、共管、共享,构建更为平等、开放、合作、共享的公共图书馆发展共同体,形成读者共享和资源共享。

在此之前,杭州图书馆只是联合杭州本地区的图书馆,实现区域内图书馆的联合共享,现在他们则有望实现跨地区联合。2018年初的时候,杭州图书馆做了一个大胆的尝试:由于杭州图书馆和宁波图书馆、济南图书馆联合,共用同一个软件开发商的网上借阅平台,借助这个平台直接实现了跨区域图书馆的联合。在这个平台上,当读者达到某馆的入门要求之后,就自动成为该馆用户,享受该馆的网上借阅服务。例如,杭州的读者可以在平台上直接向济南图书馆提出借阅要求,济南图书馆依据借阅请求提供相应书籍。这一切都是在"信用"的基础之上。

# 3. 信用体系大展身手

在杭州图书馆尝试了基于信用的跨区域多馆联合服务之后,浙江图书馆联合省内11家省市级公共图书馆和三家少儿图书馆与芝麻信用签订了服务合作及优惠协议,约定芝麻信用评分的应用场景、个人信息保护、费用、保密、反贿赂等事项,在支付宝平台上开通了全省公共图书馆信用服务统一入口——"图书馆信用服务"(注:支付宝生活号名称)。

## 3.1 信用免证、免押金

"图书馆信用服务"生活号的开通,统一了全省信用服务入口的整体页面设计和接口定义,用户可以在支付宝上通过"图书馆信用服务"开通各图书馆的免押金信用服务。

图书馆业务系统后台同步用户读者信息并生成读者证号作为唯一用户标识,只要芝麻信用分达到550分,就能成为全省任何已开通信用服务图书馆的用户。如用户信息已存在,则该用户读者证号与支付宝 userID 绑定。读者证号生成以后,由于用户在支付宝上绑定了身份证号,用户在使用时,就可以直接利用身份证号作为全省用户信用服务标识,实现全区域"免证"服务,图书馆服务更加开放便捷。如图1就是整个操作流程。

## 3.2 在线你选书我买单

浙江图书馆牵头开通了全省"信阅"平台,并为各馆的接入提供技术支撑和文献支持,提升了基层馆的文献保障能力和精准服务水平,增强全省公共图书馆线上线下联合服务的整体能力。

浙江图书馆还利用互联网和现代物流优势,使全省任一公共图书馆的读者均可通过网站、微信公众号、支付宝,在"信阅"平台在线选书,由快递送书上门,45天内就近归还至全省任何公共图书馆,书可留在当地图书馆继续流通。通过这样

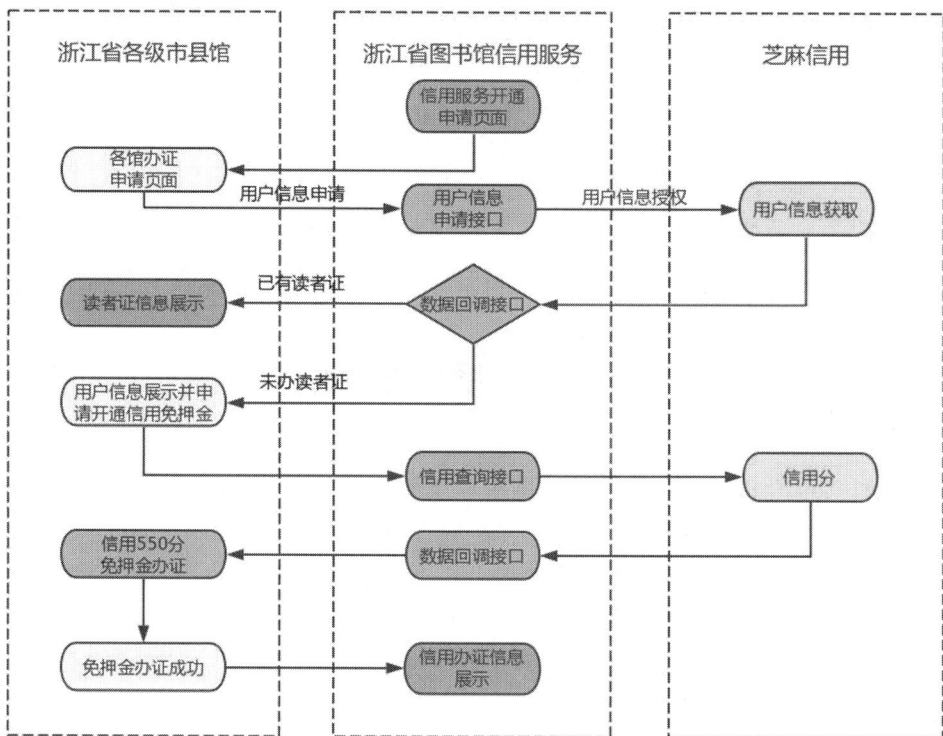

**图 1　全省公共图书馆信用认证流程图**

的新书流通共享机制,既满足了读者的个性化阅读需求,又节省了读者归还图书的物流成本;既方便了读者,又有效提升了基层馆的新书保障能力和精准服务水平,真正实现了全省平台共用、资金共享、服务无边界。

对于线上书城平台,浙江图书馆图目前已对接京东、浙江新华和新华互联电商平台,并就品种、发货、配送等方面对电商平台提出具体要求。在品种方面,图书馆要求近四年内(含当年)出版的国内中文图书品种在 15 万种以上,每月更新量在 5 000 种以上,要能够提供现书,不能将尚未出版发行的图书列入供货内容,同时还规定了不在供货范围内的一些图书类型;在发货方面,读者所选购的图书,电商在下单成功后 2 天内出仓发货,可在不同地点的仓库间调货,但不能无故延迟;在配送方面,浙江图书馆本着对读者的负责,限定了配送时间和地点。

此外,浙江图书馆还积极鼓励有条件的图书馆将服务接入信阅平台,增强平台服务能力;并且,逐步打通各馆服务数据,与全省数据整合,提高平台服务效能。

用户在平台上享受服务的同时,也要遵守以下规则:

(1)借期:45 天。不可续借,不可转借。签收之日为始,归还之日为止。

(2)停借:有超期即停借,归还即恢复。

（3）可借量：每个读者"在借"状态册数为 3 册。

（4）金额：单本图书价格不超 300 元。

（5）复本：最高 15 本。

## 3.3　信用借还 OTO（快递借还）

全省信阅平台正式开通以后，各馆就能以此为基础，开展馆藏图书网上借还服务。他们依托信用免押金、全省联合目录、全省数据中心、网借中心和现代物流等系统，为读者提供一站式书目检索、快递借还服务，并优化排序方式提高读者使用体验。目前，浙江图书馆闭架书库近 30 年 75.2 万册图书已向全省读者开放，后期将逐步与已开展快递借还服务的市级网借中心对接，实现全省各级图书馆联合为用户提供线上线下相结合的文献流通服务。

在快递服务这一方面，浙江图书馆与邮政速递 EMS 签订合作协议为提供读者低价快捷的借还书服务，读者可以通过平台下单，在全省范围内只需要支付 5 元邮费就可以跨区域借阅最多 3 本书籍。

## 3.4　纸电一体化服务

目前浙江图书馆正推进与中版、畅想之星等电子书平台的合作，希望将适合移动端阅读的电子书书目整合至"信阅"平台，并与已有的纸质书书目进行关联，提供试读功能，在平台上设置试读次数触发机制，达到一定的次数后图书馆就会购买，提供读者添加至平台内的"书架"从而进行全本阅读，逐步实现纸电一体化服务。

# 4. 展望与思考

## 4.1　助推信用社会建设

诚信是社会的基石。目前，越来越多的读者意识到诚信的重要性，因为他们情愿接受罚款，也不愿意被扣信用分，信用成为一种新的制约。

图书馆作为一种社会组织，拥有着庞大的用户群。据文化部统计数据，2016 年全国县级以上公共图书馆持证读者数量为 6736 万人，这一数字还在持续增长中[①]。图书馆利用信用代替了证、卡、钱的作用，将其作为中介和用户之间建立一种以信任为基础的合作关系，让用户充分体验个人信用的价值，以"润物细无声"

---

① http://www.stats.gov.cn/tjsj/ndsj/2018/indexch.htm

的方式培育全民的信用意识。

　　浙江图书馆与芝麻信用的合作是对"诚信"这一理念具体化、生活化的落实，不但助推信用社会建设，还彰显出公共图书馆作为文化建设者和引领者在城市发展中的渗透力、影响力和促进力，将有力提升公共图书馆在社会中的地位。

## 4.2　无边界图书馆

　　目前我国的图书馆已经实现了部分地区内的联合共享，但这种联合也仅限于某个区域，信息孤岛的现象仍然存在，信用服务为打破信息孤岛提供了一种新的方式。

　　芝麻信用作为第三方征信机构都是面向全国开放的，它不存在区域的限制，因而具备了在国内所有公共图书馆推广的可能性。如果各地的公共图书馆都能使用同一个信用平台开展服务，不同图书馆的馆藏资源完全可以借助这一平台打通，通过"信用"建立起服务联盟。如果这一理想可以实现，全国的图书馆都能联合起来，以一个行业的整体力量为所有公众提供服务，任何一个城市的居民可以向任何一个其他城市的图书馆借阅书籍。对于公众而言，每一个图书馆都是没有"边界"的，每一位用户都可以最大限度地使用图书馆的资源。一个共存、共建、共管，开放、共享、共用的无边界图书馆服务体系将逐步建立。

　　目前，杭州区域内已经建立起了"信阅"平台，将省内的图书馆资源进行整合，随着越来越多的城市图书馆加入，在信用平台上实现不同区域间图书资源的互通值得期待。

# 5. 结语

　　诚信是中华民族传统美德，也是社会主义核心价值观的重要内容，浙江图书馆联合杭州图书馆推出的"信用借书"将诚信融入到图书馆的公共服务中，既节省了政府和读者的成本，也为读者提供了更多的便利，使公共图书馆更进一步达成了公共、平等、共享的精神。

　　在我国，公共图书馆开展信用服务仍处于探索阶段。我们相信，随着信用服务的逐步推广和各地图书馆的积极探索，一个符合中国国情的图书馆信用体系将逐步成型，把读者、图书馆、其他社会领域紧密联系在一起，从而促进公共图书馆信用服务体系的建立，推进公共文化信用服务体系的建设。

**参考文献**

[1] 褚树青,屠淑敏.公共图书馆信用服务的缘起、价值和创新意义[J].图书馆学刊,2018,40(01):3-7.

[2] 寿晓辉,叶丹,翁亚珂.公共图书馆开展信用服务的实践与策略——以杭州图书馆为例[J].图书与情报,2017(05):15-19.

[3] 褚树青.图书馆＋信用:公共图书馆的发展愿景[J].图书与情报,2017(05):6-7＋1.

## 技术与业务创新

技术变革是驱动图书馆业务创新最强劲的引擎。第十二届全国人民代表大会常务委员会第三十次会议通过的《中华人民共和国公共图书馆法》第八条"国家鼓励和支持发挥科技在公共图书馆建设、管理和服务中的作用,推动运用现代信息技术和传播技术,提高公共图书馆的服务效能"和第四十条"国家构建标准统一、互联互通的公共图书馆数字服务网络,支持数字阅读产品开发和数字资源保存技术研究,推动公共图书馆利用数字化、网络化技术向社会公众提供便捷服务"充分体现了图书馆界在科技对公共图书馆创新发展中重要性的认识。

纵观 20 世纪 90 年代以来公共图书馆的变革和发展,日新月异的新技术使公共图书馆的面貌由内而外焕然一新。文献生产和传播的数字化使电子书刊、文献数据库、视听资料等数字资源成为公共图书馆馆藏的重要组成部分,读者足不出户借助电脑、手机就能够随时随地获取和利用各种资源,极大地改善了读者使用公共图书馆服务的体验;图书馆管理系统、智能书架、自助借还机等技术设备有效地支持了公共图书馆的管理和业务流程优化,使公共图书馆的决策和运行水平不断提升;移动计算、人工智能、云计算、物联网、5G等技术给公共图书馆服务内容和服务形式创新带来了无限的遐想空间,不断丰富公共图书馆实践活动内容,让公共图书馆充满生机与活力。

# RFID 技术在深圳图书馆的应用 *

熊泽泉①（华东师范大学图书馆，华东师范大学经济与管理学部）
段宇锋②（华东师范大学经济与管理学部）

**摘　要**：本文基于对深圳图书馆 RFID 项目组的调研访谈，详述了深圳图书馆实施 RFID 技术的背景及创意萌生的过程，以及在具体实施过程中，深圳图书馆如何克服经验、经费、技术等方面的困难，在全馆全面推进 RFID 技术的应用，在自助借还、文献定位、馆藏清点、归架管理等环节实现图书馆管理的自动化；并以此为基础，首创城市街区 24 小时自助图书馆，实现由传统图书馆到智能图书馆转型，最后引领深圳各公共图书馆，实现"图书馆之城"文化创想的整个过程。文章同时对未来深圳图书馆智能图书馆建设的发展方向进行了展望。

**关键词**：RFID；无线射频识别；智慧图书馆；深圳图书馆；创新服务

2006 年 7 月，深圳图书馆新馆开放，在全国首创"平等、开放、免费"的公共图书馆理念，并借助"文化＋技术"的管理服务体系，开始部署 RFID（无线射频识别）技术，全面推行图书馆文献管理的自助服务和智能化服务，在公共图书馆业务管理模式的改革与创新活动中率先起跑。2017 年，深圳图书馆的 RFID 技术创新之路走过了 11 个年头，极富开拓创新精神的深图人秉承"服务立馆，技术强馆"的理念，继续谱写着新的篇章。

---

\* 案例发表于《图书馆杂志》2018 年第 3 期。文中未标明出处的数据和素材来源于对深圳图书馆的访谈和内部报告，在此衷心感谢深圳图书馆对本文撰写提供的支持。

① 熊泽泉，华东师范大学图书馆情报咨询部，副主任，馆员。
② 段宇锋，华东师范大学经济与管理学部，教授，博士生导师。

# 1. 缘起——技术新城的文化需求

深圳作为中国改革开放建设的第一个经济特区,30多年以来,在经济、文化、科技等方面的高速发展创造了举世瞩目的"深圳速度",迅速成长为国际化的创新型城市。众多国内外高科技企业云集于此,同时也吸引了大批高层次人才来此发展、创业,城市科技文化氛围日渐浓郁。然而,深圳原有的公共文化设施已无法满足市民的文化需求,特别是建于1986年的深圳图书馆,建筑面积仅1.3万平方米,每天却要接待3000—5000人次读者,已面临一座难求的局面,甚至出现了读者连夜排队的现象[1]。深圳市政府对此高度重视,于1993年动工建设深圳图书馆新馆,力图打造一个"国内一流、国际先进",可解决深圳市民基本文化需求的大型综合性图书馆。

2002年,在新馆即将落成之际,深圳图书馆开始筹措新馆开放事宜,其中最重要的工作就是文献资源购置。由于新馆面积是老馆的四倍,文献购置量也成倍增加,因此,新馆可预期的文献流通量、读者服务量也会极大增长。为了更好地服务读者,深圳图书馆未雨绸缪,希望引入一种更加高效、智能的文献流通管理方式,提高图书馆的运行效率,让馆员从繁重而单一的借还工作中解放出来,为读者提供价值更高、更多元化的服务。深圳图书馆在公共图书馆界一直以其卓越的技术能力著称,依托深圳市众多高科技企业,该馆也有着足够的实力开展技术创新。因此,深圳图书馆希望借新馆开放的契机,对新技术的运用作一些探索。

于是,深圳图书馆的馆员们开始广泛调研国内外各行业的新兴技术,寻找适用于图书馆的技术和设备。此次调研发现,已应用于物料管理、动物跟踪、停车场管理等行业的RFID技术具有快速扫描、体积小、穿透性强等优点,非常适合图书馆的文献流通和库存的自动化管理。与条形码依靠光电效应方式不同,RFID标签无须人工操作,通过扫描感应即可自动向识读器发送标签信息,从而实现处理的自动化[2]。但是,当时国内并没有图书馆运用RFID技术,国外也只有美国洛克菲勒大学图书馆、新加坡国家图书馆、韩国仁川大学图书馆等少数图书馆运用了RFID系统,而且价格不菲;同时,RFID标签易受损、易受干扰,部分馆员对其安全性也心存疑虑。因此,无论是实施经验、购置经费,还是团队成员意见,深圳图书馆对RFID技术的引进、实施都面临着巨大的困难。

# 2. 起步——破除困境,迎难而上

这个时候,深圳市政府再一次给予大力支持。不仅增加了深圳图书馆每年的文献购置经费,还对深圳图书馆的创新实践探索给予了充分肯定。2003年,深圳市确立文化立市的发展战略,其中,建设"图书馆之城"是重要内容之一[3]。将图书馆的建设提高到城市发展战略的高度,这在国内其他城市是未曾有过的,深圳市政府的这一举措极大地增强了深圳图书馆全面实施 RFID 技术的决心和信心。

2004年,深圳图书馆专门成立 RFID 项目课题组,负责 RFID 技术应用方案的制订与实施[4]。项目组在前期技术跟踪和文献调研的基础上,实地走访国外运用 RFID 技术的图书馆,学习他们的经验,分析在实施过程中遇到的困难和不足,从需求、技术能力等方面与深圳图书馆比较考量,形成分析报告。最终,课题组成员一致认为深圳图书馆已经具备大规模运用 RFID 技术的条件;并且经过多次集中讨论,认为随着全市文化建设的开展,市民生活水平和文化素质普遍提高,且 RFID 标签的相关技术也已趋成熟,其安全性已不再是一个难以解决的问题。因此,深圳图书馆决定以更高效地服务广大读者为出发点,依托技术优势,在馆内全面应用 RFID 技术。

深圳图书馆将全面实施 RFID 技术提上日程后,需要解决的第一个问题就是技术路线的选择。当时国内 RFID 技术厂商并不多,主要是一些国外厂商的代理。各厂商采用的技术标准虽然都是以高频标签为主,但应用方式并不统一,且各有优劣。譬如,3M 公司采用 RFID 标签加磁条的双标签方式,磁条用于防盗,RFID 标签用于借还手续办理,安全性较高,但加工工序稍显麻烦;TAGSYS 公司采用单芯片,安全性相对磁条稍弱,但是服务流程较为完善,其 RFID 系统已在包括美国西雅图公共图书馆在内的多家大型图书馆实施应用,具有丰富的行业经验。深圳图书馆从 RFID 芯片大小、信号灵敏度、价格、使用寿命以及行业经验等方面对主要 RFID 厂商的技术路线进行综合比较,确定新馆的技术应用方案,通过政府招标采购的方式,选定了法国 TAGSYS 的 RFID 产品[2]。

但是,面对深圳图书馆上百万册的图书,又一个难题摆在深圳图书馆面前:此时离新馆开放只有数月的时间,如何快速完成这上百万册图书的标签转换工作?面对困难,深圳图书馆没有退却,迎难而上,加班加点进行标签转换。加工设备不够,便和 TAGSYS 协商,额外借用了 6 台设备;人手不足,便采用外包形式雇佣编外人员,两班人员轮流上阵。经过 2 个月的日夜奋战,终于在新馆开放前基本完成了馆藏资源标签的转换工作。

# 3. 发展——技术立馆，全面创新

2006 年 10 月，深圳图书馆新馆开放，成为国内第一家全面使用 RFID 技术的公共图书馆。当时，深圳图书馆共有 100 万册纸质文献资源应用了 RFID 标签，包括阅览区 60 万册，保障本 40 万册，并且预计每年新增 20 万册，涵盖了所有中外文图书和报刊合订本。在 RFID 的应用领域上，深圳图书馆没有局限于图书借还流程，而是充分利用了 RFID 技术的特点，结合本馆实际，形成了一整套的功能体系，并开发了融合多项管理流程的 RFID 文献智能管理系统，在自助借还、文献定位、馆藏清点、归架管理等环节均实现了技术、服务、管理等方面的创新。

自助借还：图书借还手续办理是公共图书馆主要的日常工作之一。随着馆藏资源数量的不断增加，图书借还量不断翻番。为了节约读者办理时间，一些图书馆设立了自助还书箱。但是这种自助还书箱无法实现图书的实时归还，还是需要馆员将书从还书箱中取出后，逐一进行人工处理，而且也无法办理借阅手续。深圳图书馆基于 RFID 技术的自助借还设备，采用非接触式和一次多本的方式，实现快速安全的文献借还[5]。无须逐册扫描条形码，免除了消磁及上磁工作，所有流程均由读者自主操作，无须馆员干预，既保护了读者隐私，又减轻了文献流通部门的工作压力，极大地提高了图书流通效率。在新馆开放首月，深圳图书馆 52% 的借还操作就由自主借还机完成，2007 年后这一比例更是达到了 80% 以上，并逐年上升[6]。

文献定位：目前，大部分图书馆仍采用基于文献分类号的"线性排架体系"管理文献，面对不同的读者类群和多样化的文献需求，特别是对于一些不懂文献分类法的读者，即便在 OPAC 系统中检索到了所需文献，也不易找到其存放位置。这对于图书馆资源的揭示和阅读推广极为不利。深圳图书馆借鉴内华达大学图书馆立体书库的经验，在国内图书馆界首创架位管理方式，即利用 RFID 标签对馆内每一层书架进行编码标识、定位，从而可对每层书架上的图书进行定位。具体编码规则如下图所示[7]：

表 1　深圳图书馆排架编码规则

| a | b | c | d | e | f | g | 0(1) | h | i |
|---|---|---|---|---|---|---|---|---|---|
| 楼层代号 | 区号 | 巷道号 | | 书架列号 | | | 左(右) | 书架层号 | |

读者通过书目检索系统查找到文献相关信息后，便能很快地知道所需文献具

体在哪个书架的哪一层以及行走路线。如某书的条形码为 0322101003,表示该书在 3 楼 2 区第 21 巷 1 架左侧的第 3 层。对于每一层书架上图书的排架方式,可以不再局限于传统的索书号排架,而是可以根据工作的方便或者读者的需要,采用更多的排架方式,如按年代排架、按主题排架、按著者排架等,使得排架工作变得更加灵活自由。同时,利用便携式扫描设备,可随时巡架整架,纠正错架文献,有效地解决了开架阅览给图书馆带来的文献定位不准以及整架困难等问题。

馆藏清点:对于传统的使用条码方式进行文献管理的图书馆来说,馆藏清点虽然在理论上是可行的,但实际工作量巨大,并且在具体操作中容易发出噪音,影响图书馆的日常服务。对于深圳图书馆大开间式的空间设计,更是无法单独关闭某一区域进行清点。引入 RFID 技术后,馆员无需将图书从书架上取出,利用手持式 RFID 设备扫描书架上图书的 RFID 标签就能够快速完成清点,极大地提高了馆藏文献清点工作的速度和质量。这种方式既减轻了馆员的工作负担,也不会对周围环境造成过多影响,同时还可为读者服务和文献采购部门提供更加精确的馆藏分析数据。

归架管理:新馆开放后,深圳图书馆文献借阅量激增,达到日均 1.2 万册[8]。虽然自助借还设备承担了部分借还书工作,但是图书归架的工作量也成倍增长。由于深圳图书馆的空间设计在引入 RFID 技术之前已经完成,开放式的空间格局不适宜采用大型自动分拣设备,因此图书归架的一系列工作仍需由馆员人工完成。此外,读者阅览后随意摆放的文献引起的错架、乱架时有发生。这些问题都需要有一种高效智能的文献归架设备来进行管理。需求就是命令,深圳图书馆继续基于 RFID 技术寻求解决方案。通过一段时间的摸索,深圳图书馆自主研发了一种 RFID 小型移动式文献归架、巡架的管理设备——智能书车。

智能书车主要由车载电脑、可触摸显示屏、RFID 阅读器、文献分拣单元、控制显示电路等部分组成[5]。车载电脑与图书馆数据终端连接,可实现数据实时更新,显示最新的架位等信息。当文献分拣到书车上时,RFID 阅读器可自动识别文献 RFID 标签中的信息,据此获取该文献的架位信息,并在显示屏上将具体上架位置信息指引出来。在书车行走过程中,可通过书车侧面的 RFID 天线对书架上的 RFID 标签进行识读,当书车路过书架时,如果有应该归架到该书架上的图书,书车会自动提示,引导馆员完成文献归架工作。同时,如果在行走过程中,发现有不属于该架位的图书,书车会自动报警并显示正确架位信息。这一创新使传统的书库运输车同时具备了排架和自动寻址功能,突显了深圳图书馆文献智能管理的理念。但是,由于智能书车容量有限,限制了每次上架的图书数量,随着深圳图书馆文献借还量不断增大,智能书车的功能逐渐向巡架和图书清点方向发展。

# 4. 突破——挖掘潜力,继续前行

深圳图书馆的服务和管理创新获得了社会的广泛关注和赞誉。2008年初,在新浪网和《出版人》杂志联合举办的"全国年度书业"评选中,深圳图书馆高票当选为全国唯一的"2007年年度图书馆"[8]。此时,深圳图书馆新馆开放才刚满一年,但几乎每天都处于"饱和"状态,空间和资源紧缺的局面再次出现,如何解决这一问题,成为摆在深圳图书馆领导和全体馆员面前的难题。

一些馆员受到ATM取款机的启发,提出在馆外建立类似的24小时自助图书馆,这样既能在一定程度上解决空间问题,读者借阅图书的时间也更加灵活、自由。而且,这种设备还可以自由布局在深圳市的任一街道,与已建物理馆舍相互配合,覆盖图书馆的服务盲点。经过馆内讨论,一种融合RFID技术、网络技术、物流技术、机电技术于一体的自助图书馆设计方案被提上日程。

在深圳市"图书馆之城"建设规划的大背景下,深圳图书馆的这一方案再次得到了深圳市政府的肯定和支持。2007年3月,深圳市委宣传部和深圳市文化局颁布了《深圳市建设"图书馆之城"(2006—2010)五年规划》,将"自助图书馆"作为深圳市政府推出的一项文化惠民工程,列为规划的主要建设任务。随后,文化部也对该方案给予了大力支持,在2007年6月,将自助图书馆作为文化创新工程列入文化部科研项目,并正式定名为"城市街区24小时自助图书馆系统"[8]。

立项之后,深圳图书馆动员全馆,开展深入的调研、讨论,总结当前自助服务的经验和教训,对项目的关键技术进行模拟试验。在此基础上制定《"城市街区24小时自助图书馆系统"项目总体方案》,明确项目的总体思路、体系结构、系统功能。为了更精准地了解读者需求,深圳图书馆联合深圳晚报于2007年底,围绕自助图书馆系统建立的可行性、功能、布点原则、图书选配等方面进行了深入的调查[9]。调查显示,距离远和没有时间是影响读者利用图书馆的主要因素,大部分读者都希望在住宅区附近设置自助图书馆,能够随时利用图书馆的文献资源。读者反馈的这些信息更加坚定了深圳图书馆建设"城市街区24小时自助图书馆系统"的决心。2007年12月,经过多轮专家评选,深圳图书馆选定深圳市海恒智能技术有限公司作为项目合作伙伴,联合开发设备。在开发过程中,深圳图书馆综合考虑自助图书馆的设备容量、还书容量、体积、借还系统设置等因素,使设备易于部署的同时,又能最大程度地提高文献的数量和借还效率。2008年4月,首台自助图书馆服务机正式向市民提供服务。

"城市街区24小时自助图书馆系统"主要由自助图书馆服务机、图书馆服务与监控中心系统和物流管理系统等三部分构成,每台设备占地面积不到10平方米,却可实现自助办证、自助借还、图书预约、馆藏查询等一系列功能,几乎提供了一个小型图书馆所有的服务内容。比传统图书馆更具优势的是,自助图书馆系统无须人工值守,可以 365 天 24 小时提供服务。自助图书馆的操作十分简单,譬如在办理新的借阅证时,读者只需用第二代身份证进行扫描,并支付 100 元押金,自助图书馆便会在数十秒内自动"吐出"一张崭新的借阅证。为了方便处理文献,自助图书馆的借书、还书分别由两套独立的系统支持,但是对于读者来说,整台机器只有一个借还书口:借书的时候,读者可透过玻璃寻找自己心仪的图书,验证自己的借阅证号码和密码后,输入所需图书对应的编号,图书就能从借还书口"吐出";还书的时候,将图书同样从借还书口投入即可,还书系统会自动根据预先设定好的条件,将读者所还书籍分拣到不同的还书箱,便于后续操作。自助图书馆系统还能实现预约借书功能,读者在检索系统中登记预约申请后,馆员会在 48 小时内将预借图书存入读者选定的自助图书馆,并自动触发 Email 或短信通知,读者到自助图书馆取书即可。

由于每台自助图书馆系统只提供 402 个架位,因此自助图书馆的配置文献主要考虑流通量大、读者借阅意愿强烈的图书,即专业机构和主流媒体评选的年度优秀图书、国内大型书店和销售网站图书销售排行榜的图书、出版和阅读类报刊的推荐书目、国内发达城市图书馆的外借排行榜图书。自助图书馆还根据人群结构、阅读倾向分为社区类服务点、普通工业区类服务点、高新科技园类服务点,采取不同的配书策略,满足不同人群的阅读需求。

2007 年 6 月 12 日,自助图书馆通过了文化部专家组的验收并受到专家们的高度评价。专家们普遍认为,深圳图书馆自助图书馆项目突破了图书馆馆舍建筑的功能局限,有效提高了公共图书馆文献资源的利用率,拓展了图书馆的服务外延,更好地体现了公共图书馆服务的就近、自助、互动、便捷,有力地促进了全民阅读[9]。项目为完善公共文化服务体系建设进行了大胆而有成效的探索。它的研制成功,是图书馆延伸服务和高新技术在图书馆应用的重大突破,是图书馆管理与服务的重大创新,为全国公共图书馆事业发展起到了示范与引领作用。

在馆内 RFID 全面实施获得巨大成功后,深圳图书馆的城市街区 24 小时自助图书馆系统再一次获得了广泛的社会认同,被读者亲切地称为"永不关闭的书房"。央视新闻联播、新华网等国内主流媒体均进行了报道,中山大学资讯管理学院程焕文教授甚至将其称为"第三代图书馆"或者"图书馆 3.0"[10]。据统计,2008 年 4 月到 2009 年 12 月,深圳自助图书馆共办理读者证 1.5 万张,服务读者 51 万人次,处理文献 130 万册次,相当于一个中等规模图书馆一年的工作量。2009 年,深圳图书馆在城区各街道共布局了 40 台自助图书馆,其借书量占深圳图书馆在馆借书量的 17.49%。另外,还有以前没有借阅记录的 7000 多册图书也被重新利用,激活馆藏达到 38%,达到了"为读者找书,为书找读者"的效果[11]。各种荣誉、奖励也接踵而来：2009 年末，深圳图书馆的自助图书馆获得国家第三届"文化创新奖"，并被列入首批国家文化创新工程[12]；2010 年 5 月，自助图书馆系统又获得文化部第十五届"群星奖"。

# 5. 典范——由馆到市，共建图城

在外人看来，深圳图书馆依靠其强大的技术实力和先进的服务理念，已然走在国内公共图书馆的前列。然而，深圳图书馆并没有满足于此，而是更加积极地投入到深圳市"图书馆之城"的建设中。在夯实自身实力的同时，深圳图书馆也在思考这样一个问题：既然依靠 RFID 和互联网技术可以实现实体图书馆和自助图书馆的互联互通，打造一个覆盖全市的图书馆网络，那么依靠同样的技术手段和标准，是否可以将深圳市众多的区县图书馆也纳入同一网络，建成一个覆盖区域更为广泛，服务对象更加全面的图书馆网络，实现"图书馆之城"的目标？

"图书馆之城"的设想最早由深圳市文化局在 2003 年提出，经过《深圳市建设"图书馆之城"（2003－2005）三年实施方案》和《深圳市建设"图书馆之城"（2006－2010）五年规划》的建设，公共图书馆基础设施覆盖率显著提高。到 2008 年底止，深圳拥有各级公共图书馆 604 个，其中包括 3 个市级图书馆、6 个区级图书馆、35 个街道图书馆和 560 个社区图书馆[13]。

当时，包括深圳图书馆在内的深圳市部分公共图书馆已开始实行"通借通还"业务。作为"图书馆之城"的雏形，"通借通还"在实施过程中遇到了一些问题：一是系统问题。各馆采用的文献管理系统不一致，数据同步往往不够及时，容易给读者带来不好的体验；二是设备问题。各馆采用不同的设备，馆藏条码也各不相同，书目数据无法合库；三是服务规则问题。各馆拥有自己的服务规则和业务流程，影响到了通借通还的效率。上述问题实际上都可归结为同一个问题：缺乏统一的行业标准。

因此，为了加速推进"图书馆之城"的建设，深圳图书馆 2009 年开始牵头制定《深圳市"图书馆之城"统一技术平台方案》，并作为主导馆开展具体实施工作。统一平台的建设主要涉及三部分内容：一是统一技术平台的搭建。新的平台采用NCIP、Z39.50 等标准协议，并预留 API 接口，在后续成员馆实施 RFID 技术时均统一采用 ISO15693/18000－3 的 RFID 技术通信标准和数据模型[14]；二是建立全市统一的书目库和读者库。将"图书馆之城"的馆藏条码号统一为 14 位（前 6位为馆代码，后 8 位为流水号），读者证号统一为 13 位（前 6 位为馆代码，后 7 位为流水号），确保每一册文献、每一位读者都有且只有唯一的编号与之对应。全面更换馆藏条码和读者卡，并且内置统一的 RFID 芯片，便于统一平台的调度和管理;三是按照各馆服从全局、少数服从多数以及就高不就低的原则,统一制定图书馆服务规则,使得原来分散于各馆的读者能够享受到"图书馆之城"无差别的一站式服务。这三方面内容都涉及一系列公共图书馆标准和规范的研究、制定。经过半年多紧锣密鼓的协调和准备,深圳图书馆和 40 台自助图书馆首先加入统一技术平台进行试运行,后续各区县图书馆根据实际情况,在深圳图书馆进行技术培训与评估后,分步加入统一平台。2010 年 3 月,龙岗区图书馆及其下属 17 家分馆加入统一服务,成为率先进入统一平台的区县馆;2012 年 2 月,福田区图书馆及其 102 家分馆全部加入统一服务;2013 年 12 月,深圳大学城图书馆加入统一服务,进一步丰富了平台的文献资源;同年,深圳市"图书馆之城"统一服务被广东省文化厅授予"广东省特色文化品牌"称号,深圳市也被联合国教科文组织授予"全球全民阅读典范城市","图书馆之城"这一文化创想终成现实。

在此过程中,深圳图书馆深知标准化、规范化在统一服务中的重要性,从 2012 年开始,历时两年完成了《深圳图书馆规章制度与业务规范汇编》。之后,深圳图书馆的脚步也没有停止,仍在不断探索和巩固"图书馆之城"的成果。2015 年以来,深圳图书馆牵头制定了《公共图书馆统一服务技术平台应用规范》等 3 个市级标准,编制了《网点建设与管理工作规范》等 5 项统一服务业务规范,并且先后承担或参与文化部 4 个相关行业标准的起草制定工作。深圳图书馆的技术创新之路,由馆到市,并逐渐影响到整个公共图书馆界,成为公共图书馆的典范。

# 6. 展望——智能图书馆建设

在谈到深圳图书馆在 RFID 等技术方面是否有更多的拓展时,RFID 项目组的负责人表示,目前深圳图书馆已在多个项目运用了 RFID 技术,未来的发展方向主要是基于已有的技术与服务,结合即将实施的调剂书库项目,与图书分拣和立体智能书库技术设备的应用进行紧密联系,全面提升图书馆的文献管理和服务效率。调剂书库项目于 2013 年立项,其定位为集文献保存与阅览、文献物理调配、文献采购与编目、网络和数据中心等功能于一体的文献储存调剂中心和资源保障中心[15]。调剂书库建成后,将成为"图书馆之城"重要的资源中枢。在未来的调剂书库中,利用大型图书分拣设备和智能书车,结合馆藏精准定位,可实现更加高效的图书归架、盘点等工作,建设更加智能化的图书馆。

此外,基于已有的技术与服务,深圳图书馆也将尝试一些新服务内容的探索。譬如,以往对于读者阅读行为的分析,只能利用图书馆的读者借阅数据,对于馆内的阅读行为则无法进行统计和分析;而利用超高频 RFID 技术,可对馆藏进行精准定位,甚至监测读者从书架上的文献取阅行为,对读者在馆内的阅读时间、阅读文献主题等进行详细的统计分析,进而细分读者群体,建立读者阅读数据仓库,为读者提供更好的随身服务。

**参考文献**

[1] 赵鹏飞,程全兵.深圳图书馆:树立一座"文化灯塔"[N].人民日报海外版,2016年12月21日.

[2] 何文昌.RFID 在深圳图书馆的应用及思考[J].中国电子商情(RFID 技术与应用),2008 (03):11-13.

[3] 谭祥金.深圳图书馆的成功之路[J].图书馆论坛,2007(03):159-162.

[4] 深圳图书馆 rfid 项目课题组.深圳图书馆 RFID 技术应用研究[J].深图通讯,2007(02):13-18.

[5] 李星光.RFID 文献智能管理系统在深圳图书馆的应用[J].深图通讯,2006(03):15-20.

[6] 甘琳.dILAS 与 RFID 在深圳图书馆新馆的应用[J].深图通讯,2007(02):7-12.

[7] 刘红梅.基于 RFID 应用的图书馆服务创新——以深圳图书馆为例[J].图书情报论坛,2012(02):56-58.

[8] 吴晞,王林.人文关怀·现代科技·自助图书馆——深圳图书馆"城市街区自助图书馆系统"介绍[J].中国图书馆学报,2008(04):92-94.

[9] 刘哲."城市街区 24 小时自助图书馆系统"文献资源配置与服务浅析[J].深图通讯,2008 (02):29-31.

[10] 图书馆 3.0:城市街区 24 小时自助图书馆系统[OL].[2008-04-08].http://blog.sina. com.cn/s/blog_4978019f01008w3t.html.

[11] "24 小时自助图书馆系统"将向全国推广[OL].[2009-12-07].http://news.southcn. com/z/2009-12/07/content_6873542.htm.

[12] 深圳"城市街区 24 小时自助图书馆系统"获"文化创新奖[OL].[2010-01-11].http:// news.163.com/10/0111/20/5SPAAP19000120GR.html.

[13] 潘燕桃.公共图书馆理念的成功实践之三:"深圳图书馆之城"研究[J].图书馆论坛,2011 (06):127-132.

[14] 余胜英.深圳市"图书馆之城"统一服务平台构建与实施[J].图书馆学研究,2010(08):67-70.

[15] 张岩.深圳城市图书馆服务体系的几点思考[J].公共图书馆,2017(03):2.

# 上海图书馆市民数字阅读计划*

段宇锋①(华东师范大学经济与管理学部)
熊泽泉②(华东师范大学图书馆,华东师范大学经济与管理学部)

**摘　要**：移动互联网的高速发展,带来了数字阅读时代的到来。上海图书馆紧随时代步伐,推出市民数字阅读计划,并获得了社会的广泛赞誉,成为公共图书馆创新服务的典范。本文通过对上海图书馆市民数字阅读计划相关负责人的深入访谈,全面介绍了上海图书馆如何从最初的电子书阅读器外借服务的尝试,逐步走向广为人知的市民数字阅读计划,以及在这个过程当中上海图书馆遇到的困难和解决方案,同时也对市民数字阅读计划未来的发展之路做了简要介绍。

**关键词**：数字阅读；阅读推广；公共图书馆；创新服务

2012年5月,东方网、《解放日报》等主流媒体对上海图书馆推出的"市民数字阅读计划"进行了专题报道,引发了广大民众的关注,随后越来越多的市民参与到阅读中,上海图书馆以数字阅读推动全民阅读的设想获得了巨大的成功。那么,上海图书馆的"市民数字阅读计划"是如何一步一步走到今天,未来又该走向何处呢?

## 1. 缘起——电子书阅读器外借服务的尝试

随着移动互联网的高速发展,移动阅读迅速兴起,人们的阅读行为从传统的纸质媒介,逐渐转向电子书阅读器、平板电脑、手机等新兴载体。2007年11月,

---

　*　案例发表于《图书馆杂志》2018年第1期。文中未标明出处的数据和素材来源于对上海图书馆的访谈和内部资料,在此衷心感谢上海图书馆对本文撰写提供的支持。

　①　段宇锋,华东师范大学经济与管理学部,教授,博士生导师。

　②　熊泽泉,华东师范大学图书馆情报咨询部,副主任,馆员。

全球最大网络书城亚马逊推出了电子书阅读器 kindle，5.5 个小时之内被迅速销售一空；2008 年，亚马逊推出了运用 e-ink 技术的 kindle2，掀起了全球电子书阅读热潮。国内外厂商快速跟进，纷纷布局电子阅读市场，推动了数字阅读时代的到来。但是，对于国内的大部分民众来说，个人购买电子书阅读器并非易事，需要考虑价格和资源两个因素：一方面，电子书阅读器技术发展很快，设备推出后不久可能便会淘汰；另一方面，优质的电子图书资源有限，个人获取更是难上加难。

读者在数字阅读方面所面临的困境很快被上海图书馆的管理层觉察到。2009 年 2 月，为顺应数字阅读时代的需要，上海图书馆邀请 100 位读者来体验电子书阅读器外借服务，以此推动市民数字阅读的发展[1]。这项体验活动一经推出，便受到了广大读者的热捧，100 台设备很快被借光。这是一种全新的尝试，作为国内第一家开展电子书阅读器外借服务的公共图书馆，上海图书馆面临很多未知的困难。首先，没有图书馆进行设备外借服务相关的流程和规章制度作为参考，一切都需要在实践中自行摸索；其次，由于电子书阅读器在国内刚刚兴起，一些读者对设备的使用并不十分了解，容易造成设备损坏、数据丢失等问题；同时，一些热门外借设备无法满足读者的需求。针对这些问题，上海图书馆的领导和馆员们摸着石头过河，依据纸质书的外借规则，结合电子书阅读器外借体验活动中遇到的实际问题，起草了《电子书阅读器外借规则》，在服务过程中一次一次修改，不断完善；同时，定期开展电子书阅读器使用的培训课程，指导读者正确使用电子书阅读器。为了更好地提供服务，在回收完这 100 台外借的电子书阅读器后，上海图书馆暂停了这批设备的流通，开始重新梳理外借流程，总结经验教训，完善借阅规则。

2010 年 9 月，总结前一段时间取得的经验，上海图书馆正式成立新阅读体验中心，专门负责电子书阅读器的外借服务，首批外借的电子书阅读器达到 1000 台。这个时候，整个服务有了较为完善的流程及借阅规则，电子书阅读器外借服务如火如荼地开展起来。新阅读体验中心最初只提供个别品牌的设备，到后来可外借设备逐渐扩充到包括汉王、盛大、易博士、原道、台电、苹果以及 kindle 在内的各种品牌和型号（见表 1）。

表 1    上海图书馆新阅读体验中心提供的数字阅读终端名称及外借类型[2]65

| 编号 | 名称 | 外借类型 |
|---|---|---|
| 1 | BamBook 锦书：全键盘版—SD968 | 普通外借 |
| 2 | BamBook 锦书：全键盘版—SD988 | 普通外借 |
| 3 | 易博士 M818B 电子阅读器 | 参考外借 |

（续表）

| 编号 | 名称 | 外借类型 |
|---|---|---|
| 4 | 汉王电子书:N618 火星版 | 参考外借 |
| 5 | 汉王电子书:F28 | 参考外借 |
| 6 | 汉王电子书:N618 | 参考外借 |
| 7 | 台电 P85 双核平板电脑:TECLASTtPad | 普通外借 |
| 8 | 原道 N70 双擎 S 平板电脑 | 普通外借 |
| 9 | 原道 N90 双擎 S 平板电脑 | 参考外借 |
| 10 | iPAD2:A1395 | 参考外借 |
| 11 | iPAD3:A1416 | 参考外借 |
| 12 | 汉王电子书:E920 | 参考外借 |
| 13 | 汉王电子书:F30II | 普通外借 |
| 14 | 电子 KindlePaperWhite | 普通外借 |
| 15 | KindleFireHD 平板电脑 | 普通外借 |

随着数字阅读的高速发展,电子书阅读器外借服务也遇到了一些新的挑战:首先,上海图书馆所能提供的电子书阅读器数量远远无法满足日益增长的读者需求,加之电子书阅读器外借比纸质书外借手续烦琐,一些读者开始自行购买电子书阅读器;其次,大部分品牌的电子书阅读器本身并不提供资源,需要读者自行下载。但由于文件格式兼容性等问题,用户自行下载的资源往往无法满足移动阅读设备的需求,迫切需要一个可提供优质数字资源的平台。与此同时,手机阅读也开始普及,这些情况的出现对公共图书馆数字资源提供提出了更高的需求。

# 2. 契机——大众数字资源平台的建设

2011 年初,上海图书馆决定建设一个大众数字资源平台,用以解决市民在数字阅读中遇到的资源问题。管理层对该平台的初步设想是整合上海图书馆购买的电子书、杂志、报纸等各类通俗电子读物,实现资源—平台—服务的一体化,满足读者对通俗读物的移动阅读需求。由于该平台建设涉及多个部门业务,上海图书馆成立了一个跨部门的"市民数字阅读计划"项目组协调相关工作。项目组由分管副馆长牵头,从读者服务中心、采编中心、系统网络中心抽调相关人员组成:读者服务中心直接面向读者,提供外借服务并进行数字资源推广,接受读者反馈信息,并依据内容分类汇总给其他部门;系统网络中心技术部根据用户的反馈信息,改进、完善平台;采编部则根据用户提出的资源需求,评估、采购数字资源。项目组定期召开例会,汇报各部门的工作进展,共同商讨解决遇到的问题。

按照最初的设想,项目组需要无缝整合各种不同资源厂商的内容及平台,并在一个统一的平台上呈现。由于没有现成的商业软件可以提供完善的解决方案,馆领导经过讨论,决定依靠自身的技术力量,自主开发整合平台。于是,这一重担落在上海图书馆系统网络中心研发部的馆员肩上。由于上海图书馆拟建的市民数字阅读平台所需整合的电子资源多种多样,厂商所提供资源的方式也不尽相同,想要把所有资源完全整合在图书馆本地,在当时的环境下无法做到。所以,研发部提出建立基于元数据整合的数字资源阅读平台[3]。平台只整合各厂商资源的元数据,并在后台统一管理,读者通过上海图书馆的数字阅读平台找到想要的资源,点击阅读全文后,跳转到资源厂商的平台阅读。

经过数月的开发,2011 年 12 月 20 日,一个网罗了方正、龙源等多个资源库的市民数字阅读网站(http://e.library.sh.cn)正式上线[4]。该网站最初只提供 PC 端版本,页面默认采用瀑布流方式展示图书封面,在读者设备支持的情况下,页面可无限下拉。除了图文模式外,网站还提供了简图、文本两种不同的页面模式,供读者在不同阅读终端上使用,减少上网流量。读者使用上海图书馆借阅账户登录后,可以远程下载数字资源,导入自己的电子阅读设备,或者直接使用电子书阅读器的浏览器功能登录市民数字阅读网站下载。虽然操作步骤稍显烦琐,而且其中大多数资源只提供 PDF 或图片格式,但是,通过平台整合了来自方正、龙源、博看等资源厂商的电子图书,期刊,报纸,为读者提供了一个可以统一检索、浏览、阅读的数字资源平台,在数字阅读推广的道路上前进了一大步。

# 3. 发展——全面开花的市民数字阅读计划

## 3.1　市民数字阅读网站的升级

技术日新月异的发展推动着市民数字阅读网站的不断改版,以适应不同终端应用的需求。2014 年末,市民数字阅读网站 4.0 版上线。新版采用响应式网站架构设计,提供读者在各类设备中统一的浏览体验。资源展现则以全新的书架方式呈现,同时优化了资源分类,便于读者查找;为了增加读者黏性,新版推出读者积分系统。读者可以通过签到、问题反馈等方式获取积分,并在线兑换礼品。新平台的推出为市民数字阅读网站吸引了大量新用户,2014 年使用市民数字阅读网站的读者增长到 5.2 万人,人均访问资源 4.43 种。但是随着 2015 年市民数字阅读微站等移动阅读平台的推出,2016 年市民数字阅读网站的用户数下降到 3.19 万,人均访问资源也只有 1.5 种[5]。

## 3.2　数字阅读移动服务的开展

随着智能手机逐渐普及,各种移动运营商、数字资源生产商纷纷推出数字阅读 App。这些 App 操作简单,用户体验良好,但是,其中绝大多数电子书都需要收费或与运营商绑定,免费资源往往质量参差不齐。与此同时,尽管经过多次优化和改版,上海图书馆市民数字阅读网站仍然无法很好地满足读者在手机端的阅读需求。这是挑战,但也是创新发展的契机,上海图书馆的一些青年馆员提出,开发一款适配手机等移动终端阅读的 App。这一提议迅速得到了馆领导的认可。2013 年 9 月,上海图书馆推出"市民数字阅读手机版",这款 App 提供数字阅读、图书续借、图书检索、图书馆一览、讲座展览等多种服务[2]。同年 11 月,为了配合手机 App 的推广,上海图书馆又推出了"爱悦读"自助借阅设备[6]。该设备提供了 2 万余种热门电子图书,用户通过电子触屏点击书的封面即可试读该书前 10 页的内容。如果读者需要借阅全文,可下载"市民数字阅读手机版"客户端,登录以后只需用手机客户端扫描设备屏幕上书籍相对应的二维码,便可直接将该书下载到手机内阅读。手机客户端的阅读方式给市民带来了全新的体验,读者不再受制于电子书阅读器;同时下载到 App 中的资源不仅可以在线阅读,更可以离线阅读。但是,由于上海图书馆市民数字阅读 App 的界面友好性、推广度不够等原因,后续用户的使用率并不是很高[2]。而与手机客户端同期推出的上海图书馆微信公众号,由于微信在国内的广泛使用,逐渐成为数字资源推广的主阵地。目前,上海图书馆微信公众号的粉丝数量已达到 21.4 万。

2014 年 10 月 29 日,万维网联正式推出 HTML5 标准。由于 HTML5 不需下载任何插件,具有跨平台、适配多终端、功能强大等特点,很快在手机等移动终端得到广泛地运用。上海图书馆的馆员们迅速捕捉到了这一契机,在 2015 年 5 月迅速推出了基于 HTML5 技术的上海图书馆市民数字阅读微站。相对于移动 App,微站具有轻量级,不需要用户下载安装,便于用户在各种社交媒体分享等优点。上海图书馆与大流量的移动互联网应用公司合作,将微站嵌入微信、腾讯新闻客户端、手机 QQ、支付宝手机客户端、淘宝手机客户端、微博手机客户端等应用,形成一套多入口的手机在线阅读服务体系。譬如,上海图书馆将微站嵌入支付宝"城市服务"中的公共图书馆后,用户只需几次点击,便可从支付宝进入上海图书馆微站,进行图书检索借阅、讲座预约、在线阅读等操作。通过这种方式,不到一个月便吸引了超过 4.5 万名用户使用[7],有效提升了数字阅读平台的用户群数量。

## 3.3 多渠道的资源获取

### 3.3.1 数字资源采购

各种新平台的涌现对数字资源也提出了更高的需求。在市民数字阅读平台建设的初期，大多数资源都是适用于 PC 端的 PDF 格式或者图片格式的文件，当在手机或者电子书阅读器上阅读时，无法调节字体大小和背景颜色，读者的阅读体验较差。随着 App 和微站的推出，对于能够自动适配手机等移动端的数字资源的需求更加突出。事实上，从 2009 年电子书阅读器外借服务开始，资源问题便一直困扰着项目组。譬如，汉王电子书阅读器内置了厂商提供的资源，而包括 Kindle 在内的另一些设备则不带资源，必须由用户自己购买。而且，各种设备支持的资源格式并不统一，无法跨品牌使用；此外，资源和服务的持续性得不到保障。在 Amazon 推出 Kindle 取得成功后，如雨后春笋般出现了众多电子阅读器，在激烈的竞争中，许多产品如昙花一现般被市场淘汰，无法继续提供资源和服务。

针对这一系列出现的问题，采编中心成立了数字资源部，专门负责数字资源的采购。数字资源部对资源厂商提出了两个采购标准：一是厂商提供的资源能否整合进市民数字阅读平台，实现统一管理；二是厂商能否提供 epub 格式的资源。因为 epub 格式的电子文本可以"自动重新编排"内容，即文字内容可以根据阅读设备的特性，以最适于阅读的方式显示。因此，epub 格式的资源，数字资源部会优先进行采购。同时，上海图书馆也在尝试将现有的一些馆藏资源转化为 epub 格式。目前上海图书馆的微站可提供 1 万余种 epub 格式的电子图书，较大地丰富了读者的选择范围。

### 3.3.2 与出版商深度合作

数字阅读的蓬勃发展，使得公共图书馆与出版商同时面临着机遇与挑战。共同的价值和使命也驱使着两者寻求更深层次的合作，以实现互惠互赢[8]。2012 年初，在市民数字阅读网站上线半年后，为了寻求自身的发展，打破网络文学网站传统的"B to C"模式，盛大文学与上海图书馆签订合作协议，将其网络文学资源整合进市民数字阅读平台。陆续上线的网络文学资源大概有 11 000 余本，大部分都是最新的畅销本。而且，其中约有 10% 的未完本，即仍处于连载中的电子书。读者使用上海图书馆读者证登录"市民数字阅读网站"，选择"网络文学"板块，即可与盛大文学通行证绑定，选择喜爱的网络文学作品免费借阅。这一部分资源吸引了众多的年轻读者。

数月后，另一出版商新华 E 店也开始寻求与上海图书馆在资源上的深度合作。为了实现更好的阅读体验，新华 E 店在将元数据整合进入市民数字阅读网站后，对其自身系统也进行了改造。用户可直接在浏览器中阅读全文，无须再下载特定的阅读器，并且没有操作系统的限制；而且 Windows 用户可以直接下载 txt

格式的电子书到本地离线阅读。目前,新华 E 店为市民数字阅读网站提供有约 5～6万本电子书。

随着中国国际化进程的加快,特别是在上海这样一个国际大都市中,对于外文电子书的需求比其他城市更加迫切。上海图书馆与美国数字内容分销商 OverDrive 合作,在 2016 年 4 月推出了专门针对少儿读物的数字图书馆平台(见图1),平台内容以英文电子书、有声书为主,不仅提供 epub 格式电子书,有声读物还提供 mp3 格式下载,给读者带来了新的阅读体验,也满足了部分青少年读者的阅读需求。

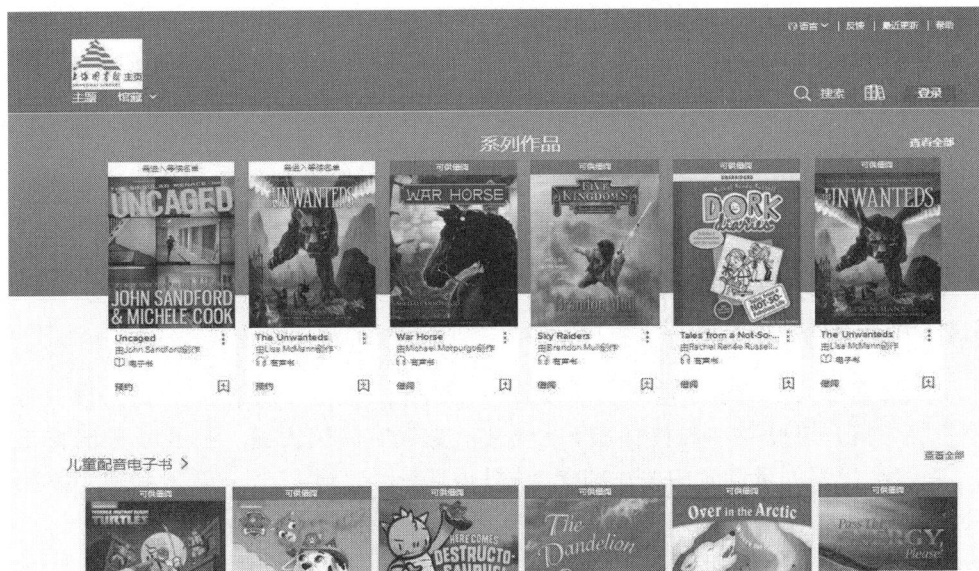

图 1　上海图书馆与 OverDrive 合作的少儿数字图书馆

### 3.3.3　资源获取中的问题

在数字资源的获取过程中,也出现了一些问题。譬如,与出版商的深度合作存在一定的"政策风险"。首先是出版商高层的变动会对合作造成一定的影响。2013 年底,随着盛大文学 CEO 侯小强的离职,盛大文学团队逐渐解体,随后其大部分业务逐渐并入腾讯的阅文集团,高层理念的变更给后续的合作造成了一定的困难。其次,2014 年国家工信部等部门联合开展"净网行动",对网络文学资源加大了审查力度,盛大文学的一批资源受到影响。而且,由于部分网络文学资源是未完本,在初次审查时可能未发现问题,而在后续章节中则出现违禁内容遭到下架。在净网行动持续几个月后,多达 40% 的盛大文学资源遭到了下架处理,此时盛大能够补充的资源已无法达到原有条款约定的数量,加之盛大高层变动的影响,与盛大文学的合作无法再继续。因此,目前在市民数字阅读网站无法再提供盛大的网络文学资源,原有的 11 000 余种电子书也仅供上海图书馆长期保存。

　　另一个问题是知识产权纠纷,即一些资源供应商对知识产权的漠视影响了广大读者对数字资源正常获取的权益。在数字资源采购之初,上海图书馆曾遭遇过某数据库厂商的"版权之坑"。在签订合同的时候,供应商信誓旦旦地承诺其产品所有版权问题都已解决;而事实上,供应商仅跟出版社签订了版权合同,有些电子书却没有获得作者的授权,一旦出现侵权官司,作者在状告资源厂商侵权的同时,也会追究图书馆的连带责任。所以有将近一年的时间,上海图书馆不得不忙于各种侵权官司。电子报纸同样也遭遇到了版权问题。一些电子报纸的资源厂商并没有获得报社的授权,而是利用网络爬虫抓取报社的网页内容整合成自己的产品。在经历过几次教训之后,对于数字资源的采购,上海图书馆变得更加谨慎,对于有版权风险,或者曾经出现过版权问题的厂商,上海图书馆不再与其合作,市民数字阅读网站因此也下架了许多资源。目前,上海图书馆数字资源部对于进入微站的 epub 格式电子书,都一本一本与供应商核实版权,确保拿到出版社和作者的"双授权",避免版权纠纷。尽管如此,仍不免有漏网之鱼。上海图书馆为此建立了一套版权纠纷应对程序,一旦出现版权纠纷,能够迅速应对,将影响降到最低。

## 3.4　用户的吸引与留存

　　上海图书馆不断推出电子书阅读器、移动 App、微信公众平台、自助阅读设备等新服务提升市民数字阅读体验,让市民享受数字阅读大餐。一种服务刚推出时,往往会吸引大量读者的关注和参与,但是当新鲜感褪去,用户数量和使用率则会停滞不前,甚至骤降。如何提高用户黏性,成为项目组必须始终正视的问题,并为此不断优化服务。

　　在市民数字阅读网站上线后,上海图书馆便将该网站的快捷方式置于外借的电子书阅读器中。一方面,让读者能够更加便捷地获取电子书,使读者不会因为资源的匮乏而放弃数字阅读;另一方面,也起到了推广市民数字阅读网站的目的,给数字阅读网站带来了持续的用户流量,增加了用户黏性。在微信微博等新媒体涌现后,上海图书馆立即意识到新媒体平台将是数字资源推广的重要舞台,可能会带来持续的流量。于是,上海图书馆于 2015 年在读者服务中心下设立新媒体服务推广部,通过新媒体平台全方位推广数字资源。微信公众平台上设有微阅读、微文堂等栏目,由馆员撰写文案,推荐其精心挑选的电子读物,并在文中附上链接电子书的二维码。读者通过微信的二维码识别功能,可便捷地打开电子书,无须经过验证或者跳转,并且阅读页面可对字体大小、行间距等进行设置(图 2)。

图 2　上海图书馆微阅读栏目

在线下,上海图书馆也开展了形式多样的数字资源推广活动。譬如,从 2013 年开始,上海图书馆每年在上海书展中设立展台,推介数字阅读,让读者了解到图书馆不仅仅可以借还纸质书,也有丰富多彩的线上服务,颠覆了读者对图书馆的认知。"阅读马拉松赛"是上海图书馆近期推出的又一品牌活动。参赛选手以团体形式参赛,每个人需要在六个小时内完成一本书的阅读,同时进行阅读质量测试。这些活动不仅让许多读者重拾阅读的乐趣,也吸引着越来越多的读者参与数字阅读,获得了广泛的好评。

增强读者线上、线下的互动,也是吸引新读者,增加读者黏性的重要举措。譬如,上海图书馆开展的"大客户服务",由如何吸引读者进入图书馆,转变为馆员主动进入大型企业、高校等机构提供上门服务,将这些机构的成员直接转化为上海图书馆的注册用户。读者通过机构的微信公众号直接进入上海图书馆的微站,享受各种定制服务。这样既给企业、高校的读者带来了便利,也给上海图书馆带来了实实在在的流量。

除此之外,上海图书馆作为常规工作大量举办的读者讲座、培训、读书会等线上线下活动[9],都成为数字阅读推广的重要渠道。

# 4. 未来之路

虽然上海图书馆的市民数字阅读计划已经在国内取得了较好的反响,但是,新媒体服务推广部的谢影主任一直强调"对于市民数字阅读,说成功为时尚早,我想用的词是'还在路上',我们还在不断地探索这条路怎么走"。正是出于这样的一种认识,上海图书馆在市民数字阅读的大框架下,仍在不断探索新的服务模式,将数字阅读的概念不断延伸。比如与"阿基米德"合作的音频服务是上海图书馆正在探索的服务之一。"阿基米德"是东方广播中心2015年开始推出的电台节目App,提供24小时不间断的高品质广播节目个性化推荐服务。2017年8月,针对"朗读热"的出现,上海图书馆在阿基米德FM上开设了一个"上海图书馆社区",鼓励用户上传自己的朗读片段,而上海图书馆则会定期请电台主播等专家进行评选,最终将声音固化到有声书里面。上海图书馆拟通过这一模式,将无声阅读进一步拓展为有声数字阅读,为读者带来不一样的阅读体验。引入VR技术的阅读也是上海图书馆正在探索的一项新的服务,相信不久的将来就将出现在上海图书馆新馆当中。

诚然,上海图书馆仍然面临着一些尚未完全解决的问题。譬如,市民数字阅读网站和手机App用户如何留存等等,但是,上海图书馆在市民数字阅读的道路上,始终在不断进取,且一直走在实践前沿,为广大市民打造丰富的数字阅读大餐。上海图书馆浦东新区分馆开工在即,副馆长刘炜也向我们透露,随着浦东新馆的建成,上海图书馆将推出一大波惠及市民的创新服务,上海图书馆市民数字阅读的未来之路也更加让人期待。

上海图书馆"市民数字阅读计划"项目组由不到20人的青年馆员构成,通过数年的努力,打造了一个享誉全国的文化品牌,其卓越成绩的背后是艰辛的付出。这支年轻的团队始终充满着激情与活力,不断带给我们惊喜。在上海图书馆建馆65周年之际,特撰此文,向这群年轻的馆员表达我们的敬意!

**参考文献**

[1] 方翔.大量"免费午餐"等待市民享用[N].中国文化报,2012-2-13(8).

[2] 胡馨滢,陶磊.上海图书馆市民数字阅读App的应用与阅读推广[J].图书馆研究与工作,2017(02):65-69.

[3] 张磊.基于元数据整合的图书馆电子书阅读平台[J].图书馆杂志,2015(11):13-17.

[4] 郭利敏.市民数字阅读平台的研究与设计[D].上海交通大学,2014.

[5] 上海市公共图书馆2016阅读报告[OL].[2017-01-01].http://read.library.sh.cn/wp-content/uploads/2017/01/sh2016.pdf.

[6] 佚名.上图"爱悦读"自助机受热捧[J].图书馆理论与实践,2014(04):31.

[7] "互联网+"图书馆,传递阅读的力量[OL].[2015-05-25].http://www.library.sh.cn/news/list.asp? id=6186.

[8] 刘娴.公共图书馆与出版发行业的合作模式与思考——以上海图书馆为例[J].图书与情报，2014(06)：134-137.

[9] 周德明,林琳,唐良铁.公共图书馆转型发展的思考与实践——以上海图书馆为例[J].图书馆杂志，2014(10)：4-12.

# 积分的魅力

## ——温州少儿图书馆及温州市图书馆少儿读者服务创新实践 *

段宇锋① 郭彦丽② 王灿昊③（华东师范大学经济与管理学部）

**摘　要**：本文描述了温州市少年儿童图书馆和温州市图书馆以积分推动少儿读者服务的创新实践。论文首先陈述了温州市少年儿童图书馆积分制提出的缘起，进而从积分系统开发、积分体系完善和工作流程优化三个方面系统地陈述了积分制的实施过程。在此之后，介绍了温州市图书馆"儿童知识银行"的设计和运行及其取得的社会效益。

**关键词**：积分制；少儿阅读；创新服务

阿基米德说："给我一个支点，我能撬动整个地球。"在温州这个文化灿烂的东瓯名镇，积分成为撬动图书馆少儿服务的强大支点。从 2009 年积分制在温州市少年儿童图书馆（以下简称温州少儿馆）开始实施至 2012 年，年借阅量由 60 万迅速增长到 120 万；温州市图书馆 2012 年推出"儿童知识银行"之后，仅一年时间，其少儿类书刊的外借册数就从 2011 年的 34 万增长到 88 万，到馆人次也从 23 万增至 69 万。在由衷赞叹之余，我们不禁要问："小小积分缘何绽放如此惊人的魅力？"

---

\* 案例发表于《图书馆杂志》2019 年第 2 期。文中未注明出处的数据和素材来源于对温州市图书馆的访谈和内部资料，在此衷心感谢温州市图书馆和胡海荣馆长对本文撰写提供的支持。

① 段宇锋，华东师范大学经济与管理学部，教授，博士生导师。
② 郭彦丽，华东师范大学经济与管理学部，硕士研究生。
③ 王灿昊，华东师范大学经济与管理学部，博士研究生。

# 1. 积分制的提出

岁月轮回,四季交替。不论是炎炎夏日,还是酷暑寒冬,每当图书馆一天的工作临近结束之时,温州少儿馆总会派出工作人员准时来到银行,将逾期读者缴纳的罚款转至行政部门的专属账户。由于图书馆内存放的现金不宜过多,因此每日来银行上缴罚款成为图书馆长期以来必不可少的工作之一。罚款是根据图书馆规章制度,对读者逾期还书、污损图书、偷盗图书等违规行为所采取的处罚措施[1],长期以来,一直被当作图书馆管理的必要手段。然而,罚款不仅增加了图书馆的工作量,而且这种生硬的惩戒方式很容易挫伤读者利用图书馆的积极性。对于没有太强经济意识的未成年读者,罚款基本上起不到警示作用,纯粹是为了执行图书馆的制度而已。

2009 年,温州少儿馆的胡海荣馆长敏锐地发现了这个问题,不由得开始思考:有什么方法可以替代罚款,在警示违规读者的同时又能保持与读者的良好关系? 他从小朋友们热衷的游戏中受到了启发:在一些采用积分的游戏中,小朋友获得的积分越多,他们的成就感就越强。于是,温州少儿馆借鉴这一模式,将读者对图书的利用和参加的活动实行积分制管理,把读者在游戏中体验到的乐趣延伸到现实世界中。依据积分,小读者们被授予"小读者""小书友""小书迷""小书虫""小书痴""小书圣"等不同等级的称号[2],获得足够的积分后还可以兑换相应分值的礼物。通过积分不断激发小读者们的阅读兴趣,鼓励更多的小读者利用图书馆的各类资源和服务,帮助他们养成良好的阅读习惯。在有效扩大读者队伍的同时,积分制也成为优化图书馆流通业务和活动管理的有效手段,提升了图书馆的管理水平。

# 2. 积分制的实现与完善

## 2.1　积分系统的开发

创意是创新的起点,从创意产生到实现创新是一个艰辛的探索过程。为了推动积分制的实现,胡馆长和温州少儿馆的骨干们专程到国内最早施行积分制的深圳少年儿童图书馆(以下简称深圳少儿馆)调研。在深入了解深圳少儿馆积分制的基础上,温州少儿馆结合自身特点,设计了具有本馆特色的积分体系和运行模式。当时,深圳少儿馆使用的 ilas 系统只能实现对图书借阅积分,无法将图书馆

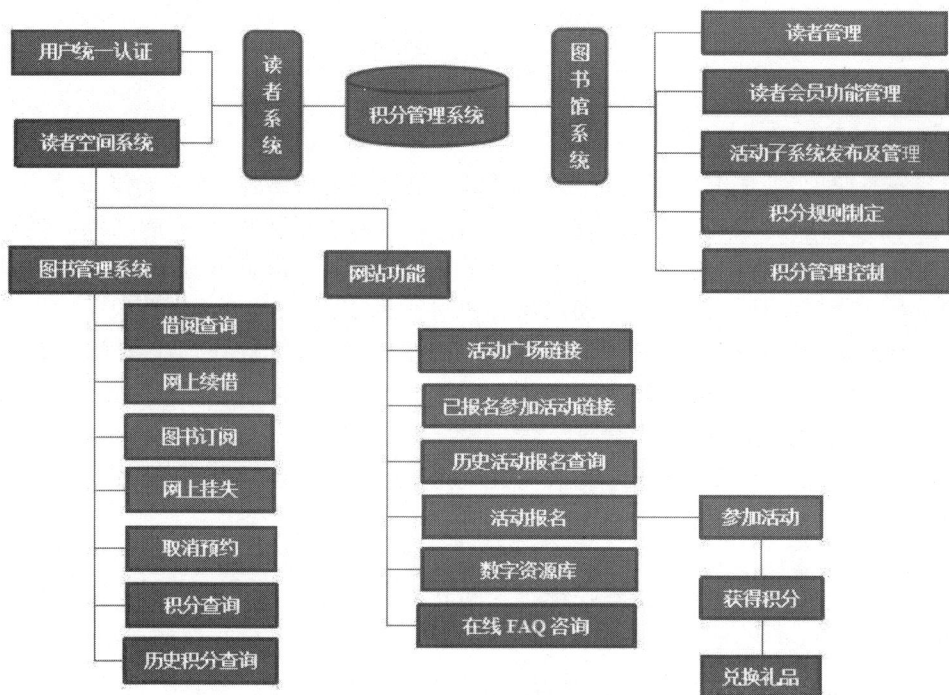

**图 1    积分系统的主要功能**

的其他业务融入积分体系。"工欲善其事,必先利其器"。温州少儿馆推进积分制的当务之急是开发一套高效的支持系统。于是,馆领导主动与图创公司洽谈积分系统的开发。乍一接触,图创公司便对这个想法产生了浓厚的兴趣,敏锐地意识到积分制很可能是图书馆在未来一个非常重要的发展趋势。经双方协商,图创公司决定依据温州少儿馆提出的需求,免费为其开发积分系统。在满足温州少儿馆需求的同时,图创公司也开发出了一款完善的产品,是一次双赢的合作。

经过半年的开发、测试,积分系统顺利上线运行。该系统实现了与图书馆原有 interlib 系统的无缝对接,为图书馆的积分管理、活动管理和读者管理提供了有力的技术支撑(见图1)。为了使图书馆和读者更好地使用积分系统,图创公司为温州少儿馆专门配备了一位技术人员作为技术顾问常驻图书馆,图书馆也成立了一个专门的工作小组,在技术部主任的带领下保障积分系统的正常运行和完善。随着积分制的实施,积分业务范围不断扩大,运行也日益规范化、标准化。

## 2.2    积分体系的完善

在试运行期间,温州少儿馆针对实施过程中出现的问题,不断调整、优化积分规则和内容,使积分体系日趋完善。

### 2.2.1　积分规则的调整

最初,图书馆为每位读者设定了一定数值的原始积分,但是仍然存在有些读者的图书逾期时间比较长,初始积分不够扣的情况。因此,图书馆设定积分扣除上限,达到规定的上限后不再扣更多的积分。与积分扣除相对的是积分的获取。在早期,读者借书后便可立刻获得积分。所以,当积分无法满足需求时,有些读者利用这一漏洞,借完书后立即还书,恶意刷取积分。积分制的目的是为了让小读者真正利用图书馆的资源。于是,温州少儿馆将规则调整为所借图书至少经过一天才可获得积分,鼓励读者阅读。另外,在初期的积分规则中,读者借一本书可以获得很高的积分,为了防止读者累积大量积分和集中兑换礼品,图书馆通过降低分值减缓读者的积分获取速度。而且,在积分制实施后,图书馆的活动越办越好,报名的读者往往远超预定人数。为了引导和分流读者,温州少儿馆将活动调整为两种类型:一类与之前的活动相同,参加活动即可获得相应的积分;另一类则需要读者在参加活动时支付积分。

温州少儿馆在积分规则的调整过程中认真听取各部门馆员和读者的反馈、建议,不断反思和总结,最终建立了比较完善的规则体系。该体系包括积分设置和积分规则两部分。

(1)积分设置:积分系统的服务对象为图书馆所有读者,包括有证读者和无证读者。读者办理读者证后,即获得 100 分原始积分用于借书逾期、图书损坏等违约行为的处罚抵扣,以及参与指定活动的积分兑换。读者证使用期间,原始积分被全部扣除者,读者证将被冻结。冻结期内,读者证不可用于借书,但可通过参加馆内其他活动获得积分,积分大于 0 时自动解冻,或者当冻结期满后自动解冻;当积分低于 0 分,但不低于 -100 分时,读者证将被冻结。若该读者在冻结期间通过参加活动获得积分,冻结时间则相应减少。被冻结天数最高上限为 100 天。在读者积分与 interlib 系统原有读者证不冲突的前提下,积分越高读者可借的图书册数就越多,对采编部门每年的推荐书目享有更高的优先权。

(2)积分规则:这一模块分为三个部分——积分增加规则、积分抵扣规则和积分兑换规则。积分增加规则是指读者每借阅一册馆藏文献积 1 分,当天累计分数不超过读者证的最高借阅额度,如该读者最多可借 10 册图书,当天积分最高不能超过 10 分;参加图书馆举办或推荐的各种活动并获得认可的读者可获得相应积分。积分抵扣规则包括读者借阅的图书未按时归还,每册每天抵扣 1 分,每天抵扣累计上限为 50 分;污损图书,除赔偿外,每册抵扣 10 分;遗失图书,除赔偿外,每册抵扣 20 分;违反借阅室相关规则,每次抵扣 5 分[3]。积分兑换规则是指读者获取的积分可以兑换礼品,抵扣分值因礼品而异。

### 2.2.2  积分内容的丰富

在积分制实施的初期,温州少儿馆只是简单地将借阅与积分关联。然而,在实施过程中发现有些小读者为了积分而借阅,存在只借不阅的现象。因此,图书馆将积分调整为借阅和写读后感两部分。借阅获得一部分积分,提交一份符合字数规定的读后感,经专职人员审阅后再获得一部分积分。

为了使每项活动有其读者,每位读者有其活动,图书馆结合未成年读者的特点设计了各种不同类型的活动。活动按照时间和期数的差异分为三类,与积分并轨。第一类是以单期为单位的连续活动,包括"毛毛虫上书房""幼儿故事会""智慧拼拼图""巧手乐园""梦想舞台"等。根据读者的实际表现,管理员对读者给出相应的成绩,使小读者在活动中获得成就感和荣誉感,不断吸引更多读者参加活动;第二类是以年为限,以单期为单位的连续活动,包括"书海扬帆""我爱记诗词""猜猜我是谁"等。读者成绩以年为周期,每年的总成绩单独管理。同时,在前台显示每位读者每期的成绩排名和总成绩排名,激发小读者参与活动的热情。第三类是以单期为单位,活动时间为时间段的活动,包括"小小管理员""铅笔头动漫社团"。图书馆可以设置活动时间表,并根据活动时间表为报名的读者排岗。活动结束后,管理员根据参加活动读者的表现给予预先设定的积分,从而多方面培养小读者的责任感、良好的阅读习惯和兴趣爱好。

## 2.3  工作流程的优化

温州少儿馆积分制的实施极大地激发了读者阅读和参与活动的热情,这对图书馆的服务水平提出了更高的要求。为此,温州少儿馆以读者为中心,不断优化服务和工作流程。

例如,以往读者参加活动时是使用读者证现场刷卡完成加分,但大量读者集中刷卡导致系统响应缓慢,严重影响了读者的体验。为此,图书馆专门印制充值卡发放给参加活动的读者,活动结束后由读者在网上自行充值。自助式的积分充值方式不仅显著改善了读者参加活动的体验,提高了满意度,还有效提升了图书馆的工作效率。再如,图书馆会为每位读者生成积分明细,许多小读者看到长长的清单,成就感不禁油然而生,成为进一步激发阅读和参与活动的动力。而且,随着技术的发展,读者与图书馆的交互变得越来越便捷。最初,读者只能利用个人的 ID 号通过网站报名参加活动,而现在直接用手机微信就能完成,极大地方便了读者。

# 3. 积分制的绚丽绽放

以激励和信用管理为核心的积分制获得了广大读者的认同和同行的赞誉。在温州少儿馆积极推动积分制实施之际,温州市图书馆于 2012 年元旦重磅推出"儿童知识银行"。

## 3.1 "儿童知识银行"的设计

"儿童知识银行"把知识看作和金钱一样的财富,读者可以在这里开户、储蓄、取款。围绕"儿童知识银行",温州市图书馆根据读者年龄和兴趣爱好的差异打造了丰富多彩的活动,并给各类活动设定相应的奖励币值,同时模拟银行利息等"理财"手段,进一步激发小读者们获取知识财富的兴趣(表 1)。小读者参加活动赚取足够的"知识币"后,可以用于兑换礼品。

表 1　"儿童知识银行"积分创收规则[4]

| 类　别 | 活动名称 | 活动内容 | 奖励值 |
|---|---|---|---|
| 阅读行为 | 文明阅读<br>文明小使者 | 遵守图书馆文明阅读规章制度,如安静阅读,爱护图书,轻声说话,不在阅读区吃零食喝饮料等。 | 1～5 元 |
| 阅读指导 | 海龟哥哥讲故事<br>读来读玩读书会<br>说书 PK<br>书海拾贝 | 积极参加图书馆各类活动、踊跃回答问题、上台表演或参加比赛等。 | 3～30 元 |
| 阅读写作 | 好书分享<br>快乐阅读作文 | 写读后感、好书推荐、分享阅读经验、写阅读日记等各类阅读写作(低幼儿可以说、背各类文章)。 | 10～50 元 |
| 捐赠好书 | 接力阅读 | 捐赠家中有价值图书(不包括期刊、漫画、教辅)。 | 5～50 元 |

（续表）

| 类　别 | 活动名称 | 活动内容 | 奖励值 |
|---|---|---|---|
| 排行榜 | 月借阅排行榜 | 喜爱阅读,经常到图书馆借书,月阅读量名列前茅。 | 5～30 元 |
| | 贵宾新星榜 | 设三个级别的贵宾客户:银卡客户(总额达 100 元)、金卡客户(总额达 300 元)、钻石卡(总额达 500 元)。每月公布最新的三级贵宾客户名单。 | 10% 的利息 |
| | 知识大富翁排行榜 | 存款总额每半年排名次一,前十名授予"知识大富翁"荣誉。 | 证书及奖品 |
| 职业体验 | 知识银行柜员 | 柜台值班,办理银行各项业务。 | 15 元/小时 |

### 3.2 "儿童知识银行"的社会反响

"儿童知识银行"将原来孤立的各类活动熔于一炉,把读者的行为转换成可见的"知识币",满足了小读者们追求"知识大富翁"的愿望。小读者们有了自己的"存折",可以自由支配赚到的"知识币",从中获得极大的乐趣和成就感。温州市实验小学的一位小朋友说:"我办理知识银行存折是因为有次看到一个小朋友在图书馆安静看书,管理员奖励了 5 元知识币。我也想拿知识币,因此看书看得更多了,作文也写得更好了,经常受老师表扬。感觉到自己的知识财富不断增加,我非常骄傲。"温州市城南小学的一位学生家长也赞道:"孩子很小的时候,家里虽然也有很多书和杂志,但他都是随便翻翻。参加这个活动后,他更喜欢看书了,现在他看书很广泛而且很认真。另外,参加这种社会性的活动会接触到其他小朋友、哥哥姐姐和老师,孩子的人际交往能力也有提高。他都是自愿参加各种活动,还获得了十佳文明小使者和"知识大富翁"称号,也更加自信了。"短短一年的时间,就有近千名小读者办理了借阅"存折",许多小读者还升级为"银卡""金卡"客户。

"儿童知识银行"因其显著的社会效应和可推广性,得到了政府有关部门的认可。2012 年 12 月 8 日,"儿童知识银行"获得浙江省基层公共文化服务创新奖第一名;2014 年,在文化部组织开展的第十届中国艺术节"群星奖"评奖工作中,"儿童知识银行"获得项目类"群星奖",温州市图书馆原馆长谢智勇先生入选"群文之星"[5]。

为了使这项活动发挥更大的社会效益,温州市图书馆"儿童知识银行"通过开设分行、支行的形式,将其推广到学校、县市区一级公共图书馆。例如,益民小学是温州市一家民办民工子弟学校,两个校区共有在校生 3000 余名。这些孩子的学习环境并不优越,如何在有限的条件下让孩子们亲近阅读,一直困惑着老师们。"儿童知识银行"在益民小学开设了图书馆外的第一个支行,成功地解决了这个难题。国家公共文化服务体系建设专家委员会副主任、北京大学李国新教授评价"儿童知识银行""是一个成功的少儿阅读促进活动,它的成功在于以能激发儿童兴趣的'知识存折'来促进阅读积累,在潜移默化中把阅读是一个创造知识财富过程的理念植根于儿童的心灵。[6]"

# 4. 结语

激励和信用管理是积分制的核心,许多类似的创新如火如荼地进行着。例如,上海图书馆与蚂蚁金服旗下的芝麻信用合作,芝麻信用分值达到650分以上的上海常住居民可以免押金办理借阅证,免费借阅图书[7]。该模式为读者提供更加方便、快捷和人性化的服务,借助芝麻信用超多的用户和相当高的使用频率引入读者,提升了图书馆资源的使用率[8]。

"他山之石,可以攻玉"。在近十年的历程中,我们看到了图书馆人肩负着历史的责任与使命砥砺前行。正是因为这样坚持,才重新迎来了社会对图书馆人、图书馆职业的认同。

**参考文献**

[1] 杨雪梅.图书馆罚款的合理性与合法性的矛盾及其解决对策[J].图书情报导刊,2008,18(30):53-54.

[2] 温州市少年儿童图书馆.积分规则[OL].[2017-11-23].http://www.wzst.cn/Col/Col232/Index.aspx.

[3] 陈海钦.图书馆文献流通与活动积分系统的设计与应用——以温州市少年儿童图书馆为例[J].图书馆杂志,2012(2):31-34.

[4] 温州市图书馆.如何创收[OL].[2018-03-02].http://zsyh.wzlib.cn/kb/Pages/cs.

[5] 浙江图书馆.温州市图书馆"儿童知识银行"获得第十届中国艺术节"群星奖"(项目类)[OL].2014-01-21[2018-02-01].http://www.zjlib.cn/zxgjdt/47925.htm.

[6] 黄之宏."儿童知识银行":温州市图书馆创新少儿阅读推广模式[N/OL].中国文化报,2013-01-25[2018-02-01].http://epaper.ccdy.cn:8888/html/2013/01-25/content_89390.htm.

[7] 上海图书馆打造全民信用图书馆以信用免押金办证[OL].[2018-02-07].http://sh.people.com.cn/n/2015/1201/c134768-27222879.html

[8] 张燕青.公共图书馆读者信用管理模式及案例分析[J].图书馆论坛,2017(3):123-127.

# 绍兴电视图书馆的建设和发展 *

段宇锋②　张博文③（华东师范大学经济与管理学部）

**摘　要**：2012 年，绍兴图书馆与当地数字电视运营商合作，开通了"绍兴电视图书馆"，创造了以"内容特色明显、资源跨界整合、传播载体多样、运营合作共赢"为特征的"电视图书馆绍兴模式"，并在 2016 年成为第二批国家公共文化服务体系示范项目。本文从绍兴电视图书馆的内容建设、技术开发、运营和保障方面探究其创新管理的模式以及成功之处，从而给公共图书馆探究文化延伸之路带来一些启发。

**关键词**：电视图书馆；内容建设；技术开发；运营保障

# 1. 缘起

绍兴市是首批中国历史文化名城之一，素有"山青水秀之乡，历史文物之邦，名人荟萃之地"的美誉。但是，不断扩张的城市给居住在偏远乡镇的居民和腿脚不便的老人使用图书馆服务造成诸多不便，年轻人由于工作和家务繁忙也无暇去图书馆。因而，如何普及服务，高效地发挥图书馆的社会功能和价值成为绍兴图书馆面临的重大现实问题[1]。

2006 年，国家图书馆周和平馆长考察绍兴图书馆后指出，绍兴数字电视发展较为完善，可以利用这个优势来传递图书馆服务。这一建议给了绍兴图书馆极大

---

\*　文中未注明出处的数据和素材来源于对绍兴图书馆的访谈和内部资料，在此衷心感谢绍兴图书馆对本文撰写提供的支持。

②　段宇锋，华东师范大学经济与管理学部，教授，博士生导师。

③　张博文，华东师范大学经济与管理学部，硕士研究生。

启发。2000年以来,绍兴市数字电视发展迅速,20户以上自然村实现了有线电视村村通,总入户率达98%,基本实现城乡全覆盖。2001年4月启动数字电视工程,绍兴市区及所属各县市均已完成数字电视转换工程,绝大部分家庭有两个以上机顶盒,双向互动型机顶盒的用户超过3万,通过电视媒体传递绍兴图书馆的服务在技术上具有可行性;中广有线绍兴分公司作为绍兴市数字电视平台运营商已经开始为数字电视用户提供数据广播、视频点播等服务,将工作重心从网络工程转向信息服务,陆续开通了电视网站、"绍兴学习"等虚拟频道,电视图书馆符合公司的业务发展战略[1];而且,点播收看电视节目已成为绍兴市民的一种习惯,许多老年人尽管不会使用智能手机和计算机,但却能熟练地操控电视机,易用性、便捷性将显著改善读者远程使用图书馆服务的体验。

此后,绍兴图书馆不断思考和凝炼,电视图书馆的构想日渐成熟。机会总是留给有准备的人。2011年,文化部为了推动数字图书馆的建设,给绍兴市划拨了150万建设经费。这笔经费一下子激活了绍兴图书馆业已酝酿多年的电视图书馆项目。2013年10月,"绍兴电视图书馆"被列为文化部、财政部主办的创建第二批国家公共文化服务体系示范项目,绍兴市也将其列为政府十大民生实事工程之一、智慧城市建设的重要内容[2]。

# 2. 内容建设

图书和报刊是绍兴图书馆馆藏资源的主体,虽然也保存有部分音频、视频资料和数字文献,但还远远无法满足电视图书馆的运行需要。因此,内容资源的建设就成为亟待解决的现实问题。为此,绍兴图书馆采取了自建、购买、合作并举的策略。经过8年的不懈努力,绍兴电视图书馆的内容越来越丰富,逐步形成了自身的体系和特色。

目前,读者通过智慧绍兴、教育读书等窗口进入电视图书馆,点击信息动态、阳明频道、学习频道、绍兴记忆、电视学堂等栏目,可查询绍兴图书馆馆藏书刊、续借图书;观看百家讲坛、越州讲坛等讲座视频;学习政治、业务知识;享受少儿国学、英语学习及中小学课程辅导;欣赏越剧、绍剧、莲花落等戏曲及珍贵书画;浏览自然遗产、文化遗产及非物质文化遗产图片等[3]。

## 2.1 自建特色资源

绍兴电视图书馆所设置的栏目和提供的服务内容紧密结合图书馆的实际。如"我的图书馆""电视阅读""听书频道"等栏目,使读者不用跑到图书馆,在家通过电视机、计算机、智能手机就能查阅图书馆的馆藏书目、办理图书续借手续、阅读图书和杂志等;再如"精彩讲座"栏目。绍兴图书馆每年都要举办时事、文化、健康类等系列讲座 100 多场。虽然讲座内容足够丰富,涉及的领域也足够广泛,但是,因为场馆面积有限,每场讲座能现场参加的人数不可避免地受到了限制。同时,讲座也具有时效性,只会在固定的时间段内举行,因时间冲突或无暇参加而错过讲座的人不免感到遗憾。因而,绍兴图书馆将每一场讲座进行实况录像,然后放在栏目上,突破时间和空间的限制,让想听讲座的人可以随时随地观看,并且对某些内容极其感兴趣的人还可以重复观看,完全由用户根据自身的需求决定;读者通过"书影时光"栏目可以自主选择、观看中外名著改编的电影、名人名家的读书故事,感悟"知识改变命运、学习成就未来"的人生哲理;通过"戏曲曲艺"栏目可以欣赏京剧、越剧等戏曲节目。绍兴是戏剧之乡,是越剧和绍剧的发源地,戏迷众多。这些音像资源转换成数字电视的播出格式,且因属本地音像资源,比较容易解决播出的授权问题。这些栏目既有电视的特性,更有图书馆的个性,内容由很强的吸引力。

绍兴电视图书馆的内容建设要做到包罗万象是一件很难的事情,目前的工作是努力稳住现有的栏目,集中精力拓展具有绍兴特色的视频或音像等资源服务。这也是今后绍兴电视图书馆的重要发展方向。目前,建设的重点之一是"绍兴记忆"栏目,该栏目提供具有绍兴地方特色的内容。例如,栏目组拍摄了 50 道绍兴菜的制作过程,将每一道菜需要的食材、调料以及做法清晰地展现出来,以供学习和传承;拜访老曲艺家搜集戏曲和曲艺,有些甚至是已经很难找到的视频资料,只能根据老曲艺家的回忆给视频配字幕。将这些珍贵的资料保存下来,对绍兴地方特色文化的保护具有重要意义。另外,栏目组还采访了许多地方名人,如书法家、戏曲家等,拍摄传记片,记录他们关于绍兴记忆的口述历史以及对绍兴几十年来发展变化的感悟,以此反映绍兴的发展历程。在选择自制视频内容的标准上,主要是看重其史料性,有无保存价值,能否反映绍兴的一段历史。

## 2.2　购买内容和服务

当然,要想体现电视图书馆内容的丰富性,只凭借其自身在内容建设上的努力是不够的。因此,绍兴图书馆还购买了许多内容和服务,汲取众家之长。例如,"纪录片频道"栏目里收集了"惊叹大自然""历史人文""科学传奇""魅力游记""绿色地球""明星的点滴人生"等内容,这些内容都是通过采购当地电视台的特色栏目获得的;绍兴图书馆还购买了《百家讲坛》的播放版权,将其每一期内容都收纳进"百家讲坛"栏目;"电视学堂"栏目里包含了"小学学堂""幼儿学堂"和"电视绘本",这些课程资源是每年花费 20 万元向杭州华硕公司购买的。小朋友们都喜欢看动漫,所以,课程用动漫形式演绎绘本,这样既能满足小朋友们的阅读需求,又能以小朋友们乐于接受的、感兴趣的形式去提供服务,很受小朋友们欢迎。此外,绍兴图书馆还向国家图书馆采购了许多图文、视频资源。国家图书馆已经在数字电视平台上开办了"国图空间","国图空间"作为全球首家国家图书馆的数字电视应用服务项目,是国家图书馆与北京歌华有线电视网络公司合作的成果,这一项目发挥了国家图书馆资源和服务的优势,以馆藏为基础,针对不同年龄段与文化层次的收视群体规划特色栏目,在内容的制作和发布中应用多种国家图书馆自由知识产权的先进技术。"国图空间"规划了"文津讲坛""图书推介""馆藏精品""图说百科""少儿读物""经典相册"和反映国家图书馆百年发展历程的"百年国图"等栏目,以文字、图片、视频相结合的方式全方位、立体化呈现国家图书馆的资源及服务。"国图空间"不仅从技术和管理模式上给了绍兴电视图书馆极大的参照,提供了宝贵的榜样经验,还丰富了绍兴电视图书馆的图文、视频资源。

## 2.3　合作共建资源

"众人拾柴火焰高",绍兴图书馆积极与其他机构合作建设电视图书馆的内容资源。电视台不仅有大量高质量视频资源,还拥有图书馆无法比拟的专业编导和拍摄、制作团队以及现金的器材和设备,制作效率和水平极高。为了取长补短,绍兴图书馆积极寻求与浙江电视台和绍兴本地电视台的合作,开发数字内容,尤其是具有本土特色的内容。此外,绍兴图书馆不断加深与业内的合作。例如,与浙江省图书馆合作,将其提供的 MPEG-4、WMV 等格式的影片转码后在电视图书馆提供服务;与国家图书馆合作,实现华夏遗珍、中华世遗、文保探幽、书画鉴赏 4个栏目 2 万多条图文信息的本地化移植。

# 3. 技术开发

绍兴电视图书馆的传播平台先后进行了三次升级改版,从 TV1.0 升级到TV2.0,再到目前的 TVOS。在界面展示上,不断地优化用户体验,为用户提供更方便、全面地服务,同时也保障电视用户的使用便利性。对用户来说,真正意义上的实现了从看电视向用电视的过渡。无论何时,你打开电视都可以享受服务,可以用遥控器点播你所需要的节目。

## 3.1　图文版解决方案

绍兴市数字电视单向机顶盒使用的是茁壮 IPanel2.0 浏览器,支持以标准DVB 链接的方式访问数据广播(OC)。目前,所有单向机顶盒在经过多次升级后已经可以支持电视图书馆图文版内容的传播。中广有线绍兴分公司利用数据广播技术构建了"电视图书馆"图文版服务平台。前端系统采用标准的对象轮传输方式,将网页封装成节目内容流进行发送。机顶盒终端只要按照 W3C 等标准对网页进行处理,就能把内容显示出来。这种方案的好处是 OC 协议、W3C 标准都是开放的。因此,这种方式成本相对较低,又较好地解决了开放性的问题,可直接覆盖所有单向用户。因受频点资源和带宽的限制,图文版呈现出来的内容相对比较简单,相同的图片或页面尽量引用同一个文件,一般情况下一张图片的大小不超过 50KB[4]。

## 3.2　互动版解决方案

电视的受众整体呈下降趋势,用户从电视逐渐转向互联网和手机移动端。但是,电视还是有一部分固定的群体,例如老年人和孩子。很多父母不愿意让孩子过早接触互联网和手机,相对来说更愿意让他们看电视。图文版平台是单向传输内容,读者只能被动地接受信息,无论在版面形式还是内容的提供上都太过狭窄和单一。因此,为了适应读者多样化的信息需求,绍兴图书馆决定将电视图书馆平台从单向广播升级为图文互动模式,读者可以点播和查询图书馆的馆藏资源。从单向转变为双向是极其重要的一个进步。互动版需要的技术支撑主要是终端系统建设。为了配合电视图书馆项目的整体呈现效果,必须对机顶盒和中间件进行开发升级。互动型机顶盒承载互动版内容,要修改的内容比较多,如添加中文输入法、虚拟频道功能等。虚拟频道技术是中广有线绍兴分公司制定的频道号技术规范,基本原理是数字电视前端通过 BAT 表下发相关节目频道号和 ServiceID 的对应关系,对应的可以是视频节目,也可以是数据广播节目。机顶盒终端根据规范实现对应频道号是打开视频节目,还是进入数据广播。互动机顶盒的虚拟频道通过 IP 协议实现,与单向机顶盒通过 DVB 定制的原理不同,互动机顶盒的中间件须做相应的升级。

## 3.3　多屏开发

绍兴电视图书馆的代码运用 HTML4.01、CSS2.1、ECMAScript 等协议和标准开发,所以,在电视、计算机和手机上都可以正常显示页面。尽管如此,针对数字电视机顶盒与手机、计算机页面代码仍有许多需要特别处理的地方。例如,遥控器和键盘键值不同,需要做多套键值匹配;事件都是针对遥控器 keydown 写的,要支持三屏必须再加上 mouse 事件;有些页面需要区分浏览器;对于手机,需要在打开页面时就预载入激活时要显示的图片[4]。

## 3.4　集群技术

基于成本、性能、扩展性等多方面因素的考虑,绍兴电视图书馆采用 Windows 集群实现热备和负载均衡。集群的主要作用是在发生故障和计划停机时保持客户机对应用程序和资源的访问。在集群内,每台服务器都被设定为一个节点,如果集群中的一台服务器由于发生故障或需要维护而无法使用,资源和应用程序将转移到另一个有效的集群节点。需要提到的是,仅采用集群技术无法保证所有用户在使用过程中不断线。用到 Session 的还是会断线,需要重新连接。因为客户会话保存在各自的 Web 服务器中,一台服务器断线后这台服务器的会话也就结束了,在线用户自然就掉线了。如果要做到无缝切换,还需要专门设计一套会话保存机制,把会话保存在数据库或独立的会话应用服务器上,这样服务器切换时,用户就感觉不到。

# 4. 运营和保障

在解决了内容和技术上的难题之后,电视图书馆顺利启动。但是,绍兴电视图书馆想要长久且稳定地提供最优化服务,后期的运营和保障是不可或缺的重要环节。为此,绍兴图书馆积极主动寻求与数字电视运营商在互惠互利的原则下建立稳固的合作关系;同时成立示范项目创建领导小组,制定示范项目创建工作方案,从组织上保证示范项目创建工作;并且,努力寻求政府及多方财政和政策等的支持,合理分配和使用财政资金;最后,大力开展宣传推广工作,想方设法提升电视图书馆的知名度和影响力。

## 4.1　稳固外界合作

为了争取中广有线绍兴分公司的支持和配合,绍兴图书馆通过多种途径加强与中广有线绍兴分公司的联络、沟通,使他们认识到"绍兴电视图书馆"项目的实施不仅对图书馆有利,同时也对他们有利。有线电视运营商具有商业、公益双重属性。电视图书馆项目的实施不仅有助于运营商体现其社会公益职能,提升企业形象,同时也有助于有线电视业务工作赢得社会各界的支持,在一定程度上推进数字电视机顶盒的更换工作,促进数字电视增值业务的开展,为数字电视业务的拓展提供了新空间。绍兴图书馆的王以俭馆长曾在网络运营公司工作,对公司的运作非常熟悉,因此双方的沟通交流很顺畅,很愉快地决定合作。这一点保障了在创建电视图书馆的初期几乎没有遇到太多障碍,推进得非常顺利。双方各成立了一个项目组,定期开会制订计划,商讨分工协作事宜。图书馆主要解决内容和资源问题,数字电视运营商主要解决播出等技术问题。合作多赢的理念加快了项目的实施进程。中广有线绍兴分公司投入了大量人力、物力,添置了视频节目转码、存储等设备,还克服技术难关开发出专用于"绍兴电视图书馆"的播出平台,并对"绍兴电视图书馆"整体架构、页面样式先后进行了三次重大调整和优化。

　　电视图书馆项目的开展同时还培育了文化消费，推动一批装备研发、技术支撑、内容设计的文化企业成长。可以说，电视图书馆是文化事业与文化产业实现互融互促的融合平台。

## 4.2　协调内部组织架构

　　绍兴图书馆十分重视项目创建领导小组的筹建工作，2013 年 10 月开始筹划成立领导小组事宜。但因绍兴市广电总台主要领导调整等原因，领导小组到 2014 年 5 月才正式成立。2014 年 5 月 19 日，绍兴市文广局、绍兴广电总台联合印发了《关于成立绍兴市创建国家公共文化服务体系示范项目工作领导小组及办公室的通知》（绍市文〔2014〕30 号），领导小组及办公室由绍兴市及所属县市区文广局、广电总台、网络公司有关领导共 19 名成员组成。2014 年 6 月 19 日，绍兴市文化强市办公室印发了《"电视图书馆绍兴模式"创建国家公共文化服务体系示范项目工作方案》（绍文办〔2014〕1 号），并发出通知要求相关部门、单位认真贯彻执行。《工作方案》确定了创建工作目标、工作内容、保障措施。6 月 20 日，领导小组召开第一次会议，讨论确定了《绍兴市创建国家公共文化服务体系示范项目领导小组工作规则》《"电视图书馆绍兴模式"创建国家公共文化服务体系示范项目中央补助资金和地方创建资金管理使用办法》等规章制度，部署"绍兴电视图书馆"节目内容进一步整合、覆盖范围进一步拓展、服务效果进一步提升等工作。三年来，领导小组、领导小组办公室、创建项目组先后召开了 6 次会议，协调、解决创建过程中所出现的各种问题，促进了示范项目创建工作的顺利实施[5]。

## 4.3　争取资金及政策支持

　　绍兴电视图书馆的建设同样必不可少的是取得上级主管部门、财政部门等的政策和经费支持。资金是项目有序推进的保证。根据项目运营、实施工作分工，"电视图书馆绍兴模式"内容建设由绍兴市文广局负责，播出平台建设及节目传输等工作由绍兴广电总台负责。在内容建设方面，绍兴市文广局在四方面予以资金保障：一是将节目资源购置费列入绍兴图书馆的日常经费，2013 年至 2015 年三年共有 60 万元用于购买"绍兴电视图书馆"节目资源；二是向市财政申请"绍兴电视图书馆"专项经费。市财政设立了"绍兴电视图书馆"平台运行、节目购置两项专项经费，2013 年至 2015 年市财政"绍兴电视图书馆"专项经费合计为 85 万元；三是向市委宣传部申请补助"绍兴电视图书馆"节目购置费，2013 年至 2015 年共计 72 万元；四是用好中央财政的 40 万元补助资金，做到全部资金用于"电视图书馆绍兴模式"项目建设。三年累计资金为 257 万元。在播出平台建设及节目传输等方面，绍兴广电总台一次性投入了 445.5 万元，用于播出平台、存储等设备添置及日常运维，绍兴市财政还给予了 291 万元的补助。同时，绍兴图书馆起草了《关于推进电视图书馆建设的若干意见》。经协调,由绍兴市文化强市领导小组印发绍兴市各区、县(市)委、政府及市级机关部门等单位。《意见》分指导思想、总体目标、主要任务、保障措施等四方面的内容,要求将电视图书馆建设作为全市公共文化服务体系建设的重要内容列入"十三五"规划,并探索长效投入机制,在提供财政保障的同时,鼓励社会力量参与电视图书馆建设,逐步形成政府、社会、市场多元投入的格局。《意见》的印发极大地推动了"电视图书馆绍兴模式"示范项目的创建工作,在政策层面保证了"绍兴电视图书馆"的可持续发展。

## 4.4 大力开展宣传推广工作

绍兴电视图书馆项目设计、实施的根本目的在于应用,在于为读者提供服务。电视图书馆要得到读者的认知、接受,需要一个过程,这是必经的阶段。为此,绍兴图书馆想方设法做好宣传推广工作,积极培育读者。具体而言,主要从以下三方面开展工作:

一是通过新闻媒体宣传、政府推动等办法和途径积极宣传"绍兴电视图书馆",让市民知道"绍兴电视图书馆"的存在。据不完全统计,2014 年至 2018 年,有 30 多家媒体和网站对"绍兴电视图书馆"进行了报道。并且,从 2014 年起,《绍兴晚报》开辟了专栏宣传"绍兴电视图书馆"的节目内容。为了争取人大代表、政协委员对"绍兴电视图书馆"的重视,借力推进"电视图书馆绍兴模式"项目,在 2014 年 2 月下旬绍兴市人大、政协两会召开前夕,绍兴图书馆利用多种途径向两会代表、委员宣传"绍兴电视图书馆",让代表、委员体验"绍兴电视图书馆",引起了两会代表、委员的高度重视。6 位人大代表(均为人大常委会委员)向人大会议提交了《关于在全市大力推广"绍兴电视图书馆"的建议》,列为人大第 10 号议案。政协文艺界委员作为界别集体向政协会议提交了《大力推广、应用"绍兴电视图书馆"》的提案,列为政协第 62 号议案。两会代表、委员有关"绍兴电视图书馆"建议、提案的提交及相关部门对该建议、提案的承办,不仅提高了市委宣传部、市政府办公室、财政局等部门对"绍兴电视图书馆"重视程度,也提升了社会对绍兴电视图书馆的关注度。

二是积极举办读者活动,让绍兴市民了解电视图书馆、使用电视图书馆。2014 年 8 月,绍兴图书馆牵头策划、实施了爱心童盟"绍兴电视图书馆——电视家教"捐赠活动。在此次活动中,通过绍兴电台、《绍兴晚报》《绍兴广电报》等途径广泛征集,并经审核,选择了 10 名外来建设工作者优秀子女,在一家爱心企业的赞助下,为这 10 名同学免费赠送液晶电视机、高清互动机顶盒,使他们能在家通过数字电视享受到"绍兴电视图书馆"的"电视家教"服务,同步学习小学语文、数学、英语等课程,同时还免除了这 10 名同学,在小学学习期间的有线电视月租费和高清节目互动点播费。2014 年 10 月至 12 月,绍兴图书馆举办了"绍兴电视图书馆"有奖知识竞赛活动,共有 479 人参与竞赛的答题活动。2015 年,绍兴图书馆又先后 8 次开展电视图书馆进各市县区、学校、文化礼堂等宣传推广活动。

三是与有关部门合作,促使绍兴市各机关、事业单位使用电视图书馆,提高电视图书馆的使用率,进一步发挥电视图书馆的作用。2014 年 11 月、2015 年 9 月,绍兴市文广局先后投入 4 万元、8.5 万元,以政府购买服务的方式为 192 家文化礼堂、文化站等文化场所配置了数字电视高清机顶盒,丰富、提升了文化礼堂、文化站、文化中心等文化场所的服务内容,扩大了"电视图书馆绍兴模式"的影响,提升了"绍兴电视图书馆"的服务效能。

2014 年 10 月,绍兴市文广局委托浙江大学城市学院对"绍兴电视图书馆"目标观众、用户群体、使用情况、用户满意度等情况进行调研。调研采取座谈会、问卷调查两种形式。期间,共召开了 3 次座谈会,先后有 32 位不同阶层的用户代表参加了座谈。问卷调查采用随机调查的方式,调查问卷包括 27 个问题,共发放 200 份。调查结果表明,"绍兴电视图书馆"总体上受到各阶层民众的普遍欢迎,用户对"绍兴电视图书馆"所提供的服务感到很满足与基本满足分别达到 41%、40%。

# 5. 结语

电视图书馆不仅是图书馆服务形式的创新,也是在通讯技术的支持下出现的图书馆新业态,在国内外都处于不断探索的过程之中。2013 年 6 月,国家图书馆在绍兴召开全国数字图书馆推广工作会议,推广"绍兴电视图书馆"运行模式。2014 年 10 月,绍兴图书馆在中图学会年会学术分会场介绍电视图书馆项目,得到媒体的广泛关注,在人民日报、中国文化报、人民网、新华网等媒体连续报导 60 余次。为了规范电视图书馆的建设和管理,绍兴市图书馆联合中广有线绍兴分公司制定了《电视图书馆建设与管理规范》,并于 2017 年由绍兴市质量技术监督局作为地方标准发布。2018 年 10 月 26 日,由绍兴图书馆发起的全国电视图书馆联盟在绍兴市成立,这个联盟旨在推动全国各电视图书馆的合作和资源共享。参与电视图书馆联盟的图书馆有绍兴图书馆、常州图书馆、重庆图书馆、佛山图书馆、菏泽图书馆、济宁图书馆和枣庄图书馆。

电视图书馆是对现代图书馆服务功能的延伸和创新,有助于解决文化传播"最后一公里"的问题。目前,国内已相继有多家公共图书馆开通电视图书馆业务,使广大读者足不出户就能享受到图书馆提供的多种信息和资源服务。

**参考文献**

[1] 王以俭,张炜."绍兴电视图书馆"建设的实践与思考[J].国家图书馆学刊,2013,22(03):36 -39.

[2] 王以俭."电视图书馆绍兴模式"的实践与创新[J].图书馆研究与工作,2018(12):45 - 49.

[3] 赵任飞,王以俭.电视图书馆建设的实践与思考——以"绍兴电视图书馆"为例[J].图书馆研究与工作,2014(04):40 - 43.

[4] 宋达宏.电视图书馆项目建设技术分析与研究——以"绍兴电视图书馆"项目建设为例[J].电视技术,2013,37(08):23 - 26.

[5] 王以俭.电视图书馆项目建设的实践与思考——以"绍兴电视图书馆"项目建设为例[J].电视技术,2013,37(08):20 - 22＋36.

# 以蒙台梭利玩具为特色的普陀区图书馆玩具图书馆 *

段宇锋②　　杨无悔③（华东师范大学经济与管理学部）

**摘　要**：相较于家庭和早教机构等婴幼儿阅读场所，我国公共图书馆很少开展面对0～6岁学龄前儿童的阅读服务，普陀区图书馆为了做好学龄前儿童读者的阅读推广工作，培养儿童读者的多方面智能，建立了针对0～6岁低幼儿童的服务项目。本文在对普陀区图书馆玩具馆进行实地考察以及与相关负责人交流的基础上，描述了普陀区图书馆玩具馆以蒙台梭利玩具为核心的创新实践。论文首先陈述了玩具在幼儿教育中的重要性，进而引出普陀区图书馆玩具馆的整体建设情况，继而从蒙台梭利玩具教学活动的组织流程、志愿者服务和活动实践中遇到的问题及对策三个方面系统地陈述了蒙台梭利玩具教学活动的开展过程。最后，本文对普陀区图书馆玩具馆在发展过程中所产生的问题以及相对应的解决方案进行了阐述，为未来玩具图书馆的建设提供了很好的借鉴材料。

**关键词**：玩具图书馆；幼儿教育；蒙台梭利；创新服务

# 1. 玩具在幼儿教育中的作用

对于幼儿来说，除母亲的怀抱外，最有吸引力的东西莫过于玩具。"要关注儿童的成长，必须关注儿童的游戏；要关注儿童的游戏，必须重视儿童使用的玩具。"教育家陈鹤琴提出的这句话精辟地阐明了玩具与游戏之间是紧密相连的，玩具是

---

　＊　文中未注明出处的数据和素材来源于对普陀区图书馆的访谈和内部资料，在此衷心感谢普陀图书馆对本文撰写提供的支持。

　②　段宇锋，华东师范大学经济与管理学部，教授，博士生导师。

　③　杨无悔，华东师范大学经济与管理学部，硕士研究生。

幼儿成长过程中的亲密伙伴，是游戏不可缺少的物质条件。从某种意义上讲，没有玩具就不能进行完整的教育活动。因此，在幼儿教育工作中，玩具的重要性不容忽视。

随着科学技术的发展，玩具也在不断地更新换代，它们以各自不同的性能、具体的形象、鲜明的色彩、有趣的造型、优美的声音或夸张的动作，再现了各种物品的典型特征，这些各方面的特征刺激幼儿的各种器官，使幼儿在看、听、闻、摸中认识周围世界。幼儿在摆弄玩具的过程中丰富了知识，同时也发展了感知能力。

幼儿在摆弄玩具的过程中"触景生情"，不仅可以复习巩固对物体外形特征的认识，而且还会产生与玩具有关的生活、生产、工作、学习、娱乐等的联想，发展想象、记忆和思维能力。因此如果利用玩具作为教学工具，具有直观形象作用的玩具可以很大程度上激发幼儿掌握知识、获得技能的兴趣，从而加深幼儿对具体物体的印象，培养其理解能力和记忆能力[1]。例如，幼儿可以通过玩积木结构的游戏发展语言智力，同时在幼儿的手不断地将构件分解、组合的过程中，他/她的大脑也在同步地进行比较、选择、综合分析，在这个不断探索的过程中极大地丰富了幼儿对物体结构和对物体造型的认识，加深对各种结构材料和各种几何形体以及空间关系的认识，并能使幼儿实际地了解到一些最简单的物理规律，如平衡、重心等，掌握关于几何形体和关系的概念。如圆、方、高、低、向左向右等。这样不仅培养了幼儿动手操作的能力，还丰富了幼儿的想象力、创造力，达到了良好的教育目的。

同时，玩具还促进了幼儿间的交往与合作，有利于形成幼儿良好的社会性行为和良好的个性品质。有些玩具的设计需要多个幼儿一同参与，他们能够在共同搭建玩具中学会合作与分享，这样有助于孩子培养社交意识；有的玩具玩起来规则性很强，如棋类，不仅要互相配合好，而且必须遵守游戏规则，才能玩得开心，它会打破幼儿孤僻寡言的性格，同时也可以磨炼幼儿的意志[1]。

因此，在幼儿教育越来越受到社会关注的今天，上海普陀区图书馆为了做好儿童读者的阅读推广工作，在认识到玩具对于幼儿教育的重要性的前提下，尝试将玩具资源建设纳入馆藏资源建设规划当中，于2010年6月开始在馆中开设"玩具图书馆"，通过玩具来引导儿童走进图书馆，学会使用图书馆，爱上图书馆，并成为图书馆的忠实读者，图书馆的阅读推广职责也能得到更好落实。同时也通过玩具图书馆的服务，帮助孩子找到适合他们成长所需要的高质量玩具，发展技能，学习分享[2]。

# 2. 普陀区图书馆玩具馆的建设

　　普陀区图书馆在意识到当时国内幼儿教育的缺失,同时从区公共图书馆的角度出发,考虑到当时全中国内地都缺少玩具图书馆这种形式的少儿图书馆的存在,于是萌生了在普陀区图书馆中开设玩具馆的想法。普陀区图书馆玩具馆在全面考察了香港中央图书馆玩具馆的模式后,结合当时的图书馆其他几个部门的情况,在图书馆 7 楼因地制宜地开设了一个既符合自身情况又能满足为 0—6 岁低幼儿童提供服务的玩具图书馆,并于 2010 年 6 月正式对外开放。该馆基于图书馆理论、心理学理论、教育学理论以及儿童身心发展特征开发特色服务,是中国内地最早开设的玩具图书馆,是对玩具图书馆建设和服务的有益探索[3]。

## 2.1　空间设计

　　幼儿阅读活动的开展离不开阅读环境和场所,舒适的馆舍空间和阅读环境是玩具图书馆开展服务的前提[4]。在图书馆的空间划分方面,普陀区图书馆开设的玩具馆以大厅式的组合形式对 7 楼 1 200 平方米的用地进行平面布置,即以主体大厅为中心周围穿插布置辅助房间,这种平面布置形式很大程度上体现了普陀区图书馆的功能一体化设计:除了对独立空间有必要需求的活动,大部分功能和活动都可以在大厅中布置和展开。并且通过摆放书架、围栏等方式对大厅进行软隔断,在不破坏一体化理念的基础上达到区分各区域功能的作用。

　　普陀区图书馆玩具馆馆内布置简洁大方。同时,由于参与玩具图书馆服务的儿童大部分是低龄儿童,需充分考虑到婴幼儿所有可能发生的活动及行为进行服务设计。研究表明,低龄儿童在图书馆可能发生哭笑、交谈、触摸、玩、写、爬行等27 种行为,这些行为对空间及设施的要求涉及多个层面,为避免与其他服务区域互相干扰并保证儿童安全,玩具图书馆设计要充分考虑儿童需要,因此普陀区图书馆玩具馆的家具大多采用圆柱形为主设计或用软包将尖角位包裹,桌面等采用可擦洗材料等。

　　最后,玩具图书馆还需为儿童营造适宜的环境氛围,进行童趣化的设计。比如,普陀区玩具图书馆馆内的一部分吊顶就做成了云彩的形式;布置了利于激发儿童阅读的符号和物品,如配置字母表、词汇标签的物品;同时,还考虑造型各异的玩具、图书的排放和呈现方式[5],包括书架、桌椅在内的家具也都以鲜艳明快的颜色为主。一切旨在让儿童能够在更活泼灵动的环境中游戏。

## 2.2　服务与资源建设概况

玩具图书馆的服务对象、服务方式以及服务手段与传统的图书馆服务相比具有较大的差别。因此,在制定玩具图书馆的运行机制时不仅需要考虑管理的有效性,还需要从用户的角度出发,以幼儿的身心发展为基础,在服务上吸引儿童利用玩具图书馆。

### 2.2.1　资源建设合理

普陀区图书馆的玩具馆目前收藏的玩具种类多样,配合不同游戏区的定位,采购的玩具既包括了棋牌拼图等智力开发玩具,也包括音乐扮演等创意玩具。在玩具的采购上,普陀区图书馆遵循寓教于乐的原则,选择能够广泛促进儿童技能发展的玩具。此外,出于安全和卫生的考虑,在玩具的品牌和材质的选择上,普陀区图书馆玩具馆尽量选择具有良好口碑的品牌玩具,并且避免毛绒等易脏且不好清洗材质的玩具[4]。除了这些玩具外,玩具图书馆还收藏了有关玩具及游戏的理论、概念、实践方法以及技巧等参考资料,家长和儿童可以根据需要自由取阅。

### 2.2.2　服务对象明确

对象化服务是公共图书馆服务专业化、精细化的一种重要体现。综合性公共图书馆对未成年人、视障人士等群体都有相应服务区域的划分,活动内容也有针对性的设置。玩具图书馆可将公共图书馆对象化服务进一步细化或延伸[4]。普陀区图书馆玩具馆就在其服务主页中明确指出,馆内的玩具图书馆服务对象为0到6岁的儿童及家长,每位儿童必须有一位且仅有一位家长的陪同才能使用玩具图书馆。玩具图书馆服务的目的在于宣扬游戏对儿童身心健康发展的重要性以及推动家长与孩子的互动以促进亲子关系,让儿童在游戏中养成利用图书馆服务的习惯。

### 2.2.3　服务内容丰富

目前,普陀区图书馆玩具馆的玩具仅限在馆内使用,入馆的亲子家庭凭读书证可以在工作人员处免费领取一份玩具,之后就可以自由使用,活动结束后,必须将玩具整理好并归还至服务台方可离馆。除了常规玩具图书馆都会提供的玩具借还服务外,对于更加低幼的0—3岁的幼儿可以在玩具乐园即低幼互动体验区活动。里面摆放有一间间小型"医院""厨房""卧室",并在其中放置模拟的厨具、针筒供小朋友们"办家家"。活动期间,孩子可以由一位家长陪同,家长在看护孩子的同时,也能与孩子共同游戏玩耍。这样既保证了孩子安全,又促进了亲子关系。为了让儿童和家长能够更好地选择和使用玩具,每个玩具服务区都配备了专门的工作人员进行陪护,在适当的时候可以起到引导与保护的作用。此外,普陀区图书馆玩具馆还会定期开展"亲子故事屋""六一剧社""宝宝都来赛"和"蒙台梭利玩具教学"等,通过这些活动满足儿童的特殊需求,促进儿童感官、创意、语言以及社交能力的发展。同时,亲子故事屋和蒙台梭利玩具教学的举办,能够帮助家长更加全面地了解儿童的发展特点和心理诉求,提高家长的教养技能,也促进亲子关系的发展。

由于玩具借还、亲子故事屋等形式的活动在国内外的玩具图书馆中已经发展得比较常规,普陀区图书馆开放玩具馆的时间也比较早,将常规项目建设成熟之后,为了寻求突破和取得更好的阅读推广效果,普陀区图书馆玩具馆开始寻求更有特色、更为创新的主题活动。于是,从2013年开始,玩具馆与上海华东师范大学的学前教育专业合作推出了蒙台梭利玩具教学课程,不仅形式足够新颖,内容也真正做到了寓教于乐,将先进的教育思想通过玩具图书馆这个平台传播出去。同时,这个课程结束之后还会举办家长座谈会,为儿童家长提供与其他家长以及专业人士交流和讨论育儿问题的平台,帮助家长更加全面地了解儿童各个年龄阶段的发展特点和心理诉求,提高家长的教养技能,也促进亲子关系的发展。

## 2.3 志愿者服务

蒙台梭利玩具教学活动的开展除了需要教具和教室以外,最重要的组成部分是教师。由于图书馆的工作人员大多数都没有接受过正规的师范教育,因此不具备教学能力,能够进行蒙台梭利教学的专业人才更是稀缺,所以图书馆只能与外界组织合作,寻求师资力量。普陀区图书馆玩具馆自从开展蒙氏教学活动,就与华东师范大学学前教育专业合作,由学校输送研究生来到图书馆进行教学活动,可以说蒙台梭利教学活动的开展离不开志愿者的帮助。

### 2.3.1 人员组织

这是华师一位学前教育专业的研究生导师安排的一项社会实践活动,志愿者出于导师布置的任务同时也可以获得一次实践机会的原因来到普陀区的玩具图书馆做蒙台梭利教学老师。志愿者的人员组成一般为:每年保证四位学前教育专业的在校研究生,由导师指定一人作为志愿者团队的队长,由指定的队长来统一协调课程安排。

### 2.3.2 课程内容选择

首先,蒙台梭利的课程本身就有年龄段的划分,志愿者根据到馆孩子的年龄段和图书馆已经提供的蒙台梭利教具从中挑选出合适的课程。同时,蒙台梭利的课程包括日常生活教育、科学教育、数学教育、感官教育、语言教育五部分内容,志愿者在安排具体课程时会考虑教育内容的均衡性,尽可能保证每一批孩子都能接受内容较为完整的课程。

表 1　2018 年上半年蒙氏活动目录

| 执教者 | 活动主题 | 活动类型 |
| --- | --- | --- |
| 陈文硕 | 神秘袋 | 中班感知活动 |
| | 认识彩色串珠 | 中班数学活动 |
| | 组合几何体盘 | 中班数学活动 |
| 安娟 | 认识中国地图 1 | 中班科学活动 |
| | 认识中国地图 2 | 中班科学活动 |
| | 认识地球仪 | 中班科学活动 |
| 马旭瑞 | 粉红塔 | 中班感知活动 |
| | 认识上海地图 | 中班数学活动 |
| 李丽娟 | 数字与筹码 | 中班数学活动 |
| | 分数小人与底座卡对应 | 中班感知活动 |

# 3. 思考和探索

## 3.1　玩具分类

　　玩具在幼儿教育中的重要性是毋庸置疑的,但是使用玩具的正确和有效性也是不容忽视的。在利用玩具培养开发儿童的想象力、动手能力和解决问题的能力的同时,如果选择和使用不当,极可能会对孩子的健康成长产生反向影响。因为不同性格的孩子对于玩具的选择往往具有倾向性,如果家长和馆员不进行适当的干预和引导,孩子在玩具的"帮助"下,很有可能会造成性格的"极端化",所以对玩具进行清晰、规范的分类并提供所有玩具详尽的使用方法是很有必要的。目前,普陀区图书馆玩具馆还没有对馆内的玩具进行明确编目,虽然馆内有专业馆员的操作指导,但还会因其导引功能模糊,鲜少有家长可以根据玩具的特点、适应年龄及其引导功能独立自主地去找到适合自己孩子需求的玩具。

　　玩具图书馆的功能不应该仅仅只是提供玩具,还需要馆员在适当的时候提供一定的建议和帮助。馆员可以通过发放详细的玩具操作说明手册以及提供专业的指导来帮助到馆的家长和儿童更正确地挑选玩具,更有效地使用玩具,并能通过玩具培养儿童的能力和兴趣。与普通的图书馆一样,玩具图书馆也离不开成熟完善的编目系统,这是家长和孩子能够自主正确使用玩具的重要保障,但无论是国际还是国内,对玩具进行分类编目都是亟待解决的难题。国外图书馆大多采用英国的 ABC 编目系统,并选择手工卡片目录作为编目的主要形式,也有部分图书馆使用专业性更强的数据库软件。香港中央图书馆则将玩具分为棋盘游戏、技巧游戏、拼图游戏、扮演游戏等 10 大类,并对每个类别的玩具设置相应的编号。此外,香港中央图书馆还通过提供简单易懂的儿童专用玩具图书馆检索目录来帮助到馆的家长和儿童可以根据玩具的类别、品牌、名称、适用年龄等信息更快速、准确地找到心仪的玩具[7]。公共图书馆在借鉴上述玩具图书馆制度的同时,更要因地制宜,制定好适合本馆实际情况的玩具采购政策和编目系统。

## 3.2　专业人才培养

保障玩具发挥应有的效用离不开图书馆工作人员秉持的特质:价值观、沟通力、专业知识与专业技能。如今,普陀区图书馆玩具馆面临的一个很重要的挑战就是馆员的人员不足和培训不足。据了解,由于幼儿群体的特殊性和蒙台梭利玩具教学活动的独特性,并且目前幼儿教育专业的人才和拥有此类工作经验的专业人员很少愿意长期到玩具图书馆工作,因此蒙台梭利玩具教学活动的开展在很大程度上都需要依赖志愿者的参与,这就造成了工作人员的不稳定性。因此,当前配备的专业馆员,不仅需要具备玩具使用指导能力、结合图书馆馆藏特色的活动组织能力,还须具备心理学、特殊儿童心理与教育等专业能力,如何建立和完善专业玩具图书馆工作人员认证制度迫在眉睫[7]。

现代图书馆在不断的发展中寻求革新,社会功能性也呈现多样化趋势,因此图书馆的服务人员也必须与时俱进,不能只停留在提供简单的借还图书的服务,而是要定位于"知识型、组织型、专家型、创新型、具有奉献精神与合作能力的人",为图书馆的日常工作提供支持、引导和保障。玩具图书馆馆员又不同于一般的馆员,不仅要了解馆内现有玩具的定位人群、使用方法、安全注意事项和互动的要求,更要熟知儿童的心理和生理特点。在此基础上,馆员才能熟练运用专业知识帮助儿童充分利用馆内的玩具,在儿童获得良好游戏体验的同时还能培养锻炼其动手能力、想象力和克服困难的勇气。公共图书馆可以尝试招聘与幼儿教育相关专业的毕业生或是有此类工作经验的专业人员,与此同时完善本馆的人才培养机制,从玩具教育学、儿童心理学、儿童教育学、儿童游戏项目的开发设计、儿童沟通技巧、绘本阅读与讲解等方面对馆员进行系统全面的培训。最后,图书馆更要营造积极的学习氛围,鼓励馆员自主学习,不断创新。

**参考文献**

[1] 邴睿.玩教具在幼儿教育中的作用及意义[J].甘肃教育,2015(23):69.

[2] 韩静雅.玩具图书馆对幼儿早期教育的影响[J].科教导刊(下旬),2016(03):147 - 148.

[3]郭起云.玩具图书馆活动实践策略初探——以广州图书馆玩具馆为例[J].河南图书馆学刊，2016,36(11):100-102.

[4]黄曼丽.香港中央图书馆玩具图书馆运行机制及启示研究[J].四川图书馆学报,2016(05):20-23.

[5]招建平.关于"馆中馆"模式玩具图书馆的思考[J].图书馆研究,2018,48(02):21-26.

[6]李艾欣.蒙台梭利幼儿科学教育特点及启示[J].课程教育研究,2015(30):232-233.

[7]沈美玲.我国公共图书馆设立玩具图书馆(室)的服务探索[J].图书馆研究与工作,2018(04):34-37+48.

# 未成年人阅读服务的引航员

## ——苏州图书馆流动图书大篷车十年践行*

段宇锋① 郭玥② 王灿昊③ 范心怡④（华东师范大学经济与管理学部）

**摘　要**："苏州市未成年人流动图书大篷车"项目专为少年儿童提供主动性的阅读服务，是苏州图书馆延伸普遍均等服务、推广未成年人阅读服务的成功实践，十余年来为实现覆盖城乡的公共图书馆服务体系作出了有益补充。笔者对项目相关负责人展开全面访谈，深入了解了大篷车的创意萌芽、筹备实施、规模壮大、创新优化的发展历程，在此基础上梳理出大篷车经历服务对象由中小学生向低幼龄儿童倾斜的两大阶段，并列举其在各个时期遇到的困难及苏州图书馆的应对策略。

**关键词**：流动图书大篷车；未成年人；阅读服务；普遍均等服务；公共图书馆

　　金秋十月，一辆色彩斑斓的图书大篷车缓缓开进了翰林幼儿园。不一会儿工夫，大巴车上就坐满了天真烂漫的小朋友，有的手捧从身旁书架上抓来的绘本书逐字地念着，有的仰着稚气的小脸蛋巴望着老师和苏州图书馆（以下简称苏图）的馆员们，等待着她们来讲故事。"苏州市未成年人流动图书大篷车"引进幼儿园虽然才几个月，但是这辆大篷车可是从 2006 年 9 月就上路了。一直以来，它身着黄绿相间的鲜艳外套在苏州城乡的街道上往来穿梭，不论是行驶在宽阔的马路上，还是停靠在学校和社区街巷，大篷车总能引来路人关切的目光。孩子们对这座"会跑"的图书馆总是满怀期盼，渴望它车肚里装载的上千册童话、科普书等少儿

---

　　* 案例发表于《图书馆杂志》2018 年第 7 期。文中未标明来源的数据和图片来源于对苏州图书馆少儿部的访谈和内部资料，在此衷心感谢苏州图书馆对本文撰写提供的支持。

　　① 段宇锋，华东师范大学经济与管理学部，教授，博士生导师。

　　② 郭玥，华东师范大学经济与管理学部，硕士研究生。

　　③ 王灿昊，华东师范大学经济与管理学部，博士研究生。

　　④ 范心怡，华东师范大学经济与管理学部，硕士研究生。

读物,也期待着车窗大屏幕上放映的动画电影。到今天大篷车已经连续十一年风雨无阻地为孩子们送去精神食粮。

# 1. 流动服务孕育萌芽,全馆上下通力筹备

## 1.1 姑苏富庶,苏图相伴

苏州数十年来发展迅速,经济总量持续攀升。2006 年,苏州 GDP 达到 2 820.26亿元,居全国第 5 位,人均 GDP 达到 78 802 元。地方一般预算收入突破 400 亿元,财政收入完成 400.23 亿元[1]。产业结构支出也不断优化,对科技、教育、文化和社会保障等领域的资金保障力度加大,公共文化事业发展得到重视。在节节攀升的经济数据背后,有数百万外来务工人员的付出,他们为苏州经济发展提供了不可缺少的智力与技术支撑。根据有关资料估计,2000 年至 2006 年间苏州市的外来常住人口由 115.5 万人增加到 209.3 万人,外来常住人口占常住人口总数的比重由 17.0% 上升到 25.8%,2007 年全市外来暂住人口登记数已达 585.8 万人,与户籍人口之比已达 94:100[2-3]。伴随着外来务工人员数量的激增,他们的子女教育成为重要的民生问题。苏州市政府在义务教育层面坚持公办学校吸纳为主,鼓励多渠道投入办学作为公办学校的补充,民工子弟学校的发展态势迅猛。相较于政府财政支持的公办学校,民工子弟学校的办学条件参差不齐,校内图书馆的建设水平更是差距巨大。如何满足这些外来务工人员子女的信息需求成为必须解决的问题。而当时的苏图少儿部每逢周末和假期都被人潮挤得水泄不通,已经感受到馆内空间束缚的瓶颈。同时,距离图书馆较远、出行不便等现实因素也对众多外来务工人员子女享受图书馆服务形成了制约。

此时,正值苏图总分馆体系探索和建设的关键时期。2005 年初,为了实现服务的均等化,苏图制订了覆盖全市区总分馆的建设规划,当年建成一所,并与沧浪区政府、新区狮山街道达成了在 2006 年建设 4 所分馆的协议,形成了苏图与基层政府合作建设,由苏图统一管理分馆的模式。但因资源有限,规划的实施一时间无法全面铺开。在这种情况下,苏图几经权衡,决定引入流动图书馆作原有规划的补充。流动图书馆不仅在一定程度上弥补了分馆数量的不足,而且可以根据需求设置停靠点,比固定分馆有更多的灵活性,更加经济高效。2006 年,苏图获得市文明办的支持,由市文明办出资购置流动图书车并提供年度运行经费,"苏州市未成年人流动图书大篷车"项目正式启动。

## 1.2 "踩点"配书,千锤百炼

项目启动后,苏图紧锣密鼓地开始了大篷车上路前的准备工作,最先考虑的问题就是选址和资源调配。苏图馆员依据教育局提供的学校名单,逐个联络各学校的负责人,勘察场地,判断其是否适合作为大篷车服务点。学校领导的配合和重视程度、信息意识、学校图书馆的自身条件、学生的需求、学校网络设施和电源接入设备、校园环境、学校周边的道路以及交通状况等等,都是考虑的因素。

在"踩点"的过程中,苏图馆员们发现了很多问题。其中,最主要的是一些学校领导的信息意识淡薄,对于学生阅读重视程度不够。言及大篷车,纷纷表示希望引进本校来服务学生。然而,在具体落实过程中却并不配合。此外,馆员们在考察部分学校图书馆时,发现书架上陈列的大多是80、90年代的旧书,书页脱落、封面斑驳,俨然像是走进了一间古籍库房。而地上却堆放着一摞摞新书,其中有些连苏图都还没有采购进馆。灰尘堆积在尚未拆封的塑料薄膜上,与一旁一排排色泽灰暗的书架形成了鲜明的对比。显然,这些学校的图书馆并不缺少图书,完全能够满足学生的需求,大篷车的服务应该留给资源真正匮乏的学校。另外,一些学校周边狭窄的道路会制约大篷车的进出和停放,还有的学校尚未建设局域网,无法与苏图的网络相连,对于这些学校只能暂时放弃。

经过实地调研,最终拟定的名单包括公办学校、民工子弟学校、社区三类群体。虽然其中民工子弟学校的数量不多,但公办学校中很多地处苏州乡镇地区,如胜浦实验小学,学校的学生多数是外来务工人员子女。此外,由于中学生面临较大的升学压力,课余时间紧张,所以名单中的学校以小学为主。大篷车周一到周五巡回各所学校,周末开往社区。寒暑假每周1—2天往返社区服务点,具体的日程安排会提前公示。

如何保证大篷车图书资源结构的合理性是另一个当初重点考虑的问题。当时,少儿部的购书经费和馆藏资源远不及如今充裕,在这种情况下从中划拨一部分用于大篷车,这给少儿部带来了不小的压力。苏图少儿部和采编部通力合作,精心挑选,在确保大篷车的图书结构合理化的同时,馆内少儿服务仍能正常开展。在平衡大篷车与在馆资源之外,还要处理好小读者们的阅读兴趣与家长教师们的期待不相匹配的问题。小朋友们喜欢看漫画、文学类的书,而家长和老师希望他们多看些对提升写作能力有直接帮助的作文书,这是一个两难的选择。苏图与学校充分协商后达成共识,尽量多采选文学类的书籍,并依据学校反馈的实际借阅需求进行调整。同时,配合学校具体的教学工作和正在开展的活动,增补相应主题的图书。苏图少儿部有新书到馆时,都会分配一部分给大篷车,确保图书资源的新颖性和流动性。

### 1.3 "兵来将挡，水来土掩"

"苏州市未成年人流动图书大篷车"于 2006 年 9 月 28 日苏州首届阅读节开幕式当日正式投入运行。大篷车的原型是苏州金龙海格客车，车身长近 11 米，改装后安装 15 米长的专用书架，入口处设有转角工作台、专用工作椅和饮水设备，车顶照明设施、空调设备、专用发电机等一应俱全。车内配有刷卡机、条码阅读器及两台手提电脑，可以通过宽带接口接入网络或通过无线网络上网，远程办理借阅证并与苏图实现通借通还[4]。满载时，大篷车一次最多可携带 6000 册左右图书，以定点定期的方式提供循环服务[5]，每两周巡回一次固定停靠点，预先通告日程安排。

大篷车的运行初期，最为棘手的是网络通信问题。当时，无线网络通信的价格十分昂贵。苏图积极与各大电信运营商联系寻求合作，最终获得中国联通的大力支持。中国联通苏州分公司无偿提供 2G 无线网络，将大篷车设备与苏图的网络相连，从而实现远程借阅证办理和借还服务。

然而，2G 移动蜂窝网络信息传递速度慢且信号不稳定，往往一个操作得等半分钟才有响应。学生们对于大篷车这一新鲜事物充满了好奇，午休时间都想来体验一番。看着车旁越来越长的队伍和焦急等待的孩子们，愁坏了大篷车的工作人员。依靠无线网络难以正常工作，馆员们只能将大篷车上的设备接入学校或社区的局域网，再进入苏图的信息系统。因此需要准备长长的网线，在学校计算机老师的协助下，将网线从附近的楼上接入大篷车。而一般的馆员并不擅长网络技术，每次都被网络问题搞得焦头烂额。甚至有一次大篷车开进社区，司机在车上小憩，醒来后看到他们竟还在忙着联网，而且到最后也没能接上，只好灰溜溜地回馆。如果一直被网络问题所困，势必无法达到预期的服务效果。于是，陈力勤主任给时任馆长写了一封长信，请求技术支持。原本在技术部门的钱枫也就是在那时来到少儿部，对于大篷车的运行可谓雪中送炭。跟车出行的馆员队伍也逐渐固定为由 3—4 人组成的小组，成员包括 1 名司机，1 名技术人员负责解决计算机和网络等问题，2 名馆员负责借阅证办理、借还书的基础业务和开展阅读活动等。大篷车首次开进某个学校或社区时还会有采编部门的馆员随行，了解该服务点对图书资源配置的具体需求。可以说，一辆大篷车牵动了全馆的大多数部门。

解决了网络问题，馆员们接着又遇到办理借阅证和押金的难题。大篷车所服务学校的大多数孩子很难有机会前往苏图看书，也就没有自己的借书证。当时办理公共图书馆的借阅证需要缴纳一定数额的押金，退证时再返回。这一执行多年的制度未曾想却成为拦路虎。学校在向家长和同学宣传这类涉及金钱缴费的项目时都很谨慎，害怕落下"乱收费"的话柄。馆员们不厌其烦地向校领导和家长们普及图书馆的服务规则,才逐渐得到了他们的理解和支持。每到中午课间,学生们潮涌而来,一张张借阅证一笔笔押金,稍不留神就容易出错。负责借阅等工作之余,馆员们还需细心盘点当日的收支并妥善保管金钱、保存记录。学校的学生是流动的,每年都有新生入学和老生毕业,时间集中在 6 月和 9 月,借阅证办理和退还的工作量之大难以言表。经历了如此复杂、忙碌的初创期,大篷车终于步入了正轨。

# 2. 门庭若市呼声高涨,阅读之旅步履不歇

## 2.1 如火如荼,再添一丁

　　大篷车上路三年,累计出车近千次,远程借阅量和借阅证办理数量逐年递增,取得了显著的社会效益。由图 1 可见,借阅量和接待人次在 2009 到 2010 年间出现了跨越式的增长,全年的借阅量涨幅高达 150.76%,接待人次是上一年度的2.19 倍。《光明日报》《苏州日报》《姑苏晚报》等各大主流媒体争相报道,称它为满载知识的"特别的车",丰富了社区青少年寒暑假的生活,为孩子们带来精神上的饕餮大餐。"苏州市未成年人流动图书大篷车"以流动图书馆的形式为数以万计远离图书馆或不方便到馆的孩子们主动提供便利的阅读服务,让越来越多的孩子不出学校、不出社区就可以享受到图书馆的资源和服务。

图 1 　"流动图书大篷车"流通数据折线图

　　面对高涨的热情和强烈的需求,市文明办在2009年又出资增加了一台中型大篷车,中国联通无偿为大篷车配备了上网的笔记本电脑,供少儿读者在车上使用。这辆全新的多功能流动图书车外形比原先的大篷车小,便于开进那些道路狭窄、路况不佳的学校。车上的基本配备与大篷车前一辆相似,但设施更加完备,新增了52寸的液晶大屏幕和三台无线上网本,仿佛一个可移动的图书室,馆员们亲切地称呼它"小篷车"。在两辆大篷车服务点的协调问题上,主要是根据学校规模、地理位置、进校门及停车的难易程度等综合考虑。相对而言,大巴车主要前往公办学校,中巴车主要前往民工学校。每当大篷车满载着新书驶入学校、社区的时候,都会引发轰动,常常出现学生排起长队依次上车借书的火热场面,整齐满档的书架几乎要被借阅一空(见图2)。2012年全年,两辆大篷车借出的图书总数达到162406册,创造了项目启动以来的巅峰。大篷车日复一复地行驶在苏州城的道路上,往返于遍布苏州的各个学校和社区,这一黄绿色相间的亮丽风景线已然逐渐融入这座城市,市民也慢慢习惯于它迎着朝阳满载图书而来、伴随落日身披余晖而去的身影。"书香校园"和"书香社区"的阅读氛围日渐弥漫开来,形成一缕独特的"苏香"。

图2　横泾中心小学学生排队等待上大篷车借书

### 2.2 动态优化,稳健发展

#### 2.2.1 动态调整服务设点

苏图与时俱进,在大篷车服务开展的过程中根据内外部环境和社会需求的变化,不断调整其服务设点。大篷车原本计划一天安排两所学校,但具体实施时,因部分学校的借阅需求量较大,大篷车的停留时间超过预期,通常情况下一天只能到一所学校。而有些学校的借阅量与平均水平相差悬殊,苏图会根据实际情况决定是否继续与其合作,这一点在馆内所制定的《大篷车服务协议》中也有所体现:合作学校作为乙方应"积极宣传、组织学生办证、借书,努力使本校借书证持有率保持在40%以上,每人每次借书量平均不低于两册",若合作学校业务量太低,苏州图书馆可以在双方经过协商后终止对该学校的大篷车服务。

作为公共图书馆服务体系中的一员,大篷车流动服务还应与图书馆阵地服务和其他延伸服务相协调,这就需要大篷车根据苏图社区分馆的布点不断变更服务点。伴随着苏州"总/分馆制"的逐步完善,很多地处乡镇的中小学附近都建起了图书馆社区分馆,对于学生们而言,"走几步路"就到图书馆看书不再是遥不可及的事情。对于这些就近即可享受到图书馆服务的学校,苏图也会将其替换,让大篷车服务于更需要它的学校和社区。

#### 2.2.2 集体办卡打包借阅

为节约中小学学生的课余时间,提高大篷车的工作效率,在2014年3月至2016年5月这两年多的时间里,苏图推出了"班级集体卡"的服务。苏图承担着备书、配送一条龙的服务。具体实施方案是为横泾中心小学、西山中心小学、胜浦实验小学这3所学校的每个班级办理一张集体借阅卡,通过与学校相关负责人联络,了解各校各班的借阅需求,根据大致需求方向在馆内提前将图书扫码借好并打包装箱,每班每卡借书50本左右,统一装上大篷车后直接按照班级分发书箱。苏图在学校的配合下购置了大小不一的各类整理箱,馆员们回想起那段时期,都笑着说他们每天来到馆内,看见门口堆得高高的整理箱,还以为自己走进了大作坊。

# 3. 转移阵地形象焕新,低幼服务乐章奏响

## 3.1 调整定位,重点倾斜

2011年,苏州市入选首批31个国家公共文化服务体系示范区创建市,此后的几年一直致力于公共文化服务体系的完善,走出了一条"城乡一体化,率先现代

化"之路。2013 年苏州成为公共文化体系示范区,实现镇(街道)、村(社区)公益性文化设施全覆盖,公共图书馆分馆达 201 个[6]。2014 年,苏图在全国首创"网上借阅、社区投递"服务,并建设轨道交通图书馆和 24 小时自助图书馆,公共图书馆服务网络日趋密集。无论是居住在市区,还是地处乡镇,中小学校与图书馆的距离越来越近,学生可以方便地享受图书馆的服务。同时,随着全面深化教育综合改革不断深入,国家先后实施了一系列基础教育重大建设工程。江苏省教育厅于 2011 年正式出台小学图书馆装备标准和初级中学图书馆装备标准,对馆舍条件、设备设施、文献信息资源利用等都作出了明确要求,提出一类馆的每年生均借书初中不少于 18 册[7]、小学不少于 15 册[8]。苏州各中小学遵照此标准改造、扩建学校图书馆,大幅改善了学校图书馆的条件,学生们在学校就可以享受到便利的图书馆服务。因而,对大篷车的依赖性日渐降低。

为使大篷车最大化地发挥服务效能,苏图开始思考大篷车的转型。大篷车最初的服务对象定位在 6~18 周岁的中小学学生,尤其是 6~13 周岁的小学学生,没有考虑不满 6 周岁的学龄前和低幼儿童。事实上,苏图一向很重视低龄儿童的服务,除了给孩子们讲故事、做游戏等日常活动,还经常与幼儿园合作组织与阅读相关的比赛,儿童服务工作从未间断。随着大篷车社会影响力的提升,不少幼儿园园长都曾主动向苏图提出请求,希望将大篷车引进幼儿园。因而,馆员们认为幼儿园可能是大篷车流动服务新的发展空间。于是自 2015 年起,馆员们开始多方调研,论证开展服务的可行性。调研发现,幼儿园对于大篷车的需求十分强烈。首先,幼儿园管理层培养儿童阅读习惯的意识普遍较高,迫切希望大篷车向其提供图书外借服务。了解到这一强烈需求后,馆员们仍心存担忧,苏州市各幼儿园的条件都很完备,其图书资源未必不及图书馆少儿部的馆藏,大篷车开进去真的能吸引到小朋友和家长吗?进一步调研后发现,幼儿园图书室购买的图书虽多,但出于担心图书破损、流失等原因,大多数幼儿园仅提供课上阅读而不提供外借,这可能就是大篷车进幼儿园服务的突破点。其次,在调研的过程中,馆员们还发现幼儿园小朋友的家长们对大篷车的态度也很积极。近年来,亲子共读、绘本阅读的热度攀升,家长们都希望孩子从小养成良好的阅读习惯。然而绘本书昂贵的价格、高频率的更新让很多家长望而却步,亟需大篷车带来可供免费借阅、种类丰富的图书资源。

## 3.2　寻求合作,相融相生

明确幼儿园、小朋友和家长的多方需求后,苏图开始紧锣密鼓地计划大篷车进幼儿园,将服务重心向低龄儿童倾斜。然而,若不作其他调整,这一想法相当于只是把大篷车从中小学原样照搬到幼儿园而已。新的起点,新的征程,馆员们都在思考如何创新大篷车服务,使其以全新的姿态走进公众视野。

　　最终,苏图决定将大篷车与"悦读宝贝计划"联系起来,融合"悦读宝贝计划"中的"阅读大礼包"、读书活动等阅读推广服务。"悦读宝贝计划"是苏图 2011 年启动的面向婴幼儿家庭的亲子阅读推广项目,旨在鼓励家长与孩子一起分享阅读的快乐,让幼儿从出生起就开始接触书本,培养儿童早期的阅读兴趣和能力。计划实施以来,图书馆每年免费向 0～3 周岁儿童家庭发放"阅读大礼包",同时配套开展"家长课堂"等活动,引导家长与孩子共同分享故事和儿歌[9]。"阅读大礼包"包含有一本《蹒跚起步来看书》亲子阅读指导手册,其中介绍了 50 本绘本读物和分级阅读书单,小读者们通过参加"快乐印章游戏",集齐少儿部每周推出的印章就可以得到小礼物作为奖励。少儿部的馆员们拿出一本本指导手册,色彩缤纷的书页里满是形状各异的印章和手册小主人随手创作的涂鸦。说到动情处,大家眼里满是自豪和欣喜,又从办公室里捧来一摞"珍宝",各式各样对应手册推荐的绘本专门设计的卡通印章铺在面前,还有为小朋友们准备的小汽车形状的存钱罐,馆员们纷纷描绘起小朋友们拿到礼品时爱不释手的可爱模样。2014 年 1 月,苏图凭借"悦读宝贝计划"成为英国"阅读起跑线"组织(Bookstart)在中国大陆地区的首个成员馆,标志着"悦读宝贝计划"从理念到实践、成效都获得了行业全球性组织的认可[10]。"悦读宝贝计划"已成为苏图的一大服务品牌,图书馆也要求少儿部进一步深化这一项目。少儿部因此决定抓住这一契机,将"苏州未成年人流动图书大篷车"与"悦读宝贝计划"的特色内容相互整合。如此一来,不仅拓展了"悦读宝贝计划"的服务范围,大篷车的服务也得到了补充和丰富。

　　2015 年,馆员们实地走访、参观了许多幼儿园。姑苏区、相城区、高新区、胥中片的图书馆社区分馆分布密集,且姑苏区的老城区道路狭窄,大篷车难以自由出入,而吴中区图书馆配备有自己的大篷车,只有工业园区所享受到的苏图的服务相对有限。苏图与苏州工业园区一拍即合,决定尽快将流动图书大篷车引入幼儿园。几经协调,大篷车首批确定的幼儿园名单有 8 所,后因一家幼儿园强烈要求加入,增加至目前的 9 所,大部分集中在苏州工业园区。目前,由大巴车负责香堤澜湾幼儿园、怡邻幼儿园、星慧幼儿园(总园/分园)等 9 所幼儿园和 4 处社区,中巴车负责 6 所中小学。

## 3.3　服务拓展,全新启程

　　经过一年多的筹备,大篷车在 2017 年 3 月正式驶进幼儿园。从早春三月到盛夏六月,孩子们在校的一百余天时间里,大篷车累计出车 55 次,借阅量高达15276 册。截至 2017 年 11 月,大篷车进幼儿园服务的累积借阅量达到了 24266册。每年的 3—6 月和 9—12 月是大篷车进校园最为繁忙的日子,2017 年下半学年时间还未过半,可以预想接下来的两个月时间里借阅量仍将不断上涨。大篷车还在车身印上了"悦读宝贝"的 logo,新的形象不仅使大篷车的面貌焕然一新,更重要的是大篷车承载的服务内涵也更充实,形成以基础图书借阅为主,辅以多样化创新活动形式的服务格局。

### 3.3.1　让书香氤氲家庭的点滴

"苏州市未成年人流动图书大篷车"十年来一直为中小学生服务。服务对象低幼化后,图书资源的配置重新进行了调整。苏图精选了六千册全新的优质图画书,为提升儿童的文学、美学欣赏水平和阅读能力做足了准备,被借空的书架也会由馆藏的绘本资源及时填补。小朋友们相互结伴,认读绘本书上的文字,各自发挥想象力描绘书上的插图内容(见图3)。大篷车上还不及半截书架高的小姑娘手攥着一本《狐狸村传奇》不愿松手,一旁的家长只得笑笑说这本书她已经反反复复翻看了很多遍了,笑容虽有些无奈,言语间却满是喜悦,说到这还是头一回如此直观地感受到她喜欢什么样的书,对了解孩子的阅读兴趣颇有帮助。幼儿园其他家长们也都对大篷车服务充满了赞许,讲道孩子们都很期待上大篷车借书,渐渐地好像爱上了阅读,希望借助大篷车服务加深孩子们对阅读的兴趣,养成良好的阅读习惯。

**图3　小朋友们认读绘本图书**

大篷车不仅仅是幼儿园小朋友的阅读乐园,也成为家长们了解孩子、学习教育方式的重要渠道,因而苏图为大篷车配置图书资源时以小朋友们最爱的国内外优质绘本读物为主,同时还配有家长和教师用书。家长们通过借阅、学习一些亲子共读的指导性书籍,努力营造家庭阅读环境,让孩子在书香氛围的耳濡目染下成长,幼儿园老师们也会根据育儿指导书为幼儿设计更科学的课程。少儿部的馆员何亚丽是跟随大篷车为幼儿园服务的固定人员,她说起跟车出行时,她和同事们经常帮助抱着"二宝"的家长们借还书,有时还会为接送孩子上学放学的爷爷奶奶们推荐绘本读物。

在为幼儿和家长提供图书借阅服务之外,大篷车还成为"悦读宝贝计划"的小广播。大篷车进幼儿园时,馆员们会向家长们宣传苏州图书馆开展的"悦读宝贝计划",引导他们带领孩子来少儿部参加相关的亲子阅读活动,并在现场推荐家长们下载"书香苏州"的手机应用程序,在线申领"阅读大礼包"。

### 3.3.2　悦读声温润稚嫩的双耳

"悦读宝贝计划"的"听故事姐姐讲故事"和"悦读妈妈进社区"是项目特色活动,分别是由苏州幼儿师范高等专科学校的学生和妈妈志愿者为小朋友讲故事[10]。馆员们想到,在大篷车上也可以采用这种形式。苏图少儿部的馆员和幼儿园老师每次为小朋友们挑选一本绘本,用生动形象的声音让书中故事"活"起来,让孩子们身临其境地享受故事情节。学生志愿者和妈妈志愿者在空闲时间也会跟随大篷车前往各个幼儿园,为小朋友们在车上讲绘本故事。小朋友们一边听一边争相发问,朗朗书声和孩子们稚气未脱的童声此起彼伏,宛若一曲引人入胜的交响乐(见图4)。

图4　苏图少儿部馆员和幼儿园老师为小朋友们讲绘本故事

### 3.3.3　以信息源丰满教学的羽翼

苏图为大篷车所服务幼儿园的老师们提供教学资源的支持,为他们提供免费的数据库资源。这一点深受幼儿园老师们的喜爱。他们平时想要浏览、获取或下载数据库的全文文献是需要付费的,而苏图的馆员们用专业的图书馆学知识向他们讲解如何有效利用苏图的数据库资源,把馆内诸如中国知网、万方数据知识服务平台等的数据库使用培训缩小化,有针对性地"搬"到大篷车上。幼师们可以依托苏图站点免费访问海量的学术教育信息,为他们科学安排课程、设计丰富生动的课堂内容提供强有力的保障。馆员们还常常与幼儿园老师们交流幼儿教育经验,为老师提升儿童阅读能力出谋划策;老师们则提及幼儿园所开展阅读方面的教学难免有缺漏之处,为图书馆如何对此进行补充给出宝贵的建议。例如,有些幼儿园老师提出上课的主要形式是读某几本绘本,在有限的课时里很难让孩子们阅读大量不同类型的书籍。对幼儿园大、中、小班三个年级的孩子们分别读什么书的界定也很模糊,而图书馆所提供的国内外有关分级阅读方面的学术研究成果对他们很有启发,可以作为开展幼儿园分年级阅读工作的指导。馆员们针对这一情况,研读了大量资料,正在探索更合理的分级阅读书单。

# 4. 结语

提及目前仍需解决的问题,苏图少儿部的馆员们一致认为主要是大篷车有限的资源难以满足外界不断增长的阅读需求之间的矛盾。大篷车目前只有两辆,图书资源、人员、设备都是有限的,而苏州市内幼儿园的数量庞大,仅仅服务 9 家还远不能满足全部需求。已经有不少幼儿园申请大篷车的服务,但每周出车 4 天,人员和资源都已经达到了目前的极限。馆员们还表达了对大篷车的车型性能的更高期待,希望添置空间更宽敞、车门闭合更灵活、人员进出更方便的大巴车。他们也常常思考大篷车服务未来的走向,讨论大篷车与馆内业务融合的创新服务形式,初步计划联动图书馆、幼儿园和社会机构三方力量,借力大篷车将更多的图书馆服务推广出去。未来的大篷车,将继续发挥苏图传递信息和知识的对外窗口作用,以青少年儿童为纽带,让阅读流进成千上万的家庭,成为苏图同社会力量合作的触角,聚集馆外社会资源、拓展创新思维视角的引航者。

"走出"图书馆,"流向"学校和社区,姑苏城方圆数百公里的道路上印满了流动图书馆大篷车十余年往返穿梭的轨迹。从中小学到幼儿园,从零点起步到广为人知,从点滴想法到全馆协力,从单枪匹马到多方合作,大篷车一路走来受到了服务点师生和社区居民的热烈欢迎,得到了社会各界的一致肯定和广泛赞誉。它转移服务重心,创新服务内涵和形式,日新月异下唯一不变的是其所承载的苏图人竭力为青少年儿童阅读服务保驾护航的赤诚之心,是践行公共图书馆普遍均等服务理念的共同理想。"苏州未成年人流动图书大篷车"已度过第一个十年,迈进了为低幼龄儿童服务的新征程,在此转型创新之际,特撰此文,聊表同为图书馆人的敬意和希冀。

**参考文献**

[1] 苏州统计局.苏州统计年鉴.2007[M].北京:中国统计出版社,2007:1.

[2] 苏州市 2010 年第六次全国人口普查主要数据公报[OL].[2012 - 09 - 20].http://www.sztjj.gov.cn/Info_Detail.asp? id＝19697.

[3] 计生延.三十年来苏州人口发展回顾与启示[J].东吴学术,2010(2):109 - 118.

[4] 沈秋燕.一家流动图书馆的成功的背后——浅析苏州市未成年人流动图书大篷车[J].社科纵横:新理论版,2008(1):60 - 61.

[5] 许晓霞,陈力勤.把图书送到读者身边——记"苏州市未成年人流动图书大篷车"[J].新世纪图书馆,2007(3):92 - 93.

[6] 苏州统计局.苏州统计年鉴.2014[M].北京:中国统计出版社,2014:6.

[7] 江苏省初级中学图书馆装备标准[OL].[2011 - 06 - 30].http://www.ceiea.com/html/201106/20110630135203g5ll.shtml.

[8] 江苏省小学图书馆装备标准[OL].[2011 - 06 - 30].http://www.ceiea.com/html/201106/2011063013350594lc.shtml.

[9] 服务品牌:悦读宝贝计划[OL].[2017 - 12 - 12].http://www.szlib.com/AboutSzlib/AboutSzlibMultiple? catId＝32&articleId＝5233.

[10] 施晓平.苏州图书馆迈进英国"阅读起跑线"[N].苏州日报,2014 - 01 - 22(A02).

## 空间创新

公共图书馆从"书"的空间转变为"人"的空间,成为一个以书为媒介的知识、情感和信息的交流场所。2009 年第 75 届 IFLA 卫星会议以"作为第三空间的公共图书馆"作为主题,引爆了学界和业界从"第三空间"的视角对公共图书馆的思考和探索。创客空间、学习空间、阅读空间、主题空间、多媒体空间、特殊群体空间等丰富多彩的空间成为公共图书馆一道靓丽的风景线。

为了更好地解决社会公众日益增长的文化需求与文化产品供给不足之间的矛盾,实现公共文化服务的标准化、均等化和全覆盖,公共图书馆总分馆体系建设和作为"第三空间"的公共图书馆理念的碰撞激发出以城市书房为代表的公共图书馆形态创新——场馆形态的自助图书馆。

场馆形态的自助图书馆是公共图书馆服务延伸的阅读空间拓展新形态。与 21 世纪初出现的 ATM 机式的"24 小时自助图书馆"相比,它不仅具备自助借还功能,还支持自助办证、数字阅读、阅读推广等基础的图书馆服务。由于场馆形态的自助图书馆占地面积小、建设速度快、规划相对容易,因而成为解决公共图书馆布局不均衡,完善和发展公共图书馆服务体系的重要形式。

# "永不打烊"的图书馆
## ——张家港 24 小时"图书馆驿站"*

段宇锋① 王亚宁② 王灿昊③（华东师范大学经济与管理学部）

**摘　要**：本文陈述了张家港图书馆从 2009 年新馆建设到 2012 年建立覆盖全市的"五位一体"的农村综合信息服务站，以及 2013 年推出第一家 24 小时"图书馆驿站"以来的发展过程。重点从属地管理、经费投入、选址原则、安全管理、志愿服务等方面对 24 小时"图书馆驿站"的建设和管理系统地进行了系统描述。

**关键词**：张家港图书馆农村综合信息服务站；24 小时"图书馆驿站"

　　城市的深夜，万籁俱寂。张家港的街头，有一盏总是明亮的灯，这就是 24 小时"图书馆驿站"。正如荷兰鹿特丹市立图书馆馆长舒茨所说："公共图书馆是市民的第二起居室"，24 小时"图书馆驿站"给奔波了一天的人们提供了一个静谧、舒适的知识空间，让城市的长夜不再孤寂。

　　张家港 24 小时"图书馆驿站"的建成并非一蹴而就。从 2009 年新馆建设到 2012 年建立覆盖全市的"五位一体"的农村综合信息服务站，张家港图书馆致力于探索不断优化的服务体验。功夫不负有心人。2013 年 5 月 8 日，第一个 24 小时"图书馆驿站"正式投入使用，运营伊始就吸引了大批读者，随着服务效能的不断显现，形成了更大的社会反响。24 小时"图书馆驿站"作为一种创新的、为市民提供全天候免费使用服务的阅读空间，解决了图书馆服务"最后一公里"的问题，对推动张家港"书香城市"的建设发挥着重要的作用。

---

　　\* 案例发表于《图书馆杂志》2018 年第 9 期。本文中未注明出处的数据和素材来源于对张家港图书馆的访谈和内部资料，在此衷心感谢张家港图书馆对本文撰写提供的支持。
　　① 段宇锋，华东师范大学经济与管理学部，教授，博士生导师。
　　② 王亚宁，华东师范大学经济与管理学部，硕士研究生。
　　③ 王灿昊，华东师范大学经济与管理学部，博士研究生。

# 1. 日新月异，新馆建成

"一个热爱阅读的城市，就是一个趋近于完美的城市"，张家港图书馆缪建新馆长如是说。20世纪90年代，全国掀起乡镇创建万册图书馆的热潮。张家港也积极投身其中，于1993年建成第一批乡镇万册图书馆。

1997年1月，中宣部等九部委联合发出《关于在全国组织实施"知识工程"的通知》，拉开了倡导全民阅读的序幕。作为全国首批先进文化县的张家港以身作则，策划了以"全民阅读，让张家港更文明"为主题的一系列阅读活动，积极探索"书香城市"的建设模式，丰富全民阅读活动的内容形式和载体手段，提升城市的文化品质、文明格调[1]。随着张家港全民阅读的有序推进，一大批乡镇图书馆如雨后春笋般建立起来。此时，正值从计划经济逐步向市场经济转型的发展阶段，张家港通过撤并乡镇，对行政区划进行调整，为城市发展布局奠定基础，客观上也造成一些已建的乡镇万册图书馆等文化设施消失，图书馆在服务覆盖面上又出现了新的空白。

2003年，文化部对全国文化先进县进行复查。张家港以此为契机，强化文化设施建设，大批乡镇图书馆得以"重新"恢复和发展，并着眼将新的文化设施建设纳入城市发展的整体规划之中，建设与张家港经济文化发展相匹配的全新公共图书馆的构思得以形成。

新馆建设论证之初面临众多争议，市委、市政府和图书馆领导力排众议、果断决策，邀请国内多位图书馆界和建筑界的知名专家规划新馆。2009年9月26日新馆正式开放，这是当时全国首个面积突破一万平方米的县级图书馆。新馆的落成极大地激发了读者的阅读热情。经常是早晨还未开馆，图书馆的门口就已经排起了长队，日均接待读者多达三千人次，这是以前张家港图书馆人连想都不敢想的事情。

新馆带来的巨大社会反响让张家港图书馆人意识到市民对图书馆服务的渴望，坚定了要为更多的市民提供更方便完备的服务、保障市民基本文化权益的决心。

# 2. 驿站前身，"五位一体"

## 2.1 建设农村综合信息服务站

张家港图书馆自建设新馆之际，就着重思考信息服务区域全覆盖的问题，开始了市、区镇、村（社区）三级公共文化服务平台建设的探索。受制于当时的信息技术，平台建设遇到了巨大的障碍——如何实现馆与馆之间的互联。经过大量调研、论证，张家港图书馆在全省首创通过 VPN 实现馆际互联，并于 2004 年先后连通七家镇级图书馆，实现了覆盖市、镇两级的"一卡通"服务。

随着镇级文化设施建设的推进，张家港图书馆尝试着将服务向纵深进一步扩展，建立了农家书屋。但是如何实现农家书屋与总馆的连通又成为摆在张家港图书馆面前的一个新的难题。当时张家港下辖 173 个行政村，虽然这些行政村已经实现了农家书屋全覆盖，但如果这些村落全部采用专线连接，就会导致经费投入过多而无法实现。在走访调研的过程中，缪馆长发现，张家港在 2007 年中共中央办公厅印发的《关于在全国农村开展党员干部现代远程教育工作的意见》的指导下，党员干部现代远程教育站点已经覆盖到了所有行政村，并且每个站点都有专门的多功能室，既可以播放视频，也可以供党员开会。于是，他与市委组织部反复协商，达成了共享资源合作建设的共识，利用远程教育站点的网络实现农家书屋与总馆的联通。

在此基础上，张家港图书馆专门搭建了统一的业务平台，实现业务的一体化，打破了全市所有镇、村（农家书屋）、社区图书馆"各自为政"的状况。这一举措不仅极大地方便了读者，也提高了图书馆的服务效能。形成了农家书屋、社区（村）图书室、党员远程教育站、文化共享工程基层点"四位一体"的模式。

"四位一体"模式形成之后，缪馆长又将目光投向了张家港每个村都有的公共电子阅览室，希望将其与站点整合，进一步提升站点的服务能力。2012 年，张家港在全国首创以农家书屋、社区（村）图书室、党员远程教育站、文化共享工程基层点、公共电子阅览室为基础"五位一体"的农村综合信息服务站，市、镇、村（社区）三级公共图书馆所有藏书全面实现通借通还。

## 2.2　问题导向，谋求发展

为了更加贴近市民生活，张家港图书馆在 2012 年委托中国新闻出版研究院对全市阅读状况进行调查。结果显示，城乡图书阅读率为 60.5%，综合阅读率为 89.5%。显然，无论是社区还是农村，对阅读的需求都很旺盛。然而，张家港图书馆的另一个调查同时发现，张家港城镇居民中只有 20.5% 的人使用过图书馆，农村居民的比例仅为 7.2%。"五位一体"的服务站似乎并没有达到预期目标。经过深入的调查，发现问题主要源于以下两方面：

一是管理不到位。尽管张家港图书馆专门制定了鼓励站点管理员的制度和措施，例如，对站点进行星级评定，拿出专门的奖励经费对达到一定星级标准的站点的管理员进行奖励。但是管理员脱离工作岗位、管理松散的情况依然比较普遍。

二是选址不当。很多站点"因建而建",没有选址在人流密集之处,有些甚至建在村委大楼的较高楼层或偏僻区域,人们去看书很不方便。所以,尽管站点数量不少,但来的读者却非常有限。

张家港图书馆三级服务体系和"五位一体"的农村综合信息服务站建设都是为了解决读者"读书远""读书难"的问题,然而效果却不尽如人意。如何才能解决这"最后一公里"的难题?缪建新馆长在调研学习深圳市"城市街区自助图书馆"后深受启发:"既然深圳图书馆可以使'街头图书馆'遍布城市的每一个角落,那么张家港也可以在人流密集之处建立自己的图书馆分馆。而且,还可以更进一步,做到 24 小时无人值守地给读者提供完全自主的读书环境。由此,既解决了'最后一公里'问题,也消除了管理员管理不到位的痼疾"。图书馆驿站的最初想法就这样产生了。

# 3. 柳暗花明,驿站落成

## 3.1 "图书馆驿站"的诞生

考虑到这种新的延伸服务形式要兼顾城市居民和农村居民,同时为了防止"去图书馆化"的现象出现,张家港图书馆将"图书馆驿站"作为其名称,凸显这是一方静谧而温馨的阅读乐土。

图书馆驿站通过无人值守管理,为读者创造了一种自由、自主、开放的阅读环境。首先,读者可通过市民卡或读者证书刷卡进馆,驿站内的图书与市图书馆及各个分馆实行通借通还。采用向社会公开招标的方式,保证镇级图书馆每月更新 500 册图书,驿站每月更新 200 册图书。如果驿站内没有读者需要的非专业性图书,可以向管理员反映,下个月就会更新;其次,驿站全天候开放,依托 RFID(射频识别)技术和智能控制系统,读者可以在任何时间进入驿站内阅读;再则,驿站内全自助服务。在没有特殊要求的情况下,读者进馆、借阅或归还图书、离开驿站的所有作业均由读者自主完成,凸显了读者的"主人"角色。但是当读者遇到问题时,也可以在"读者意见簿"上留言,或拨打 24 小时服务电话,在半小时之内就能获得反馈或解决。"图书馆驿站"实现了图书馆在服务时间、空间和地域、资源、网络等功能上的延伸,标志着张家港智能化图书馆建设向前迈进了一大步。

第一家"图书馆驿站"——杨舍镇梁丰社区小木屋图书馆驿站于 2013 年 5 月 8 日正式开放。小木屋面积 60 平方米,拥有藏书 5 000 册。内部没有进行任何装饰美化,与已有的社区图书室相比,显得略为简陋,藏书也不够丰富。但是,它却因为贴合人们的阅读心理和习惯而受到了广泛欢迎。2015 年,小木屋接待读者高达 28172 人次,外借图书 3659 册次,还回 3787 册次。

2014 年 8 月 8 日,购物公园图书馆驿站建成,这是第一个城市街区图书馆驿站,也是全市最小的图书馆驿站,面积只有 35 平方米,藏书 2000 册。但是,该驿站 2015 年共接待读者 37928 人次,外借图书 16851 册次,图书利用率和读者到馆人次高得惊人。购物公园图书馆驿站选址在人流密集的购物公园,采用全景落地玻璃窗,内外通透,颇具现代风格。驿站风格简洁,具有办证、图书借阅、二维码电子书下载、电子阅览、图书消毒、无线 WIFI、自助售卖、咨询等功能。驿站内的阅读环境自由而温馨[2],不仅为周边居民提供了阅读场所,来逛街的市民也可以在购物结束后有一方休闲阅读的空间。

**图 1　购物公园图书馆驿站内外景**

截至 2017 年底,张家港已经建成 35 个"图书馆驿站",吸引了大量读者。这种"永不打烊"的图书馆不仅获得了社会各界的一致好评,还引起了媒体的广泛注意,甚至在很长一段时间都是新浪微博的热门话题。"书香江苏在线"认为:"这是公共文化服务建设的一大进步,也是书香江苏建设的亮点之作。"

## 3.2　运行模式

### 3.2.1　属地管理

"图书馆驿站"在管理机制上由张家港图书馆负责宏观指导,但具体运行则采取属地管理,即由属地镇党委、镇政府承担本辖区内图书馆驿站管理的主体责任,日常管理由属地社区、村负责,包括明确专人管理、承担日常运行开支、招募文化志愿者等。同时,对突发事件进行应急处置,避免拖延和互相推诿的情况出现。驿站内的设备维护采用购买服务的方式,通过公开招标由第三方公司承担。每月每家至少维护一次,公司接到报修电话或设备故障自动短信通知半小时内必须响应,简单故障需在 1 小时内排除,其他故障原则上也要在 24 小时内解决。

除了属地管理,驿站还具有配套的激励机制。张家港文广新局对属地所辖的驿站进行检查考核,并将其纳入"千分考核"与评先评优标准,这种做法对督促和激励属地镇党委和政府对驿站的管理与发展起着重要作用。

### 3.2.2 经费投入

2015 年春节,张家港对首批进入大数据系统的 12 家"图书馆驿站"进行了统计和分析。数据显示,春节黄金周期间全市"图书馆驿站"共接待读者 8048 人次,平均每家每天接待读者 96 人次,平均接待每位读者的成本只有 0.42 元。

2015 年,图书馆驿站已经建成了社区型、农家书屋型和街区型三种不同的类型,每家投入在 16 万元至 60 万元不等。同年,"图书馆驿站"的建设被列为张家港市政府实事工程,由市财政拨出 930 万元专款实现图书馆驿站在各镇、办事处(非建制镇)以及重点社区的全覆盖[3]。经费主要用于两个方面:一是配套建设经费,二是用于驿站建设奖励资金。

### 3.2.3 选址原则

社区(村)图书室基本上是按照行政体制设立。所以,全设置并非真正的全覆盖。要实现真正的全覆盖,需要打破行政体制的限制,综合考量人群的疏密、服务的半径等因素。根据驿站建成后的反馈得知,一个图书馆驿站的服务半径大概在 500 到 800 米之间,基本上是一个小区占地面积的大小。图书馆驿站不在于建筑面积的多少,而在于服务读者的数量。如果图书馆驿站想要更好地发挥作用,必须要在服务半径覆盖的范围内有一定数量的人口,5000 人以上的小区利用率相对较高。在保证服务半径的情况下,驿站面积不宜过大,占地面积越大,驿站内的安全风险也越大。将此类图书馆规模定位为小型化,面积一般不超过 200 平方米,从源头上降低安全风险。而对于那些没有合适用房的地区,可以利用广场或其他空地,通过搭建简易房的方式建造图书馆驿站。购物公园图书馆驿站位于张家港城西最繁华的商业街区,建造在了草坪上,这就是在人流密集处因地制宜建设图书馆驿站的典型事例。

有一些图书馆驿站,由于空间及地理位置的限制,是在原有图书室的基础上进行相应的改造而建立起来的。例如,金塘社区图书馆驿站就是在金塘社区图书室的基础上增加了一套智能化系统,投资 18 万元便有了一个全新的图书馆驿站。

### 3.2.4 安全管理

无人值守不等同于无人管理,不能全凭读者自觉,这是缪馆长反复强调的一点。驿站要考虑到个别读者会试图夹带没有履行外借手续的图书,携带易燃易爆物品入内,在内部抽烟、睡觉、追打嬉戏等不良情况的出现。驿站内虽然没有在场的管理员,但是配备了远程监控系统。通过这个系统,后台管理员可以随时查看驿站内的状况。此外,驿站内配有智能控制系统(消防报警系统、故障自检及应急响应系统),当出现特殊情况时,驿站的移动门可以自动锁定。驿站内也有"未满十八周岁的未成年人要在监护人的陪同下进入,高血压、心脏病等患者在健康人的陪同下进入"的提示语。驿站的日常管理还有不可或缺的一点,那就是警告机制。对于那些屡教不改或劝阻无效的读者,后台工作人员可以给予其一个星期、一个月或一年刷卡无效的处罚,限制其使用权利。

### 3.2.5　志愿服务

无人值守的驿站没有配备专职管理人员,而是依靠文化志愿者的参与来提供基础服务。"友爱港城"网站和"张家港文化志愿者协会"网站招募文化志愿者参与驿站的服务。志愿者于节假日的 8:30 至 20:30 或工作日 18:30 至 20:30 到驿站服务,每位志愿者的工作时间依据驿站情况而定,每次两个小时。志愿服务虽然是无偿的,但是张家港专门出台了《志愿者礼遇办法》[4],通过"礼遇十条"嘉许文化志愿者,具体内容如下:

(1)实行志愿服务星级认定,志愿者服务满 30、60、100、200、300 小时,分别认定为一至五星级志愿者,颁发星级认定证书、星级勋章和相应奖品。

(2)市文明办、市志愿者协会每年开展一次次优秀志愿者评比活动,对获评的优秀志愿者给予表彰和奖励。

(3)邀请张家港市级以上优秀志愿者参加全市性的重大活动,优先推荐参评张家港市级以上道德模范,优先授予市五一劳动奖章、十大杰出青年、三八红旗手等荣誉称号。

(4)志愿者在志愿服务活动期间,可以获得中国人寿张家港支公司赠送的 10 万元意外身故保险、10 万元意外残疾保险、5000 元意外伤害医疗保险。

(5)志愿者服务每年度满 100 小时,可以获得 1 次免费体检和 2 次保利大剧院免费观看文艺演出的机会。

(6)志愿者服务每年度满 100 小时,可以获得在本市各收费旅游景点(不含景区内收费项目)免费旅游年卡 1 张。

(7)志愿者服务每年度满 200 小时,可以获得本市免费公交年卡 1 张。志愿者服务每年度满 300 小时,可以获得市城管部门管理的停车场免费停车年卡 1 张。

(8)学生星级志愿者,在报考张家港外国语学校时(小学升初中,初中升高中),一、二、三、四、五星级分别加 2 分、4 分、6 分、8 分、10 分。

(9)新市民志愿者的志愿服务时间,纳入新市民积分管理,参加志愿服务每满 10 小时加 1 分,积分最高限 30 分,积分作为新市民入学、入医、入户的重要依据。

(10)对生活困难的志愿者给予相应的生活照顾和物质帮扶。

驿站内的志愿者穿着统一服装,他们不仅可以解决驿站日常的管理问题——

辅导读者、维护秩序、打扫卫生、整理图书、举办活动等,还能将读者的各类需求信息及时、全面地反馈给工作人员,工作人员会以最快速度满足读者的个性化需求。在志愿服务的过程中,志愿者还会举办丰富多彩的阅读活动。张家港有160万左右的常住人口,其中6万余人是张家港的注册志愿者,图书馆驿站的落成运行在全市形成了争当文化志愿者的良好氛围,甚至吸引周边市、县的居民前来参与文化志愿服务工作。文化志愿服务增强了"图书馆驿站"的吸引力,推动驿站从阅读空间向阅读服务转型,推进了张家港全民阅读的发展进程。

# 4. 结语

张家港24小时"图书馆驿站",作为百姓身边"永不打烊"的图书馆,实现了时空上、功能上、管理上和服务上的突破,打通了公共图书馆服务体系"最后一公里",为公共阅读服务实现基本性、公益性、均等性、便利性的要求提供了实践答案[5],成为张家港一道亮丽的风景线。在2017年11月17日举行的全国精神文明建设表彰大会上,张家港再次被中央文明委授予全国文明城市荣誉称号,这是继2005年首次获得全国文明城市荣誉称号之后第五次折桂,成为唯一荣膺全国文明城市"五连冠"的县级市[6]。张家港能获得如此成就,与其一直以来循序渐进地推进"书香城市"的建设密不可分。

当谈及"图书馆驿站"的未来发展时,缪馆长说:"我们希望到2020年再建20家,使图书馆驿站总数达到50家,层级更多,主题更丰富;同时按照服务半径、均等便利、有效覆盖的要求,对所有社区图书室、农家书屋提档升级,优化布局,形成市有中心馆、镇(办事处)有分馆、村(社区)有图书馆驿站的现代公共图书馆服务新体系。"

我们真诚期待,在不远的将来,张家港会有更多24小时"图书馆驿站"建成。到那时,张家港夜里明亮的不只是路灯,更有街头那一座座"永不打烊"的图书馆。

**参考文献**

[1] 杨芳,李国新,陈世海.解析张家港市"书香城市"建设指标体系(试行)[M].凤凰出版社,2013.

[2] 李建华.创新发展升级农家书屋功能打通图书馆服务最后一公里:全国中小型公共图书馆联合会2016年研讨会,中国河北唐山,2016[C]

[3] 陈世海,缪建新.图书馆驿站:百姓身边"永不打烊"的图书馆——张家港市村(社区)图书室提档升级的实践与探索[J].国家图书馆学刊,2015(05):49-52.

[4] 金扬."做好人有好报"张家港出台《志愿者礼遇办法》[OL].(2014-04-29)[2018-02-06].http://js.cnr.cn/2011jsfw/syyw/201404/t20140429_515401564.shtml.

[5] 佚名. 图书馆驿站:家门口永不打烊的图书馆[OL]. (2015 - 12 - 14)[2017 - 12 - 13].
　　 http://jiangsu.china.com.cn/html/jsnews/around/3031783_1.html.

[6] 李仲勋,高子媛. 苏州张家港成荣膺全国文明城市"五连冠"县级市[OL]. [2017 - 11 - 22].
　　 http://js.people.com.cn/GB/n2/2017/1122/c360301-30948917.html.

# 温州城市书房现象 *

段宇锋[①]（华东师范大学经济与管理学部）
熊泽泉[②]（华东师范大学图书馆，华东师范大学经济与管理学部）

**摘　要**：城市书房是以 24 小时自助实体图书馆为基础创建的城市阅读服务体系，在国内众多城市中已开始普及，其中尤以温州城市书房反响最好。本文基于对温州市图书馆的调研访谈，详述了温州市图书馆创建城市书房的背景、创意萌生的过程，以及城市书房的管理与提升途径，描绘了温州市图书馆如何将城市书房打造成"现象级"的图书馆创新服务模式的全景图。

**关键词**：城市书房；温州图书馆；公共图书馆；创新服务

温州城市书房作为一种新型的图书馆服务模式，通过统一标准，规范管理，促进"15 分钟文化圈"建设，为广大市民提供了崭新的知识共享、信息交流、互动阅读的人文空间。自 2015 年以来，城市书房建设连续四年被温州市委、市政府列入"为民办实事"项目，被选为"温州精神文明建设十大亮点"之首，2016 年获"浙江省宣传思想文化系统十大创新"项目，2017 年入镜中央电视台大型政论专题片《将改革进行到底》，被《人民日报》《光明日报》《中国文化报》、中央电视台等主流媒体多次报道，来自全国的 300 余批次考察团前来参观学习，近百个城市正在落地推进。

温州城市书房究竟缘起如何，与其他类似城市自助图书馆的区别何在，又为何取得成功？带着这些疑问，笔者对温州市图书馆进行了深入调研。

---

\*　文中未标明出处的数据和素材来源于对温州市图书馆的访谈和内部资料，在此衷心感谢温州市图书馆对本文撰写提供的支持。

①　段宇锋，华东师范大学经济与管理学部，教授，博士生导师。

②　熊泽泉，华东师范大学图书馆情报咨询部，副研究馆员。

# 1. 背景

　　温州是一座具有深厚文化历史底蕴的城市,中国山水诗便发源于此,南宋时期产生的永嘉学派是当时重要的思想流派。近几年来,温州市重点打造"戏曲故里、歌舞之都、书画名城、百工之乡",城市文化建设开展得如火如荼[1]。城市的文化氛围也极大地激发了市民的阅读热情,市民们在闲暇之余以读书为乐。据2014 年"温州市全民阅读情况调查"结果显示,全市城镇居民人均阅读纸质图书6.08 册,电子图书4.01 册,均高于全国平均水平,城镇居民对公共图书馆的使用率也达到 67.15%,远超全省平均水平[2]。但是,市民阅读需求与日俱增,对温州市图书馆也提出了一些新的要求,比如一些读者抱怨图书馆离家太远,借阅需求无法得到满足,希望有更多的分馆开放;一些上班族往往只有晚上有时间学习,希望图书馆能够提供一个 24 小时开放的阅读空间。尽管当时国内一些公共图书馆已利用自助借还设备建设 24 小时自助图书馆[3],解决开放时间和场馆数量对于读者借阅图书的限制,温州市图书馆也尝试利用流动图书车、自助借阅终端等方法解决读者的诉求,但是由于机器数量和体量的限制,以及资金、运维等原因,这些措施往往是杯水车薪,无法从根本上解决市民阅读难的问题,迫切地需要建立一种新型的图书馆服务模式。

　　与此同时,在实体书店陷入生存困境的背景下,台湾诚品书店[4]、北京三联韬奋书店[5]相继推出了 24 小时不打烊的经营模式,以其高品质的装修环境和温馨的阅读氛围吸引了大量读者,并赢得了媒体的广泛关注,走出了实体书店的一条创新之路。两家连锁书店的成功给了温州市图书馆极大的启发——读者需要的可能不仅仅是一个可以提供资源的机器,更需要一个安静舒适的阅读空间来体验阅读,享受阅读的仪式感,公共图书馆是否可以依托 RFID 和互联网技术,利用自助借还设备,建立一个可供读者随时实现自助借阅、享受阅读的公共阅读空间?

# 2. 城市书房的诞生

　　早在 2005 年,东莞图书馆就已经开放了国内第一家场馆形态的自助图书馆,[6]但是受限于城市空间的可获得性,这种场馆形态的自助图书馆的发展反而落后于终端设备形态的自助图书馆,在国内并没有得到较好的发展。温州市图书馆要建设这种场馆形态的自助图书馆,同样面临着空间受限的问题。彼时,恰逢温州市图书馆县前分馆闭馆装修,因此馆领导决定趁此机会,将该分馆改造为 24

小时开放的自助图书馆。于是,作为试点,温州市开设的第一家24小时自助图书馆选址在市图书馆县前分馆。经装修完善后,县前分馆于2014年4月16日正式对外开放。该馆总建筑面积约为180平方米,拥有馆藏图书1万余册,设置有50余个阅览座席;室内整体装修风格以木色为主,体现传统书房气息;读者借还图书也非常方便,只需持温州图书馆读者证或市民卡,通过自助借阅系统,就能实现图书的通借通还,基本实现了一个小型区县图书馆应有的功能。该24小时自助图书馆一经推出,便受到了周边市民的一致好评,许多市民慕名而来,日均读者数量达到500余位,日均外借图书300余册。在夜深人静的时候依然有许多读者在馆内阅读,因此该馆也赢得了"深夜书房"的美誉。

温州市的首家场馆形态24h自助图书馆取得了市民的广泛关注,也引起了省市各级政府高度重视。2014年6月5日,浙江省文化厅厅长金兴盛视察县前24小时自助图书馆,对这种创新模式给予了充分肯定。温州市图书馆决定乘势而上,将这一模式迅速推广至全市。

场馆形态的自助图书馆的最大的难题在于馆址的选择。作为公共阅读空间,首先要有合适的面积,保证馆藏和阅览席能够进行合理布局;其次选址区域要有一定的人口密度,能够有效地解决周边人口的阅读需求,同时方便更多的读者到馆,便于形成"15分钟文化圈"。在城市巨额房价面前,由图书馆租用或者购买场地显然难以解决这一问题。此时,正值温州市图书馆法人治理结构试点开始实施,并取得了良好的成效。温州市图书馆的各理事成员来自社会的各行各业,有理事提出了让图书馆与社会力量合作办馆的模式,迅速得到了温州市图书馆的响应。因此,以合作共赢为目标,让社会力量参与图书馆的建设,成为温州市图书馆的突破口。

经过理事的推荐和馆员的前期调研,市图书馆馆长和其他工作人员开始深入社区、企事业单位进行实地走访考察、协商谈判。开局并非一帆风顺,许多机构对这种前所未有的合作模式存在一定的疑虑。在经历多次碰壁后,终于在鹿城区的菱藕社区发现了合作的契机。该社区多次被评为先进社区,有着良好的文化工作基础,并已建有一个社区图书馆。已有的社区图书馆馆藏主要来源于社区居民捐书,由社区进行管理,由于受财力、人力等限制,馆内图书极少更新,居民也逐渐将其淡忘,成为社区服务中的一块"鸡肋"。因此社区管理人员也迫切地希望有新资源能够进入,将这个沉静的社区图书馆重新"盘活"起来。温州市图书馆建立24小时公共阅读空间的设想与社区管理人员的诉求一拍即合,温州市的第二家24小时自助图书馆很快便建成,于2014年9月28日正式对外开放。该馆面积约160余平方米,拥有馆藏1万余册,分为少儿借阅区和成人借阅区,可满足不同年龄段的读者需求。与第一家自助图书馆完全由温州市图书馆负责建设不同,菱藕社区的自助图书馆由社区负责提供场地和管理人员,解决室内装潢以及水电费用等问题,温州市图书馆负责设置书架、书桌,提供书籍和自助借还设备等。书籍类别根据借阅情况进行动态调整,由市图书馆组织配送。菱藕社区居民很快就感受到了这所设在家门口的自助图书馆所带来的便利,它不仅让家长们在平日里有了阅读的好去处,也让社区的儿童深受感染,培养了良好的阅读习惯,每天自觉地在此学习。

有了菱藕社区的示范效应,温州市图书馆后续的推进工作便顺畅许多,合作的模式也开始多样化。比如,2014 年 10 月 17 日在东瓯智库正式开放的第三家自助图书馆采用与企业合作的模式,大大丰富了周边职工和居民的业余生活。这种吸收社会力量参与,合作建馆的模式实现了合作双方的互惠互利,得到了迅速的推广。至 2014 年底,温州市图书馆便建立起了 4 家类似的自助图书馆,并计划在 2015 年新增 10 家自助图书馆,新的建设计划也被市政府列入了 2015 年十大民生实事,每年享受 500 万元的专项扶持资金保障。

为了让温州市的 24 小时自助图书馆更具特色,打造品牌效应,2015 年 3 月 9 日,温州市图书馆面向社会为 24 小时自助图书馆征名,引起了社会的广泛关注。市民们踊跃参加,短期内便征集到 280 多个名称。其中,"城市书房"脱颖而出。评委们认为"书房"能够带来家庭的温馨感,而"城市"是当下文化建设的关键词,且温州的 24 小时自助图书馆都设置在城区,"城市书房"很好地描绘了温州市 24 小时自助图书馆的特点,因此最终选定该名称作为温州 24 小时自助图书馆的正式名称。

# 3. 城市书房的提升

创新的合作建设模式、独具特色的品牌名称,再加上温州市政府的大力支持,使得温州"城市书房"进入了快速发展期,并频频亮相于各主流媒体。《光明日报》和《中国文化报》分别以"温州,相约'城市书房'""深夜,点亮那盏阅读灯"为题进行了专题报道,城市书房成为温州市的文化景观。其他城市的图书馆纷纷来温州参观学习,并相继陆续推出了类似的城市公共阅读空间[7],"城市书房"现象开始在全国范围内蔓延。但是,温州的城市书房以其高标准、高品质的阅读环境,持续吸引着读者到馆,继续领跑国内公共图书馆的自助图书馆服务,其数量也保持着稳定增长。2015 年全年,温州市新增了 10 家城市书房,虽然风格不尽相同,但均深受读者好评。比如 2015 年 12 月开放的南塘城市书房,面积约为 230 平方米,采用端庄典雅的美式风格,与实木桌椅配套的台灯摆放等尽显人性化服务;同日开放的市府路分馆,建筑面积达 700 平方米,小憩的书桌、沙发穿插在书架中间,馆内配备高清投影仪、电动投影幕布、音响,营造了一个书籍、影音、咖啡共存的多元文化空间。最初以提供 24 小时阅读空间为目的的自助图书馆,逐步加入了多种文化元素,走向了品质提升的道路。

与此同时,城市书房给周边居民带来的文化红利,也激发了社会各界对城市书房的支持。部分市民自发组建志愿者,为城市书房打扫卫生、整理书架;越来越多的企业、社区、政府单位甚至是个人提出可以为城市书房免费提供场地,原来困扰温州市图书馆的空间问题迎刃而解,温州图书馆对于城市书房的馆址有了更多的选择。因此,对于城市书房的选址和房屋建筑等方面,温州图书馆制定了一系列要求。

(1)选址。城市书房的选址充分体现民意,市民不仅可以拨打温州市图书馆热点电话提供选址建议,在温州市图书馆主页还专门设置"24 小时图书馆,建在哪里好? 你来定!"栏目,用于网上征求市民的选址意见(http://www.wzlib.cn/citysf/)。城市书房的布局遵循普遍均等、就近服务的原则,并按照以中心城区为主、以人群密集区域为主、以面向市民开放为主、要求满足"15 分钟阅读圈"服务体系,一般是在 5 万人口以上的市区街道、社区,交通便利、环境相对安静、市政配套设施良好,附近拥有派出所或保安亭的场所,且位置必须是面向街道的底楼一楼。在确定选址及合作方后,签订 3—5 年的合作协议,规定双方的责任和义务。

(2)房屋建筑。城市书房的建设面积要求在 150～300 平方米之间,设计应满足开架管理的需求,并且考虑到提供文化活动的需要,在外观造型和室内装修上,注重体现文化建筑的氛围特点,注重打造时尚、精致的风格,同时结合所在区域的人文色彩和生活风格,营造一种无拘无束的阅读环境。装修公司根据承建图书馆所提技术要求出具设计图纸,经温州市图书馆审核后方可实施。室内的借阅规则公告板、温馨提示语、玻璃防撞条、设备使用提示、宣传板,室外的城市书房招牌、24 小时标识灯箱等由温州市图书馆按照城市书房标准统一提供。

(3)设备。城市书房内的书架和阅览桌椅由合作方提供,要求至少能存放 1 万册左右的图书,并符合书房的装修风格。自助办证机、自助借还设备等由温州市图书馆提供,同时安装高清监控摄像头、安全门禁等保障书房安全。门禁系统除了读者卡和市民卡外,新增身份证、手机二维码电子证两种身份识别技术,提高了市民进入城市书房的便利性。

有了这一系列建设要求后,温州市图书馆更加注重城市书房的品牌建设。2016 年 8 月,温州图书馆将"城市书房布局结构"注册专利;2017 年 1 月,通过转让形式,温州市图书馆获得"城市书房"商标,"城市书房"这一文化品牌正式受到法律的保护。

# 4. 城市书房的管理

城市书房发展进入正轨后，如何更好地进行运营和管理便成为温州市图书馆的工作重点。为了便于对全市城市书房建设进行统一管理，温州市图书馆采取总分馆制的模式，管理经费由市文广新局统一划拨，图书和自助借还设备等由市图书馆统一提供，而合作方选择、馆舍装修等由各区县馆负责。

（1）人员管理。

城市书房实行"无人值守，有人管理"的运营模式，不配备专门工作人员，采取向相邻单位借用保安等方式，利用合作单位的人力资源对书房进行巡查；而城市书房日常的维护主要依靠志愿者，志愿者在图书馆提交申请并登记后，经过图书馆专人培训合格后方可上岗，主要工作包括整理书架、帮助市民查询书目、清洁卫生、劝阻不文明行为等。一开始的时候，经常有读者边看书边吃零食、占座等行为出现，经过志愿者的提醒，目前这种情况已大为改观。

（2）设备管理。

由于城市书房属于无人值守的公共空间，自动化的信息技术成为管理工作的支撑。随着网点日益增多，温州市图书馆对各服务网点的管理问题越加凸显，如设备运转状态监测、网点设备维护、网点读者行为管理等。为此，温州市图书馆引入了 RFID 中央管理平台，采用监控分散、操作和管理集中的基本设计思路，采用多层分级、合作自治的结构形式，实现每一自助服务终端设备监控、管理、业务统计等工作。各城市书房的监控设备，均直接连接温州市图书馆监控室，由保安进行 24 小时监控，可以及时发现和应对突发事件。

（3）图书调配。

在图书的调配方面，一方面，温州市图书馆充分考虑各城市书房主要读者群的职业特点。比如对于设置在社区的图书馆，以小说、科普类读物为主；而在创意园、科技园等地的城市书房，则以设计类、科技类读物为主。同时，每月根据图书借阅情况进行动态调整，让图书在各个网点之间流动起来。

（4）活动管理。

除了提供阅读空间外，温州市图书馆也开始重视在城市书房内阅读推广活动的管理。如由图书馆策划，在城市书房会不定期举办免费主题阅读、新书推荐、读者交流会等活动；一些社会团体，如温州读书联盟会，也经常在城市书房开展文化交流活动；一些与社区合建的城市书房还经常会举行亲子阅读活动，推进儿童阅读。这些在城市书房内所进行的活动，都须市图书馆的严格审核和统一管理。

（5）考核管理。

中心图书馆成立绩效考核小组,对城市书房的年办证量、图书馆外借量、流通人次、阅读推广场次等服务效能进行考核,根据考核结果给予奖惩。

2017年,城市书房继续围绕"优布局、提品质、精管理、强保障"的发展思路推进标准化精细管理,一是严格按照15分钟都市文化圈要求,合理选址,查漏补缺;二是注重品质设计,探索建设专题城市书房,丰富文化创意与服务功能,比如在一些城市书房植入非遗、瓯越等文化元素,打造增强版城市书房;同时,在机场、动车站、中央绿轴公园等城市形象宣传窗口建设城市书房;三是精管理,重在对城市书房的物流配送、志愿者服务和安全保障方面进行精细化管理,搭建志愿服务平台维护文明阅读秩序,同时引入智能化控制设备,对灯光和空调进行集中控制;四是积极探索布局优化、规范管理的长效保障机制,研究制订了《温州市"城市书房"建设管理办法》,并出台地方标准《城市书房服务规范》,进一步规范了城市书房的术语和定义、职责、设施设备、服务资源、服务内容、管理要求、监督与考核等内容,从政策层面为城市书房的长效运行保驾护航。

温州城市书房在日常管理中也遇到一些问题。首先,部分城市书房由于晚间读者较少,加之无人值守,存在一些安全隐患。因此,对不具备24小时开放条件的城市书房实行限时开放,如杨府山半山筑园城市书房开放时间为8:00—21:00,梦多多小镇城市书房开放时间为9:30—21:30,海城城市书房开放时间为9:00—21:00;其次,一些合作方存在管理松散、工作不到位等问题。因此,温州城市书房在建设与运维中采取了建章立制、加强绩效管理以及健全激励机制等措施,并实行严格的考核制度,将考核不合格,群众意见较多的城市书房淘汰出局。比如东瓯智库城市书房由于管理不善等原因多次被读者投诉,在2018年6月合同到期后,温州市图书馆撤销了该城市书房;行政中心城市书房也因与服务规范不符等原因,改成了直属分馆。有了这种淘汰机制,城市书房的管理更加规范。

# 5. 城市书房的延伸

城市书房进入发展高峰期后,农村和城郊居民的文化需求也逐渐引起了温州市图书馆的重视。为了实现"覆盖全社会,服务均等化"的发展理念,城市书房的延伸版——"百姓书屋"被纳入了温州市图书馆2017年度重点工作之一。温州市图书馆通过对全市精品农家书屋调研,结合城市书房建设经验,制定出"百姓书屋"建设标准和服务规范,并于2017年12月,在永嘉县岩头镇正式开放第一家百姓书屋。岩头百姓书屋同样具有24小时自助借阅功能,馆内风格古朴简约,内设30个阅读席位,藏书1.5万册。

同时,在温州城区的银行等公共服务场所,还布置了迷你版的城市书房——

城市书站。城市书站也是以 24 小时自助实体图书馆为馆舍基础而创建的一个全开放、不打烊、高品位的城市阅读服务体系。与城市书房不同之处在于,城市书站依托不同机构联合开办,将文化服务与其他便民服务平台相融合,实现了服务上的跨界融合,进一步推进文化服务便捷化、生活化,让市民在进行日常活动(如去银行取钱)的同时,也可以借书还书,享受文化生活。目前温州市共建成了农商银行、计生站、温报传媒等 4 家城市书站。

截至 2018 年 8 月,短短 4 年时间,温州市共建成以城市书房为代表的公共阅读空间 79 处,包括市区内的城市书房 37 家,下辖县市的城市书房 15 家,以及 4 家城市书站和 23 家百姓书屋。星罗棋布的城市书房、城市书站、百姓书屋构成了覆盖温州的全民阅读网络。这些网点自 2014 年第一家城市书房建成开始,共外借图书 360 余万次,提供办证 9.3 万余张,为大众提供了丰富多彩的阅读体验,极大地促进了公共图书馆普遍均等的服务理念的实践。与此同时,温州市的城市书房逐渐成为公共图书馆的文化品牌,代表着以公共图书馆为主体,与社区、企业、社会组织等社会力量合作的实体城市阅读服务空间,在各地推广施行。

# 6. 结语

截至 2017 年底,全国已有 115 座城市建成上千家"城市书房"。公共图书馆的这种创新服务模式,既为市民提供了普遍均等、便捷人性的服务,也开辟了公共图书馆新的发展途径。然而,各地"城市书房"发展成效不一,具体建设方式也不尽相同,其中尤以温州的城市书房最为成功,成为此类城市公共阅读空间的代表,被冠以"城市书房现象"之名。

温州市城市书房的成功,有着多方面的原因。比如市政府的大力支持,严格的准入机制和建设标准,符合大众审美的设计风格,品牌化的营销理念,同时也与其完善的法人治理结构有着密不可分的关系。温州是我国市场经济的发祥地之一,民营经济发达,社会资本充裕,利用社会力量参与公共文化服务体系建设具有得天独厚的优势,在这样一块土地上孕育出来的城市书房,其他城市想对其进行完全复制具有一定的难度。因此,公共图书馆可以尝试寻找具有自身特色的创新模式,了解当地居民的精神文化需求,建立健全图书馆管理模式,以多样化、特色化的办馆理念,打造具有自身特色的文化品牌。

**参考文献**
[1] 胡海荣.温州城市书网,打造阅读之都[J].文化月刊.2016(09):90-91.
[2] 胡海荣.城市图书馆服务体系新模式——温州"城市书房"建设的研究与实践[J].图书馆

杂志.2016(05):4-8.

[3] 熊泽泉,段宇锋.RFID 技术在深圳图书馆的应用[J].图书馆杂志.2018(03):49-55.

[4] 李星星."用书店攻占人,让阅读不打烊":台湾诚品书店印象[J].图书馆杂志.2010(09):93-94.

[5] 记者孙海悦.三联韬奋书店今起试行 24 小时营业[N].中国新闻出版报,(2).

[6] 鲁方平.自助图书馆发展模式的比较研究——以温州市图书 ATM 机与"城市书房"的建设为例[J].国家图书馆学刊.2017(02):63-68.

[7] 李国新.城市公共阅读空间发展的新趋势[J].公共图书馆.2016(03):2.

# 嘉定区图书馆全域服务的构建*

段宇锋① 张军玲②（华东师范大学经济与管理学部）
黄 莺③（上海市嘉定区图书馆）

**摘 要**：10多年来上海市嘉定图书馆始终坚持不断探索，成功在嘉定将普遍均等的公共图书馆服务体系建立起来。本案例在访谈和系统化收集相关资料的基础上，全面梳理了嘉定区图书馆从最初实现建筑服务空间的全覆盖，到创新性地引入社会力量进一步将公共文化建设范围延伸至社会公共空间，再到利用"文化嘉定云"平台补足网络数字空间短板从而实现全域服务的各个阶段；同时详细阐述了全域服务形成过程中所采用的各种建设规范和管理机制，期望能够予以全域服务研究者借鉴和启发。

**关键词**：全域服务；嘉定图书馆

2019年1月11日，第三批创建国家公共文化服务体系示范区（项目）验收结果发布，上海市嘉定区获得"优秀"等级，名列东部地区第一名[1]。这是嘉定区公共文化服务建设成果的综合体现，也是对嘉定区图书馆长久以来坚持践行理事会提出的全域服务理念的肯定。"全域"即建筑服务空间、社会公共空间、网络数字空间等融为一体[2]。本文将全面地描述嘉定区图书馆全域服务由构想到实现的历程，为公共图书馆全域服务模式的推广提供参考。

---

\* 案例发表于《图书馆杂志》2019年第10期。文中未注明出处的数据和素材来源于对嘉定区图书馆的访谈和内部资料，在此衷心感谢嘉定区图书馆对本文撰写提供的支持。

① 段宇锋，华东师范大学经济与管理学部，教授，博士生导师。
② 张军玲，华东师范大学经济与管理学部，硕士研究生。
③ 黄莺，嘉定区图书馆，馆长。

# 1. 建筑服务空间建设：空间全域覆盖

秉承"平等服务"的理念，嘉定区图书馆在过去的 10 余年里由"百姓书社"逐渐探索出具有嘉定特色的总分馆"直管模式"，辅助以"我嘉书房"服务点，基本实现了城乡建筑服务空间的全域覆盖。

## 1.1　百姓书社的探索

2005 年 10 月 8 日，中国共产党十六届五中全会在《中共中央关于制定国民经济和社会发展第十一个五年规划的建议》中明确提出要把建设社会主义新农村作为"我国现代化进程中的重大历史任务"。根据《十一五规划建议》，建设新农村其中一项任务便是社会主义新农村的文化建设，主要指在加强农村公共文化建设的基础上，开展多种形式的具有农村地方特色的群众文化活动，丰富农民群众的精神文化生活[3]。

在政府大力支持的外部环境下，2006 年初，嘉定区图书馆在深入农村调研中发现随着村民物质生活水平的提升，村民阅读热情高涨。但是，公共文化体系难以满足村民的阅读需求，为此，嘉定区图书馆与华东师范大学信息学系合作，进一步深入区内城乡各级图书馆调研和走访。调研中发现，嘉定区现有的公共文化服务体系中存在着很多空白点。例如，居住在边远地区的农村居民、在嘉定谋生的外来务工人员和行动不便的残疾人等。[4]针对调研结果，嘉定区图书馆拟定"百姓书社"项目的推进方案，首先选择安亭、马陆、工业区等 6 个街镇的 8 个点进行试点。"百姓书社"由嘉定区文广局主办，嘉定区图书馆具体实施。每个书社均由政府投入资金配置文献以及书架、报刊架、桌椅等硬件设施，由嘉定区图书馆负责统一采购、统一编目、统一配送图书，每隔半年更新 300 册图书。嘉定区图书馆还要求每个书社必须保证提供 500 册图书、10 种报纸、15 种杂志以及多媒体资源用于日常服务。由于人、财、物的紧缺，嘉定区图书馆为此创造性地引入志愿者。通过基层管理人员的推荐，一些退休教师、退休干部等拥有文化情怀的人士和企业愿意无偿提供房屋布置"百姓书社"，承担运营管理职责，负责"百姓书社"日常事务的开展。

在政府的指导和支持下，嘉定区图书馆不仅有效解决了"百姓书社"文献资源品种少的问题，更重要的是为基层实实在在建立起文献服务能力。2007 年年初，"百姓书社"被列入了区政府文化建设实事项目进一步向全区 13 个街镇推广，成为嘉定区首批基层特色文化活动载体。"百姓书社"为嘉定区"农家书屋"的迅速推进提供了经验。在 2009 年底全国"农家书屋"建设工作中，嘉定区图书馆在业内脱颖而出,率先实现了全部行政村"农家书屋"的建设。2018 年,嘉定区"百姓书社"实事项目获评"中国图书馆最美故事"系列风采展示活动之创新案例,成为以政府为主导、以基层公共文化单位为骨干、以社会力量为基础的文化惠民工程典范。

## 1.2　基层阵地空间打造

建设之初,嘉定区图书馆就意识到"百姓书社"由于资金、人力、物力有限,难以支撑以书籍借阅服务为主要业务的日常运营,而应当扬长避短,以阵地活动服务业务为主进行日常运营管理。因此,嘉定区图书馆大力支持"百姓书社"开展专家讲座和学习活动。例如"百姓书社"通过读书活动、座谈会等方式,积极配合相关单位开展迎接 2010 年上海世博会、文明城区创建、法律宣传、疾病预防等工作,成为全新的政府工作宣传平台,使各项政令在基层得到更好地传播和执行。"百姓书社"还经常自发地策划特色活动,例如"朱振芳百姓书社"的朱振芳女士在中国传统节日举办精彩的庆祝聚会,周边百姓纷纷主动请缨表演节目。在这里以书为媒,以书为友,以书会友,倡导阅读,拉近邻里关系,给人书家一体之感,成功搭建起上海新农村百姓文化交流阵地,多次被评为嘉定区优秀"百姓书社"及区示范点,2016 年又被评为嘉定区公共文化服务标准化建设的试点。[5]

在"百姓书社"建设的同时,嘉定区图书馆对特殊群体的公共文化权益保障也给予高度关注,为他们打造了精准化、常态化的个性化基层文化活动空间。面向外来务工人员,2005 年底以来,嘉定区图书馆先后在马陆镇的永盛公寓和澄城公寓、江桥镇的幸福村三个外来务工人员集中居住地建起了"外来建设者读书俱乐部"[6],后来纳入"百姓书社"体系成为其中一员。嘉定区图书馆向每个读书俱乐部所在的"百姓书社"提供 3000 余册藏书、50 余种报刊、电子阅览设备,定期更换新书和报刊。如今的"外来建设者读书俱乐部"已然成为集图书报刊借阅、读书活动开展、培训讲座等服务项目于一体的文化生活阵地。

## 1.3　总分馆直管模式实践

随着嘉定城乡一体化的推进,全区动拆迁工作进一步拓展,城乡结构发生了较大变化,区域人口分布日趋不均。2013 年,嘉定区图书馆为实现镇级图书馆的统一管理,提出"直管模式"的总分馆建设的概念,并由此形成了市—区—镇—村四级公共图书馆服务网络。所谓"直管模式"是指由嘉定区图书馆将直管分馆纳入区馆管理系统,实行文献资源共建共享。

### 1.3.1　分馆建设工作启动

首先,嘉定区图书馆在分馆建设之初便制定了硬件设施建设标准。《嘉定区图书馆分馆建设管理办法》明确规定各街镇分馆必须遵照如下原则:有独立的阅览场地和完善的硬件设施,有专门供读者检索使用的计算机,建筑面积不小于300平方米,阅览座位不低于60座。

其次,确定分馆的人员配备。按照《公共图书馆服务规范》的要求,公共图书馆工作人员数量的确定应以所在区域服务人口数为依据,每服务人口10 000人～25 000人应配备1名工作人员。按照这一标准,嘉定区区级图书馆工作人员数量至少应达到60人,街镇图书馆的工作人员数量也应达到10人。

再者,对分馆管理过程中可能出现的关键问题达成一致。其一是区馆与分馆的各自工作职责划分。《嘉定区公共图书馆"直管模式"建设方案》《嘉定区图书馆分馆设立协议》等规范性文件,明确项目参与成员的职能分工,细化区图书馆、各街镇文广中心在服务指导、设施建设等方面工作职责。按照文件规定,文广局是嘉定图书馆总馆及其分馆的行业主管部门,分馆负责提供馆舍及硬件建设设备,嘉定区图书馆负责提供文献资源和数字资源;其二是区馆对分馆工作实施情况的考评指标确定。《嘉定区图书馆分馆考核细则》《嘉定区图书馆分馆人员考核细则》通过健全的考核机制对分馆的建设、管理、服务、质量、效益等开展全面考察,实现了各司其职、密切配合、保障有力的建设管理合力。以上系列政策的问世,为嘉定区图书馆总分馆建设提供了强有力的政策保障,进而将公共图书馆主导意愿推动建设升华成靠政策保障的、制度化落实的政府主导建设。最终,2014年嘉定区图书馆顺利完成6个分馆试点,2015年完成全部12个分馆建设工作。

### 1.3.2 标准化管理

嘉定区域广阔,街镇经济社会发展不平衡,在分馆建设成功的同时,也为嘉定区图书馆带来了如何实现对散落嘉定各处的分馆有效管理的难题。《中华人民共和国公共文化服务保障法》出台后,嘉定区图书馆进一步结合政策要求,通过广泛调研、深入走访、共商对策并充分考虑自身特点,最终敲定了一套统一管理模式,即标识系统的统一、管理平台的统一、资源配置的统一、服务标准的统一、人员管理的统一。

第一,标识系统的统一指所有的分馆均冠以区馆名称在自己的名称之前,如嘉定区图书馆安亭镇分馆等,通过这样的方式一方面可以在新读者之间普及嘉定区图书馆,使其对总馆的概念深入人心;另一方面对于老读者而言,嘉定区图书馆的保障能够使其放心大胆地走进街镇分馆。第二,管理平台的统一是指将全部分馆纳入上海市中心图书馆一卡通系统,使用RFID自助借还技术实现借阅的统一管理;第三,资源配置上则是要实现统一采购、配送。由于区财政无法调用二级财政,故区馆会提供给街镇馆书籍采购清单,由街镇因地制宜选择更多书籍进行补给,以打造特色文献资源配给机制,推进总分馆体系文献信息资源持续稳步增长;第四,服务标准的统一指街镇分馆均需按照《公共图书馆服务规范》文件,对服务内容、服务效能、服务宣传进行统一;第五,关于人员管理,嘉定区图书馆根据基层工作人员一岗多职、工作任务重的实际情况,依照公共图书馆服务规范制定《嘉定区图书馆分馆岗位说明书》,指导分馆结合服务人群等因素设立人员岗位和规划人员数量;除此之外区馆参与多个分馆的人员招聘工作,为分馆新进员工提供区图书馆轮岗培训,指派资深馆员带领其在各个部门进行轮岗,了解图书馆运作流程,熟悉各项服务工作。与此同时,嘉定区图书馆每年举办两次基层职工业务培训班,为总分馆实施优质、便捷的图书服务夯实人员基础。截至目前,12个街镇都已经与嘉定区图书馆签订直管协议[7],并按协议规范运行。

### 1.3.3　创新服务

为贯彻落实《关于推进上海市区级图书馆总分馆制建设的实施意见》精神,健全嘉定区公共图书馆服务体系,创新公共图书馆服务模式,满足市民不断发展和变化的阅读需求,嘉定区图书馆结合实际,制定了丰富的活动项目内容来进一步建设分馆。目的不仅在于为分馆补充个性化服务、完善服务覆盖对象,更重要的是希望分馆在做好内部建设的同时,能够发挥其社会效能。主要包括以下四个项目内容:第一,为街镇分馆策划特色活动,在强化标准的同时加强各街镇分馆特色文化建设,因地制宜开展特色活动。如嘉定镇街道分馆充分挖掘老城区的人文历史资源,开展系列专题讲座以及"昨天与今天——嘉定城历史图片展"等活动,传扬嘉定镇古老的民俗文化;江桥镇分馆根据外来务工人员较多的地域特点,通过与地区内的企业联动开展"异乡风采"系列活动,开展异乡风采读书征文和演讲比赛,形成了具有江桥特色的"打工文学",也成为上海市的特色群众文化品牌。第二,为分馆特殊群体制定标准化服务。如为了给视障人员提供阅读服务,2008年5月,嘉定区图书馆"有声阅览室"正式成立,吸引了很多读者到馆"试听"。嘉定区图书馆购置一批涵盖文学名著、戏曲音乐、名家讲座等内容的音像资料,提供给视障读者"听书"。更令视障读者开心的是,阅览室里配置了8台专供他们使用的电脑。这些电脑安装了专业的读屏软件,经过老师的培训,视障读者就可以应用软件自如地遨游网络世界;为了保障残障人士阅读权益,2008年嘉定区图书馆将原先服务于"百姓书社"残障人士项目延伸到了全区各街镇公共图书馆,并正式更名为公共图书馆"助残直通车"。开办首年,结对服务受助肢残读者128人,吸收助残志愿者21人,累计送书近万。第三,让分馆为全民阅读助力推澜。在服务标准、文献资源共享的基础上,嘉定区图书馆"直管模式"进一步拓展了总分馆阅读推广活动的互动模式。无论是引领市民传承经典的上海市民文化节重点活动,还是连续10年举办的嘉定读书月,品牌活动"嘉图讲座"等,区图书馆通过分馆承办、协办等活动组织形式,进一步调动了各街镇的积极性与主动性,拓展了读书活动的形式和范围,扩大了公共图书馆的影响力。在2015年上海市民文化节中华语言文字大赛当中,各街镇分馆积极响应,仅海选阶段,就吸引和组织了嘉定区过万名市民参与其中。第四,让分馆为社会提供公益服务项目,在做好文化服务的同时,不断拓展街镇分馆社会职能。如安亭镇分馆成立青年中心,秉承"智慧、智趣、智能"的理念,以青年人的需求为出发点,成立志愿者服务基地、青少年社会实践指导站看,让广大青年畅游智慧之林、体验汽车城无限活力,开拓和培养青年人"才智和心智",每月至少开展活动 10 场,并被评为 2014 上海市"十大优秀青年中心"。

经过不懈努力,嘉定区图书馆在 2015 年度上海市中心图书馆、三大文化惠民工程、协作网总结表彰大会中获得先进集体称号。与此同时,7 家街镇图书馆业务指标排名进入全市前三十名,其中,2 家街镇图书馆分获第一名、第三名。不仅如此,嘉定区图书馆及其分馆的一系列举措还进一步带动提升了公共图书馆服务体系的整体水平。分馆报送的读者家庭获评首届全国"书香之家",小读者获得全国少年儿童故事达人大赛奖项,多篇征文在上海"农家书香"征文活动中获得奖项。这些成绩的取得,正是嘉定区公共图书馆"直管模式"总分馆建设工作的实践成果。

"直管模式"总分馆建设完毕后,镇级公共图书馆的服务水平得到了显著性提高,更重要的是承上启下地将文明优质服务不断向基层深入,点线相连,编织成网,基本形成全覆盖。

## 1.4 "我嘉书房"深化总分馆建设

据全国第六次人口普查,嘉定全区常住人口 147.12 万人,其中外省市来嘉常住人口为 82.82 万人,占 56.29%。如何促进外来人口在价值观念、思维方式、行为模式等方面完全适应嘉定文化,是关系嘉定社会、经济发展的重要问题。因此在总分馆服务体系建设工作如火如荼之际,嘉定区图书馆开始考虑公共文化服务网络如何向全嘉定范围内延伸。2015 年 9 月 6 日自媒体红人作家 CHRISON 作势发表文章《想性感、先读书(上海最厉害公共图书馆)》,一时间《人民日报》等纷纷或转载、或刊登嘉定区图书馆美景,嘉定区图书馆至此走红网络、家喻户晓,阅读在嘉定成为百姓生活的一部分。嘉定区图书馆以此为契机启动"我嘉书房"建设。

### 1.4.1 应运而生补齐短板

嘉定区图书馆在"百姓书社"和街镇分馆中一直担任着管理中心的角色,而在"我嘉书房"的运营过程中,它试图"解放权力",将规划、设计、管理等任务交由社会合作方来完成。基于此理念,"我嘉书房"便确定由嘉定区图书馆、街镇文化体育服务中心、社会力量共同建设,它是一项以社会化合作模式运行的 24 小时开放的公共图书馆延伸服务点。在区文广局、各街镇的指导下,嘉定区图书馆负责协调上海中心图书馆统一管理,并提供初建馆藏文献资源和业务培训;各街镇文化体育服务中心负责招募和管理社会合作伙伴,确保"我嘉书房"服务常态化;社会力量则通过提供书房建设用房,设备采购、装修改造等建设经费,以及提供委托经营管理服务等形式,共同推进"我嘉书房"建设。在"我嘉书房"的服务体系中,既有设施高端、设备精良的"高大上"的旗舰店,更有契合于街镇特色、亲民便捷的"小而精"的特色点,强调基于嘉定特色以及合作社会主体体系文化的主题建设,社会合作方的多样性造就了空间设计上的各具特色。在不同主题的书房里,馆藏图书、阅读推广活动都紧扣其主题策划开展,形成文化、文旅、文教、文商、文创等5个品牌系列,打造了一张张个性鲜明的红色文化、海派文化、江南文化阅读名片。[8]如"我嘉书房"(嘉定新城・洪德路)建在嘉定区党建服务中心内,不仅专题配置了2000余册党史党建书籍,而且会定期开展红色文化主题阅读活动;位于上海南翔智地企业总部园区的"我嘉书房"(南翔・智地),周围有不少创新创业型公司,风格现代简约,将文化创意与展览展示有机结合,打造集图书借阅、互动体验、文化休闲、交流品读为一体的阅读场所;"我嘉书房"(南翔・太茂)坐落于毗邻轨交站的太茂商业广场一楼,以"欧式＋精致＋慢生活"为主题特色,旨在打造一个高颜值的共享悦读会客厅等。由此看来,"我嘉书房"是嘉定区面对百姓越来越个性化的文化需求,在普惠的基础上强调精准服务,吸引优质社会资源来打造特色公共文化服务的全新探索。

嘉定区将"我嘉书房"纳入公共图书馆总分馆建设体系,对标"普遍均等"、"优质均衡"的公共文化服务体系建设要求,主动补齐全空间和全覆盖方面的服务短板,为市民打造富有城市底蕴的公共空间,让阅读生活触手可及。

### 1.4.2　科学规划有效管理

实施"我嘉书房"的第一步是选择合适的建设地址,其关键在于保证在有限的空间和经费下最大化地辐射有需求的群体。"我嘉书房"以人群聚集、人流密集为首要依据,因地制宜并按照以下原则科学布局:选址优先确定在一楼以方便读者出入;百米之内需要备有洗手间、监控、安保人员;硬件设施要能够满足24小时自助服务以及电子阅读的需求;需要备有饮水机;座位安排30个以上;藏书不少于3 000册。目前布点的30个"我嘉书房"建筑面积总计7 685平方米,开架图书17万册,平均每家书房大约拥有5 000册藏书已经远远超过最低标准,服务半径辐射嘉定及周边长三角地区近百万市民。

嘉定区十分强调实施质量管理,以标准化提升"我嘉书房"的建设速度和质量。第一,在服务效能的管理上要求每家书房外借率不少于2册次,活动不少于20场次且必须在"文化嘉定云"发布,用以保证建好的书房不止在外观上的可观赏性高,而是真正的物尽其用,将公共文化服务提供给百姓;第二,在服务资源配送方面,区级总馆在开展需求调研的基础上,发布公共图书资源配送菜单,把经得起准入考核和口碑考验的文献资源配送至市民身边。此外,丰富的文献资源还能为形式多样的科普阅读活动提供素材,并作为提升"我嘉书房"服务效能的切入点。同时和文献资源一起进驻"我嘉书房"的还有包含嘉定区图书馆一系列讲座沙龙服务。第三,在人员管理方面,嘉定区图书馆实行了派驻馆员的活动,为每个"我嘉书房"派驻一名常驻馆员,确保能为读者提供与区级总馆同等水平的服务,改善社会力量参与"我嘉书房"运行的专业化不够的问题,推动了城市公共文化空间全方位的品质提升,既不失社会化运作的灵活、个性和特色,又体现了公共图书馆的专业、高效和高品质。

2017年1月8日,首个以政企合作模式运行的"我嘉书房"在嘉定区菊园新区揭牌启用。2017年底,嘉定区完成首批6个"我嘉书房"建设。2018年,新建24个"我嘉书房"纳入嘉定区政府2018年度实事项目,因地制宜建设符合居民阅读习惯的公共文化阅读阵地。截至2018年底,已开放"我嘉书房"共计接待读者近110万人次,借还图书逾24万册次,举办活动逾450场。

10余年来,嘉定区图书馆从"百姓书社"为代表的基层阵地空间到"总分馆直管模式",再到"我嘉书房",实现了图书馆服务的空间全域覆盖,将自助服务、无休服务、数字服务引入社区、园区、景区和商圈,引导和鼓励多元化的社会力量主动参与公共文化建设和管理,丰富公共文化供给侧改革探索路径,最重要的是迈出了使全域服务变为现实的第一步。

# 2. 社会公共空间打造:社会力量全域参与

嘉定区图书馆空间全域覆盖过程中,几乎每一个项目都有社会力量的参与,多年与社会的合作,让嘉定区图书馆拥有一个集结了多方社会力量的稳定的蓄水池。近年,政府相继颁发《中华人民共和国公共文化服务保障法》、《中华人民共和国公共图书馆法》等一系列政策法规鼓励社会力量参与公共图书馆事业的建设。要鼓励和引导社会力量长久持续地参与到公共文化建设中来,需要保障双方的互利共赢。为此,嘉定区图书馆通过法人治理结构改革、成立合作联盟、跨界合作等形式,在合法合规的框架下找到文化服务和社会力量利益诉求的平衡点。通过社会力量的多元化参与,嘉定区图书馆使得服务空间边界进一步延伸至社会公共空间,为公共图书馆运营注入新的活力并为未来发展拓宽道路。

## 2.1 参与协助

在全域服务的建设过程中,社会力量不仅为公共阅读阵地的全域覆盖提供了强劲的推力,而且成为公共图书馆创新运营机制中不可分割的一部分。

为了提高公共图书馆运行效率和服务效能,嘉定区图书馆积极推进法人治理结构改革工作。2016年9月,嘉定区图书馆首届理事会正式成立,理事会成员中有来自社会不同领域包括公共文化服务、图书馆业界,以及政经界、教育界、企业界、媒体等行业的专家,还有读者代表、主管单位委派代表、图书馆职工。[9]集各方所长,理事会能更加全面客观地执行"决策监督"职能。由理事会提出的公共图书馆"全域服务"理念,被明确为嘉定区图书馆"十三五"期间的升级发展路径;理事、监事还相继从事职工职称聘评资格审查和购书经费使用管理办法等的起草修订、阅读推广活动策划及为组织提供专业化社会资源,基于此职责分工,基本形成了"政府宏观管理、场馆主办事业、社会监督助力"的办馆格局,推广了法人治理结构建设由"办文化"、"管文化"向治理文化的改革理念。

在自身运行管理引入社会力量的同时,延伸服务点位的建设和运营也创新性地实践了社会力量参与的方式方法。书房采用社会化合作模式运营,鼓励和引导社会力量通过投资建设设施、参与书房运营和管理、承接政府公共文化服务购买等形式,多元化、多形式地深度参与书房建设和服务。据统计,30个书房中,超过半数的书房由各类企业无偿提供建设场地或投资建设;超过70%的书房采用社会主体全委托运行方式,部分街镇还根据自身实际依据区文广局出台的服务效能、建设标准与社会主体签订绩效考核协议。社会力量的资本投入主要用于书房建设用房使用、服务设备采购、空间装修改造以及委托经营管理服务等,融合了政府和社会的公共文化建设资源。

## 2.2　合作共赢

除了无偿贡献的社会资本,社会力量与公共图书馆结合能进一步拓展图书馆职能,挖掘出更多单靠图书馆自身难以实现的阅读推广活动,为市民送去具有新鲜感的服务体验。

### 2.2.1　资源配送优质服务

根据政府出台的《关于推进县级文化馆图书馆总分馆制建设的指导意见》,嘉定区图书馆经过几轮工作落实方案的商议,决定将服务资源配送作为深化总分馆的切入点,制定发布了《政府购买公共图书服务指导性意见和目录》,以吸纳更多社会组织规范地参与总分馆资源配送[10]。有了政策文本做支撑,社会力量配送的公共文化资源数量和品质都得到了质的飞跃。如2018年3月的《嘉定区公共图书资源村居配送菜单》中,上海市民文化协会、上海昆剧团、瑞金医院北院、上海农商银行、上海戏剧学院拾墨读书会等社会力量,提供了海派文化咖啡体验、"萌娃诵"古诗词诵读培训、"儿童唐诗歌会"、《小小理财师》青少年金融实践系列活动等品牌项目,让优质的公共文化资源通过延伸服务点走到居民身边,3个月内共计配送阅读推广活动86场次,直接服务读者近万人次;南翔镇分馆携手多家社会培训机构联合开设的"创意坊"少儿阅读体验课程,通过公开透明的操作模式,使"创意坊"迅速网聚了一批稳定的读者群,丰富了图书馆少儿阅读方式。2年来,嘉定区图书馆公共文化服务的合作伙伴不断拓展,合作供给资源源源不断,服务效能进一步得到提高。

### 2.2.2　文教结合跨界服务

除了在服务内容上新增许多资源,在服务职能上也升级了教育职能。2016年,嘉定区文化、教育部门共同出台《嘉定区关于推进"文教结合"工作的指导意见》,构建完善"市级—区县—学校"三级的学生综合素质评价实践基地网络,重点推进校外文艺场馆资源,丰富服务功能、提升服务能级,支撑各级各类学校开展校外实践教学。作为文教结合实践基地之一,嘉定区图书馆负责对幼儿园大班、小学二年级、初中一年级进行阅读方式的引导、阅读兴趣爱好的培养。基于分级阅读理念,结合嘉定区文教结合工作领导小组办公室指导,嘉定区图书馆制定了详细的活动方案与分工安排,面向幼儿园大班制作了充满童趣的动画宣传片《图书馆之旅》、《元日》吸引小读者的眼光,介绍图书馆服务职能;面向小学二年级精心设计了"图书馆阅读课",邀请著名作家、地方文史专家等拍摄数字讲座,剪辑成教育视频供孩子们观看;面向初中一年级的检索文献需求,开设"爱上图书馆"专题课程,帮助孩子们学会查找图书馆资源及信息检索的方法。除此之外还伴有参观馆舍、现场阅读体验等形式,让孩子们了解图书馆设施功能、图书馆资源及信息检索的方法。2017 年开展活动 251 场,组织 136 个学校共计 2.2 万余人次学生到馆参观学习。[11]与此同时,将公共图书馆的服务资源延伸到校园之内,启动"微笑图书室"项目,致力于服务学校周边的城乡中低收入家庭儿童;共同建设江桥小学"周末书房",在双休日期间向持有上海市中心图书馆"一卡通"的读者提供图书阅览、亲子活动等公共文化服务。

嘉定区图书馆不断实践,成功探索出社会力量参与公共图书馆社会公共空间建设的全域参与模式,通过推出创新项目、搭建合作平台等,引导社会力量通过投资建设设施、参与图书馆的运营和管理、承接政府公共文化服务购买、提供文化志愿者服务等参与到公共图书馆建设当中,颇有成效地丰富了公共图书馆服务内容和供给形式,提升了公共图书馆的影响力和使用率。

# 3. 网络数字空间形成:"文化嘉定云"全域共享

在互联网浪潮中,公共图书馆作为公共文化服务机构之一无法作壁上观,必须融入如今以网络化、数字化、智能化为特征的深度信息时代。在嘉定区公共文化服务硬件设施基本建成的基础上,再加上不断成熟的互联网、计算机等技术,嘉定区迎来了技术创新和服务创新的新机遇。2012 年,嘉定区公共文化数字服务平台建设工作启动。2014 年底,上海市首个公共文化服务云平台"文化嘉定云"正式上线运营。"文化嘉定云"将云计算等信息技术应用于公共文化服务,高度整合了区级图书馆、文化馆、博物馆、美术馆和街镇文体服务中心的文化资源，以及远程数字阅读、虚拟场馆体验、特色资源获取、文化活动预告、公共设施预订、线上交流展示等一站式文化服务。目前，公众可通过网站、手机 App、微信、微博不同渠道进行访问和使用。

嘉定区图书馆紧跟时代脚步，走出传统服务思维定式，重新审视自身服务与管理的模式，基于"文化嘉定云"实现了网络数字空间的全域共享。至此，嘉定区图书馆的全域服务由理论转化为现实，持续、健康发展。

## 3.1　整合数字文化资源

为了满足社会公众数字资源检索和利用的需求，"文化嘉定云"开设"网上图书馆"功能，由嘉定区图书馆负责建设。"网上书房"已经成为文化嘉定云不可分割的重要功能之一，吸引了众多新用户并使绝大多数老用户产生产品黏性。它的优点在于整合了专业数据库供应商以及上海市中心图书馆、嘉定区图书馆等信息资源数据库，为市民打造了图书借阅、文献阅览、资料检索等一站式服务，搭建了市民自主学习平台。以往只能在嘉定区图书馆内的电子阅览室使用的万方数据、维普期刊、库克音乐、中国知网等国内主要数据库也都通过"文化嘉定云"实现了区图书馆的远程服务，得到了学生、教师、医生、公务员等读者群体的一致好评和关注。读者仅需凭上海市中心图书馆"一卡通"读者证（或者在嘉定区内任何一个馆点办理的"一卡通"）在"文化嘉定云"平台注册登录后，便能随时随地通过互联网检索与阅览 3 000 余万篇文献资料、200 万册中外文电子图书、110 万条数据库信息、30 000 部文学作品原声录音、12 000 种电子期刊、13 万集教学教辅课件、8 万套教育资源在线试卷、30 万首音乐曲目，以及丰富的少儿电子图书馆视听资源等服务。

嘉定区图书馆负责建设的"网上书房"中整合了上海各图书馆数字资源以及自建和购买的各类数据库资源，均不以营利为目的向社会公众开放，满足了社会各类群体各种各样的个性化需求，不仅体现了嘉定区图书馆作为公共图书馆公益性的基本特征，而且大幅度提升了其数字化、远程化的服务水平。

## 3.2　创新文化服务方式

"文化嘉定云"将公共文化服务与互联网深度融合，打造出线上虚拟服务与线下实体服务结合的服务模式，变革了服务链中的低效率环节[12]，更对公共图书馆传统服务进行了拓展。嘉定区图书馆及街镇分馆均在文化嘉定云平台上提供读书活动网上预约及服务场馆网上预订功能，让社会公众能够自由浏览选择喜爱的讲座、展览、竞赛等读书活动。该功能出现后越来越多的公众更加偏好通过自主选择、自主预约、自助领票的方式享受嘉定区图书馆讲座、区文化馆演出等公共文化活动,使得原先组织群众参加文化活动的服务模式逐渐退出舞台。目前,"文化嘉定云"平均日页面访问量达 30 万次,拥有注册会员逾 18 万人。

线上线下相融发展的 O2O 模式是对传统图书馆服务的颠覆式创新,其新颖的服务方式翻倍提高了公共图书馆的服务效益和资源使用效率,打造了图书馆服务新业态。

## 3.3　分析反馈用户行为

"文化嘉定云"在综合利用全媒体的公共文化服务信息传播方式给用户提供创新型服务的同时,也及时进行了数据的收集、分析和运用,并以此作为及时改进服务方式的依据。大数据分析的前提是活动内容的标准化发布。在嘉定,各单位现已形成了"至少提前两周确定方案—活动前一周发布预告和领票信息—提前取得文化资源网络发布权限—活动当天进行数字化录制—活动结束后一周内上传文化资源网络版"的标准化流程。文化活动的组织不再充满随意性,标准化的描述数据使对后续活动进行大数据分析成为可能。通过在文化嘉定云后台获取到这些大量标准化数据后,嘉定区图书馆可以分析挖掘各街镇活动数量、每场活动的售票速度、上座率等信息背后的价值,帮助嘉定区图书馆准确了解百姓对各项文化活动的喜爱程度,精准记录市民文化消费需求,有助于其更针对性地推出公共文化服务项目。例如,数据显示"文化嘉定云"60%以上的用户是 30 岁至 39 岁有孩子的年轻家庭[13],嘉定区图书馆可以增加亲子共同参与的活动数量,并优先将时间安排在周末或暑期;根据"文化嘉定云"许愿树参与人数数据,嘉定区图书馆发现用户需求并安排人员再次开展大多数用户喜爱的活动。

自"文化嘉定云"运行以来,嘉定区图书馆发现公共文化服务效能大幅提升,更多的市民开始主动关注公共文化。主要原因在于两个方面:其一,"文化嘉定云"打破以往各街镇各自为战的隔阂,统筹区、镇两级各自所有的服务资源,使全区形成了"资源整合优化,服务统一发布"的公共文化服务格局,这不仅方便了市民获取文化服务,也让各个街镇合作互惠,在活动宣传、资源利用等方面获得最大化社会效益。其二,"文化嘉定云"引导激发市民自主参与文化建设。自"文化嘉定云"开通公共文化设施网上预定、文化团队自主注册功能后,区镇两级文化场馆纷纷在网上提供渠道,免费为百姓提供活动场所来举办自主策划的活动,吸引了大波新老用户的关注。

# 4. 结语

嘉定区图书馆的全域服务目前涵括建筑服务空间、社会公共空间、网络数字空间这三部分,但是其尚未停止脚步,仍在不断探索新的需求群体,延伸服务网点,将普遍均等的理念贯彻始终。截至目前,嘉定区已经建设有1个区级总馆、12个街镇分馆、30个"我嘉书房"、100家"百姓书社"、110个农家书屋。线上线下相结合、阵地服务与流动服务相补充,社会力量不断参与、社会资源接连引入,表现出可持续发展的生命力。

回首这10多年的艰苦工作,可以发现社会力量在嘉定区图书馆探索实施过程中起到了非常重要的作用,这其中以社会力量提供公共图书馆延伸网点建设用房等基础硬件设施,再以嘉定区图书馆自身的社会影响和文化资源促进社会力量受益再合作的互利共赢思路几乎贯穿在全域服务模式的建设全过程中,如今"百姓书社"、"我嘉书房"在多年的合作共进中已经成为嘉定特色公共文化载体,形成嘉定品牌。不出意外,这一创新机制将在未来较长一段时期内继续指导嘉定区图书馆的发展建设。

全域覆盖、全域服务、全域均享,嘉定区将继续在普惠基础上探索创新公共文化服务全域模式的新理念和新路径,把握落实公共文化服务保障法的机遇,让更多群众共享发展建设成果。随着社会变迁、信息技术的不断进步,嘉定区图书馆也将改变传统思路,不断进行服务内容、服务方式、服务手段等的创新,在这其中岿然不动的是其无偿平等地提供文献信息资源的理念,它融入嘉图人的意识中,支撑着他们孜孜不倦向前探索。

**参考文献**

[1] 文化和旅游部办公厅关于公示第三批创建国家公共文化服务体系示范区(项目)验收结果的公告[EB/OL].[2019-01-11].http://www.ndcnc.gov.cn/shifanqu/gonggao/201902/t20190226_1404659.htm.

[2] 上海市嘉定区文化和旅游局.嘉定区图书馆迎接市文旅局总分馆制和实施国家公共数字文化工程建设首站督导[EB/OL].[2018-12-07].http://www.jiading.gov.cn/wenguang/gzdt/qzwh/content_556440.

[3] 中国共产党中央委员会.中共中央关于制定国民经济和社会发展第十一个五年规划的建议.[Z].2015-10-19.

[4] 金燕,范并思.城市化进程中的郊区新农村图书馆建设——嘉定区基层公共图书馆调查与建议[J].图书馆杂志,2007,26(3):26-28.

[5] 人在南翔[EB/OL].[2017-10-24].http://www.sohu.com/a/200151948_749732.

[6] 中国文化报.第五届全国服务农民、服务基层文化建设典型选登[EB/OL].[2013-12-16].http://www.zjcnt.com/content/2013/12/16/221127.htm.

[7] 嘉定图书馆官网[EB/OL].http://www.jdlib.cn/node/391.jspx.

[8] 我嘉书房:家门口就能找到诗和远方[EB/OL].[2018-09-11].https://baijiahao.baidu.com/s?id=1611237302129058249&wfr=spider&for=pc.

[9] 蒋永福. 论图书馆理事会制度[J]. 图书馆，2011(3):31-34.

[10] 黄莺. 社会力量参与公共图书馆建设的实践与思考——以上海市嘉定区公共图书馆为例[J]. 图书馆工作与研究，2019,(04),79-83+101.

[11] 嘉定文明网[EB/OL]. [2016-07-29]. http://sh.wenming.cn/jdwmw/jwmsxf/201607/t20160729_3561218.html.

[12] 郝建军，刘勇."互联网＋"背景下图书馆转型路径与发展策略研究[J]. 图书馆工作与研究，2017(2).

[13] 嘉定镇街道[EB/OL]. http://www.jiading.gov.cn/jiadingzhen/sqwhhdzx/content_554110.

# 场馆形态自助图书馆运营模式研究
## ——以台州市和合书吧为例*

熊泽泉①（华东师范大学图书馆，华东师范大学经济与管理学部）
段宇锋②（华东师范大学经济与管理学部）

**摘　要**：在自助图书馆的建设中，不同的公共图书馆根据自己的实际情况走出了不同的发展道路。其中台州市图书馆和合书吧是最近几年发展最为迅速的自助图书馆模式之一，短短不到 5 年的时间，就建成 50 余家，并获得了台州市民的一致好评，连续多次被台州市政府列为为民办实事项目之一。本文通过对台州市和合书吧的实地走访与调研，探析了和合书吧的缘起、现状，并对其发展模式进行剖析，以期能为其他公共图书馆的创新发展提供参考。

**关键词**：和合书吧；自助图书馆；台州市；创新服务

自 2005 年东莞图书馆开设国内首家 24 小时自助图书馆开始[1]，这种创新服务模式便被认为是公共图书馆解决读者阅读需求，推进服务均等化的重要举措之一。24 小时自助图书馆目前主要有两种形态，一种为 ATM 机形态，即将图书馆功能和资源集成在一个类似 ATM 机的大型机器中，可随时为读者提供图书借还、办证、查询等图书馆基本服务；另一种为场馆形态，即在一个 24 小时开放的空间内，除了依靠小型自助借还机提供图书馆基本服务外，还提供适宜阅读的场地和设施，打造适宜的阅读氛围。这两种形态各有利弊，ATM 机形态自助图书馆占用空间少，对选址要求不高，可在城市内进行更为密集的布局，但是造价偏高，单个机器可提供书籍较少，且无法解决阅读场地不足的问题；场馆形态的自助图书馆基本具备了小型区县图书馆的所有功能，藏书量多且功能拓展性强，但是受空间的限制，无法在城市内大规模布局，对场馆选址存在一定的要求。因此，虽然场

---

　*　案例发表于《图书馆杂志》2020 年第 9 期。文中未注明出处的数据和素材来源于对台州市图书馆的访谈和内部资料，在此衷心感谢台州市图书馆对本文撰写提供的支持。

　①　熊泽泉，华东师范大学图书馆情报咨询部，副研究馆员。

　②　段宇锋，华东师范大学经济与管理学部，教授，博士生导师。

馆形态自助图书馆出现时间早于 ATM 机形态自助图书馆,但是其发展一直处于不温不火的局面,直到最近几年,台州、温州等地开始利用社会力量参与公共图书馆建设,为场馆形态自助图书馆的建设和运营探索出了一条新的发展之路。本文以台州市和合书吧为例,通过对台州市和合书吧的实地走访与调研,对台州市图书馆如何利用社会力量打造多样化的自助图书馆进行归纳整理,以期为其他公共图书馆的自助图书馆建设提供参考。

# 1. 台州市和合书吧建设历程

台州市图书馆是一个非常年轻的市级公共图书馆,始建于 2006 年,从 2010 年 12 月开始逐步对市民开放。在市民文化服务需求高度发展的背景下,台州市图书馆很快就面临读者需求无法满足的困境,不少读者要求延长图书馆的服务时间,更有读者希望图书馆能够 24 小时开放。因此,台州市图书馆在 2011 年就开始 24 小时自助图书馆的探索。

在前期的调研过程中,台州市图书馆也面临了两种自助图书馆形态的选择。在深圳的 24 小时自助图书馆获得巨大成功后[2],国内很多城市已开始效仿深圳,在城市范围内部署 ATM 机形态的自助图书馆。但是,台州市图书馆并没有贸然照搬深圳模式,而是对深圳 24 小时自助图书馆进行了深入调研,分析深圳模式在台州市落地的可行性。经过调研,台州市图书馆毛旭馆长认为台州市很难像深圳一样,在一个城市范围内全面铺开 ATM 机形态的自助图书馆。因为每台 ATM 机形态自助图书馆所能提供的资源非常有限,能够辐射的区域相对较小,必须要在城市范围内布置大量的机器才能真正解决读者的需求,这不光需要充足的经费支持,还需要有强大的设备维保团队。台州市图书馆作为一个建馆不久的新馆,在人力财力均极其有限的情况下,显然是无法做到这一点。而如果仅根据目前的财力情况布置为数不多的几个点,带来的效益是非常有限,也无法解决读者的根本需求。为了能够最大限度对周边进行文化辐射,场馆形态的 24 小时自助图书馆成为台州市图书馆的选择。

为了验证场馆形态的 24 小时自助图书馆确实具有更好的辐射效果,同时也为了能够起到示范作用,台州市图书馆首先选择在市馆内进行尝试——利用图书馆已有的空间来改造一所独立的场馆式 24 小时自助图书馆。2013 年 2 月 4 日,台州市图书馆馆内 24 小时自助图书馆正式对外开放,该馆占地面积 350 平方米,拥有馆藏 3 万余册,设置阅览座位 40 个[3],是浙江省内第一家集借、阅、藏服务于一体的自助式图书馆。由于没有开放时间的限制,在此能够充分地享受阅读,因此吸引了周围许多市民慕名而来,切实地为市民解决了阅读需求,赢得了一片赞誉,当地媒体也进行了广泛的宣传。

由于这个 24 小时自助图书馆布局在馆内,没有离开图书馆本体,外界并没有意识到这是一种可以独立运行的图书馆形态,因而随后没有获得更广泛的社会关注和政府的财政支持,其发展一直处于不温不火状态。而在离台州不远的温州,随着 2014 年 4 月 16 日第一家"城市书房"的正式开放,温州模式的 24 小时自助图书馆在全市范围内迅速铺开,并在《浙江日报》《光明日报》等媒体的宣传下,迅速引起了全国范围的关注,成为"城市书房"现象。

城市书房的迅速走红也让台州市的自助图书馆引起了浙江省和台州市两级政府的重视,台州市政府拨出专项经费用于 24 小时自助图书馆的建设。很快,在 2016 年 4 月 23 日,台州市第一家馆外自助图书馆——体育场路 24 小时自助图书馆正式开放,并在全国范围内率先成功使用双频技术(高频和超高频兼容),解决了各区县图书馆使用不同 RFID 图书标签而造成图书流通困难的问题,为全市利用无线射频技术实现图书通借通还工作扫清了障碍。

2017 年是台州市 24 小时自助图书馆快速发展的一年,在台州市提出打造"和合圣地"的口号以后,为了更好地贯彻台州和合文化理念,赋予 24 小时自助图书馆更深的内涵,台州市政府决定将市内所有 24 小时自助图书馆统一命名为"和合书吧"。其中"和"指的是和谐、和平、中和等,"合"指的是汇合、融合、联合等,这一名称充分彰显了台州市的文化底蕴。同年,台州市文化广电新闻出版局在征求全市各公共图书馆意见的基础上,制定并颁布了《台州市和合书吧(24 小时自助图书馆)建设、服务标准》,对和合书吧的建设和服务工作进行了进一步的规划。

和合书吧作为一种新型公共文化空间,是台州市创建国家公共文化服务体系示范区的重要内容,被台州市政府连续多年列为为民办实事项目之一。随着市民们对和合书吧认可度的提高,和合书吧的建设也进入了高速发展时期。

# 2. 台州市和合书吧建设现状

截至 2018 年 8 月,台州市共建成和合书吧 52 家。从第一家书吧建成以来,和合书吧共外借图书 139 万余册,占台州市图书馆总借阅量的 10% 左右。台州市和合书吧已建成一张覆盖全市 9 区县的文化网络,具体分布情况如图 1 所示。可以看出,除了在人口稠密的椒江区分布数量较为集中外,其他区县建成的和合书吧数量均较为平均,各个区县呈现均衡发展的态势。

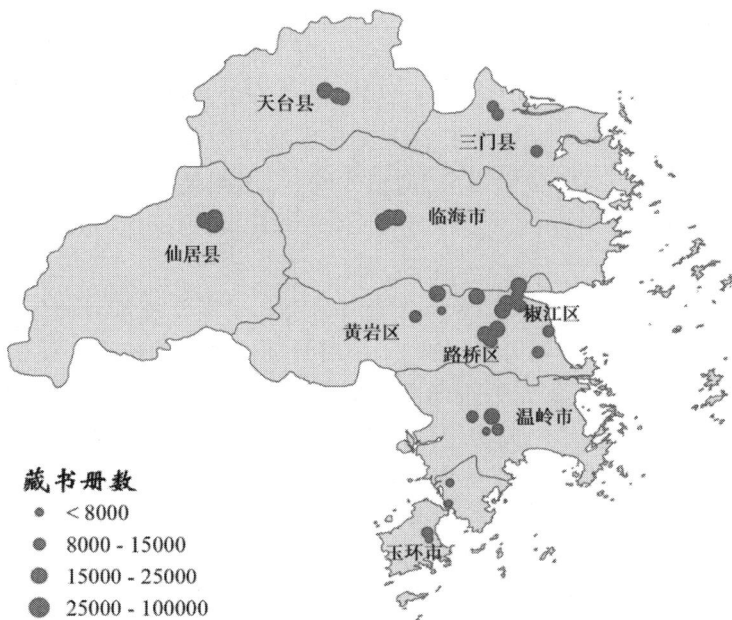

**图1　台州市和合书吧分布情况**

　　和合书吧建成后，如何进行日常管理与维护便成为首要问题。由于台州市各图书馆人手有限，因此大部分和合书吧的保洁和设备维保等工作均采用外包方式，同时搭配志愿者进行日常管理。志愿者除了负责图书上架、秩序维护等工作外，还为不熟悉自助借还设备的读者提供咨询和模拟操作指导。台州市图书馆对志愿者实行了严格的管理制度，必须经过培训与考核才可上岗，同时为了鼓励志愿者积极参与和合书吧的管理，对于上岗的志愿者还提供志愿者证书。

　　在开放时间上，台州市图书馆也并未强制要求所有书吧实行24小时开放，而是允许各书吧根据自己的实际情况选择开放时间并对外公布。一些书吧由于是与其他的公共文化场所进行联建，需配合其开放时间；也有一些书吧因为处在非人口居住区，到深夜的时候便人迹罕至，考虑到安全问题也并未选择24小时进行开放。

　　除此之外，为了打通了文化服务最后一公里，台州市图书馆还启动了汽车图书馆服务，将图书、讲座、展览送到偏远山区、外来务工子女学校，带到驻守部队，还有农村文化礼堂、家庭图书馆、乡村校园图书馆、书香校园等蓬勃发展，这些都很好地配合了和合书吧的建设。其中较为有特色的是和合书吧的升级版——和合书院的建设。以台州市的首家和合书院——尚斌书院为例，该书院开设在邵家渡中心校校园内，为邵家渡街道与邵家渡中心校共建，共有藏书4万余册，分为儿童阅读区和成人阅读区,可供学校师生与校外市民共同使用。书院设有两扇门,其中一扇开在中心校内,专供学生出入,学生可以在课后来这里看书,放学后,也可在书院中做作业,阅读,等候家长;另外一扇开在校外,市民可持身份证、市民卡进书院阅读。这样一种融合发展的模式也充分体现了台州市的"和合"理念。

# 3. 台州市"和合书吧"运营模式

和合书吧的建设由市图书馆统一统筹,区、县图书馆根据自己的实际情况与社会力量共建。台州市下辖 3 个市辖区、3 个县级市、3 个县,各个区县图书馆在自动化系统、规章制度等方面均存在差异,台州市图书馆毛旭馆长认为与其花费大量的时间和财力去进行不同分馆的统一管理,倒不如让各馆发挥其主观能动性,在《台州市和合书吧(24 小时自助图书馆)建设、服务标准》的规范下,编制自己的规则,独立自主地进行和合书吧的推广和运营。市图书馆在其中提供必要的指导,并对各个馆的核心业务数据进行异地备份,与各个区县图书馆形成了类似"联邦制"的模式。因此,台州市的"和合书吧"也出现了多种联建模式,除参加联合的设备招标外,其余如寻址、设计、建设等均由各区县图书馆在统一标准指导下完成。主要的联建模式包括如下几种。

## 3.1 企事业单位联建模式

由企事业单位提供面向市民全天免费开放的场所,图书馆与之签订相关协议,规定由企事业单位无偿提供场地并承担城市书房的物业管理,图书馆提供图书资源及自助借还设备及技术支持。以体育场路分馆为例,其房屋产权为开发区管委会所有,并且由开发区管委会提供建设资金,其余设计、建设事宜均由图书馆负责。而双庆家居分馆是台州市首家进驻工业区的和合书吧,联建方为双庆家居有限公司,该书吧建在黄岩双庆家居厂区,不仅可以满足厂内工人阅读、休闲需求,还能辐射周边,吸引其他企业的员工就近看书、借书。这样的建设模式能够充分发挥图书馆的主观能动性,就建设效果而言是最佳的,但是对图书馆自身的要求也相对较高。目前这种模式也是市本级图书馆联建的主要模式,在其 8 家"和合书吧"中,有 5 家采用了与管委会或企业进行联建的模式。而在区县图书馆中,只有为数不多的几家书吧采用了这种联建模式。

表1　采用企事业单位联建模式的和合书吧

| 序号 | 名称 | 所属区县 | 面积（m²） | 藏书（册） | 建设单位 |
|---|---|---|---|---|---|
| 002 | 体育场路分馆 | 市本级 | 260 | 20 000 | 开发区管委会、台州市图书馆 |
| 007 | 开元路（商业街）分馆 | 市本级 | 150 | 15 000 | 开发区管委会、台州市图书馆 |
| 010 | 双庆家居分馆 | 市本级 | 350 | 20 000 | 双庆家居有限公司、台州市图书馆 |
| 027 | 月湖分馆 | 市本级 | 230 | 15 000 | 集聚区管委会、台州市图书馆 |
| 039 | 和合公园书吧 | 市本级 | 100 | 2 000 | 开发区管委会、台州市图书馆 |
| 009 | 温岭城市新区自助图书馆 | 温岭市 | 300 | 1 7000 | 温岭城市新区管委会、温岭市图书馆 |
| 024 | 楚洲24小时自助图书馆 | 玉环市 | 50 | 4 774 | 玉环市清港镇、玉环市图书馆 |
| 040 | 天台供电局劳动路分馆 | 天台县 | 164 | 18 000 | 天台县图书馆、天台县电力局 |
| 031 | 仙居党校分馆 | 仙居县 | 500 | 100 000 | 仙居县图书馆、县委党校 |

## 3.2　街道社区联建模式

即通过与街道或社区合作,选择原来具备一定基础的街道或社区图书馆进行改造和装修后形成标准化的书吧,或由街道或社区提供空间场地、物业等进行书吧的建设。这种模式合作比较复杂,建设主体往往会落在居委会或街道办事处,其优势在于街道居委的资金投入有保障,建设效率较高,同时,由于周边市民密集,能够辐射到较多的读者,不需要做太多的宣传推广工作,就能迅速地带动周边的阅读氛围。目前在椒江区、黄岩区以及仙居县均有此类联建模式。

表 2　采用街道社区联建模式的和合书吧

| 序号 | 名称 | 所属区县 | 面积（m²） | 藏书（册） | 建设单位 |
|------|------|----------|------------|-----------|----------|
| 003 | 洪家街道和合书吧 | 椒江区 | 350 | 20 000 | 洪家街道兆桥村、椒江区图书馆 |
| 011 | 前所下浦村和合书吧 | 椒江区 | 300 | 20 000 | 椒江区图书馆、前所街道下浦村 |
| 015 | 澄江街道书吧 | 黄岩区 | 270 | 13 000 | 黄岩区图书馆、澄江街道办事处 |
| 022 | 江口街道分馆 | 黄岩区 | 200 | 12 000 | 黄岩区图书馆、江口街道办事处 |
| 026 | 黄岩北城分馆 | 黄岩区 | 200 | 20 000 | 黄岩区图书馆、北城街道办事处 |
| 017 | 仙居县图书馆安洲分馆 | 仙居县 | 200 | 20 000 | 仙居县图书馆、安洲街道 |

## 3.3　开发现有公共文化场所资源模式

一些已经建成的公共文化场所往往会存在富余的空间,图书馆可以充分利用这些空间进行书吧的建设。一方面,可以使空间资源得到有效的利用,另一方面,也可与周边其他的公共文化设施互为补充,形成立体化的公共文化设施体系。比如妇女儿童活动中心书吧即为台州市图书馆与台州市妇女儿童活动中心联建。该中心是市区儿童艺术培训的重点单位之一,每逢周末就有近 7000 名少儿聚集在此,很多家长送孩子来之后,只能坐着等孩子下课,玩手机便成了他们唯一的消遣;有些家长不玩手机,但是喜欢在教室外陪看孩子上课,又会干扰课堂。恰逢台州市图书馆有意在市民广场周边成立一家新的和合书吧,中心果断提出申办。建成的妇女儿童活动中心书吧极具特色,整个书吧以墨绿、橘红等亮色系为主,设有专门的儿童阅览区,装潢富有童趣,米老鼠形状的书架上摆满了儿童书籍,四周的立柱、边角贴心地包裹了防撞软垫,以防孩子们磕碰。同时也充分考虑家长的阅读需求,在儿童阅览区对面,几个落地书柜放的多是适宜家长阅读的书籍,包括文学、教育、心理学、历史等书目,足以让每个家长找到自己的兴趣爱好。该书吧还不定期开展"父母学堂"系列讲座,由专业的老师传授育儿知识。

## 3.4　与茶吧、咖啡吧合作共建模式

近几年来,随着人们生活水平的提高,茶吧、咖啡吧逐渐成为人们休闲的去

处。在品茶喝咖啡之余,人们也习惯于在此阅读,但是阅读资源十分有限。因此,一些茶吧、咖啡吧也有与图书馆合建书吧的需求。同时,茶吧、咖啡吧一般开设在繁华的商业地段,拥有较多的人流量,这也有利于为书吧吸引读者。位于和合公园内的书吧就是与茶吧进行共建,书吧内拥有 2 000 余册馆藏,并设有"台州地方文献专柜",有图书 300 余册,专柜图书涵盖地方史料、台州籍作家著作等,并有偿提供茶水、咖啡、冷饮、果品零售等服务。同时,为了节省空间,该书吧并未设置自助借还设备,而是开通了手机图书流通系统,办理了台州市图书馆借阅证或者县(市、区)图书馆借阅证的市民均可在此书吧借还图书。同时,该书吧的图书也可还至台州市图书馆。许多来此休憩的市民既可品茶,又可享受书香,赢得了众多市民的好评。但是这类联建模式是在茶吧、咖啡吧已有设施的基础上进行建设,同时必须保留茶吧、咖啡吧的相关设施,受空间的限制,所能容纳的图书以及提供的座位都较为有限。

# 4. 台州市"和合书吧"建设经验

由于台州市图书馆建馆时间短,在资源、设施等方面不如其他市级图书馆,为了能够实现快速发展,必须要借助外力,充分利用社会资源。因此,在台州市图书馆的各项工作中,都体现着"整合社会资源,助力图书馆发展"的理念,譬如馆藏资源建设[4]、市民讲堂活动、图书馆推广宣传。而和合书吧的建设,更是充分体现了这一理念。

(1)场地选择。场馆形态的自助图书馆首先需要解决场地的问题,单靠图书馆自身显然难以解决这一难题。而社会上一些企事业单位、街道社区、公共文化场所等往往有富裕的空间资源,这些单位往往也都有文化建设的需求,但是缺少图书资源。两者的结合能够形成优势互补,实现资源的最大化利用。目前,台州市绝大多数和合书吧都采用了由图书馆提供资源和设备,其他单位提供场地的这样一种联建方式,从而推进了和合书吧的快速发展。

(2)资源建设。在资金有限的情况下,依托社会力量进行书吧的资源建设是一条非常有效的途径。在 2009 年台州市图书馆开放前夕,市委办市府办就以联合发文的形式要求各单位、部门做好文献征集的配合工作,台州市图书馆也通过印发征集通知,加强对个人、企业团体的捐赠引导工作,获得了良好的效果。在 2012 年浙江省公共图书馆地方文献工作考评时,虽然台州市图书馆开馆不到两年,却收藏了上千种图书文献,受到了考评组的一致肯定。在和合书吧的资源建设上,也充分吸收社会力量提供的资源,除了由个人或团体进行捐赠外,一些共建单位也会自行购置图书,充实所在书吧的资源。

（3）运营管理。除了依靠志愿者进行和合书吧的日常管理外，还充分依靠社会力量丰富服务类型。比如会定期邀请一些知名学者来和合书吧进行授课；一些书吧会提供毛笔字教学，弘扬中国传统文化；除此之外，一些书吧也会根据自身的特色举办一些培训，如妇女儿童活动中心书吧不定期开展的"父母学堂"系列讲座，传授育儿知识。在这些活动中，服务主力均非图书馆工作人员，而是充分利用了社会大众的力量。

（4）宣传推广。从2013年第一家24小时自助图书馆的推出到2016年和合书吧的快速发展，中间的沉寂期使台州市图书馆深刻认识到社会媒体进行宣传推广的重要性，目前台州市图书馆与市内的各大媒体建立了良好的合作关系。台州日报为台州市图书馆活动专门设立"读来馆往"的专栏，刊登各类活动信息；一些新的和合书吧的开放，台州日报也经常会撰写稿件进行报道。除此之外，台州交通广播、台州音乐台、台州600新闻频道等媒体也实时跟踪和合书吧的建设情况。

# 5. 结语

与温州市的"城市书房"相比，台州市的和合书吧具有更加多样化的建设模式，管理模式和开放时间上也更具弹性，使得和合书吧在不同的区域发挥着不同的主要功能，这充分反映了公共图书馆在面对相同的用户需求时可以具有不同的解决方案，不同的图书馆也必须根据自己的实际情况选择适合自己的发展道路。与台州市图书馆类似，许多公共图书馆在创新之初往往缺少足够的人力或资金支持，无法仅凭自身力量满足读者需求，台州市图书馆这种通过与社会力量合作，以合作促发展，以发展吸引更多合作的模式，给予了我们很好的启示。未来，这种利用社会力量参与公共文化建设的道路，也将在更多方面发挥其优势，实现社会公共资源的效用最大化。

**参考文献**

[1] 钟新革.东莞图书馆自助图书馆建设实践[J].图书馆建设，2007(02)：7-8.

[2] 熊泽泉，段宇锋.RFID技术在深圳图书馆的应用[J].图书馆杂志，2018(03)：49-55.

[3] 王军飞.24小时自助图书馆建设探析[J].图书馆研究与工作，2017(08)：71-73.

[4] 张艳婷.整合社会资源助力图书馆发展——以台州市图书馆为例[J].图书馆研究与工作，2015(03)：29-31.

# 杭州主题图书馆的建设和发展
## ——以运动主题图书馆为例*

段宇锋① 张代琪②(华东师范大学经济与管理学部)

**摘　要**：本文以运动主题图书馆的建设和运营为例，首先陈述了杭州图书馆主题图书馆"四维一体"的建设模式，即以读者需求为中心，以特色资源、空间设计、社会合作、主题服务为维度的一体化、多层次综合模式。进而阐述了主题图书馆运营过程中活动宣传、工作标准化、图书馆与企业和志愿者的合作等重要的制度保障机制设计的内容。

**关键词**：主题图书馆；资源建设；服务模式；建筑设计；社会合作

以文化特色服务增添城市的人文韵味，以个性互动体验提升服务的深度与温情——这就是主题图书馆(以下简称"主题分馆")。主题分馆通过特定领域（某一或多个领域）的专藏和服务满足人们对专类知识和信息需求，[1]是图书馆的重要形式。2008年，杭州图书馆新馆开馆之际，推出了第一个主题分馆——音乐主题分馆。运营伊始，它就以舒适的环境、高品质的设备、丰富的馆藏吸引了大批读者，杭州图书馆也由此走上主题分馆建设之路。

---

\* 案例发表于《图书馆杂志》2020年第8期。文中未注明出处的数据和素材来源于对杭州图书馆和杭州图书馆运动分馆的访谈和内部资料，在此衷心感谢杭州图书馆和杭州图书馆运动分馆对本文撰写提供的支持。

① 段宇锋，华东师范大学经济与管理学部，教授，博士生导师。

② 张代琪，华东师范大学经济与管理学部，硕士研究生。

# 1. 杭州图书馆主题分馆建设概况

## 1.1　主题分馆的创意萌芽

2006 年,杭州图书馆开始筹建新馆。新馆位于 2001 年才开始建设的钱江新城,坐落在杭州市城区的东南部,距离市区较远,基础设施也不完善。如何吸引读者走进图书馆、爱上图书馆,成为杭州图书馆亟待解决的问题。为此,杭州图书馆组织力量对全球图书馆的特色服务和发展趋势进行了广泛而深入的调研。

纽约图书馆秉承"以人为本,致力于注重人的需求、可接近性、开放性等融合"的理念,建立的四座学术研究中心给杭州图书馆新馆建设提供了灵感。纽约作为美国最大的城市之一,是民族种群和移民人数最多的城市。为了应对多元文化所带来的挑战,纽约图书馆于 1925 年成立绍姆贝格黑人文化研究中心。它致力于展示、珍藏和研究非洲裔美国人、非洲侨民的资料;人文科学和社会科学图书馆将其建筑外观设计和其象征着自由、开放的民主理念相融合,通过"内外兼修"的方式,成为与其主题相关的建筑设计典范;科学、工业和商业图书馆为需要专业商业咨询的读者提供品牌化和系列化服务;位于林肯中心的纽约表演艺术公共图书馆得到了多位纽约市慈善家和音乐家定期捐款的支持得以稳步发展,是图书馆资源和社会资源整合建设的优秀案例。这四座美国学术研究中心将特色资源建设、图书馆建筑设计、服务模式以及社会合作相融合,为图书馆深入开展个性化服务奠定了坚实的基础。这四座学术研究型图书馆不仅满足了本地读者的个性化需求,也为全世界了解纽约这座城市打开了新的窗口。

借鉴纽约图书馆的学术研究中心,结合杭州图书馆的特点,时任馆长褚树青提出要打造一个有特殊文献、特殊服务、特殊读者的图书馆,将跨界元素相互融合,以特定领域的品牌建设推动公共图书馆事业全面发展。

## 1.2　主题分馆的试点和发展

主题的选取是主题分馆建设的关键[2]。杭州图书馆以杭州特色文化、社会发展趋势以及受众群体为切入点展开调研。初步锁定"音乐"、"茶学"、"佛学"等主题。随后,结合使杭州图书馆新馆成为"杭州市民的第二起居室"的定位,[3] 最终确定以"音乐"为主题。相较于其他主题,音乐受众广泛,是大众喜闻乐见的艺术形式。为了让人们切身感受音乐的魅力,音乐分馆的建设不仅在空间设计、音乐资源的组织等方面精益求精,对音响设备的投入也是不遗余力。音乐分馆为高保真视听区的三个 HI-FI 音乐室配备了德国喇叭花、美国 ROCKPORT 太阳神、英国天朗等全球领先的音响设备。无论人们是专程来音乐分馆体验音乐文化,还是在杭州新馆学习之余的放松,音乐主题分馆都可以为他们提供温馨的环境和高品质的视听体验。音乐分馆开馆之后,读者纷至沓来,成为杭州图书馆新馆的服务亮点。

音乐分馆的成功落地,激励着杭州图书馆在主题分馆建设上展开更多探索。截至 2019 年第一季度,通过直建、委托、共建共管等方式杭州图书馆陆续新建、改扩建了生活、环保、佛学、南宋序集、棋院、印学、茶文化等 18 家主题分馆。不同主题的分馆在吸引大量相关主题领域读者的同时,通过图书推介、举办活动等方式培养了大批相关领域的爱好者。这种"个性鲜明"的图书馆不仅获得了社会各界的一致好评,还引起了媒体的广泛注意,甚至在很长一段时间都是热门话题,被称为"网红图书馆"。

通过多年的探索,杭州图书馆的主题分馆建设形成了以读者需求为中心,以特色资源建设、图书馆空间设计、社会合作以及服务模式设计为维度,实现一体化、多维度的主题图书馆综合建设模式,即"四维一体"模式。以空间而言,主题分馆采取"馆中馆"和"馆外办馆"两种模式。"馆中馆"采用软分隔的方式,在大馆中开辟相对独立的空间。而在"馆外馆"的设计中,为了体现图书馆平等、无障碍等理念,进门不用刷卡,任何人都可以进入,通过设置门禁来防止图书被意外带出;以资源而言,主题分馆的文献主要是以杭州图书馆相关主题文献为基础,每年完成规定的采购任务进行资源的补充和完善。如果主题分馆内没有读者需要的专业性图书,图书馆则会推荐采购或者馆员为读者推荐可替代书籍;以社会合作而言,主题分馆吸收丰富的社会专业资源,实现跨界跨行业的社会合作,充分利用社会力量办馆,扩大图书馆的社会影响力;以服务而言,主题分馆以加强体验感受为目标,提升与读者的互动性。通过这四个维度的建设,最终达到主题分馆以读者为中心,促进知识流通,创新交流环境和激发社群活力的目的。

# 2. 运动分馆的建设

11 年间,18 座主题分馆所构成集群的社会效益日益凸显,形成较大的社会反响,这其中也不乏优秀个体。2018 年,中国图书馆学会阅读推广委员在申报"发现图书馆阅读推广特色人文空间"的 107 个案例中,将杭州图书馆运动主题分馆(以下简称"运动分馆")评选为一等奖。主题分馆各具特色,运营模式也不尽相同,但总体建设模式与体制机制建设规律仍有章可循。[2] 下文以该馆的建设和运营为例,分析并归纳其主题分馆建设的成功经验。

## 2.1　缘起

　　杭州八方电信有限公司成立于1997年,连续八年被杭州市人民政府评授予"AAA级信用"的荣誉称号。公司创建之初就一直热心慈善事业,十分关注公共文化事业的发展。2015年初,杭州八方电信有限公司被杭州图书馆的社会声誉所吸引,出于集团发展和回馈社会的初衷,主动联系杭州图书馆探讨在未来科技城合作建立图书馆。科技城周围有阿里巴巴淘宝城、中国移动4G研究院、南方水泥、奥克斯研究院等高端产业园区,杭州师范大学、浙江理工大学、浙江省委党校等院校也纷纷择址科技城。该区块聚集了一大批高层次、年轻化的人才群体,但当时却没有完备的公共文化设施。

　　双方接触之初,在建设模式上就出现了分歧。公司仅希望借助杭州图书馆的平台,在小区中建立传统的阅览室。褚树青馆长则认为,借助杭州图书馆的社会声誉,这种模式在运营之初也许可以将读者"请进来",但是很难将其"留下来"。因而,希望建成主题分馆,将其打造为该区域人群学习、休闲及娱乐的第三文化空间。持续的社会影响和效应更有利于双方在合作的过程中实现共赢。双方经过深入磋商,达成建设主题分馆的共识。

　　科技城汇聚了大量在高新企业任职的年轻人,他们阳光热情,追求时尚,在工作之余喜欢用体育运动缓解自身压力。当时,杭州正在如火如荼地申办2022年亚运会。如果申办成功,运动主题分馆便可为亚运会的筹备建设提供专业知识支持和文化服务。而且,2014年国务院印发《关于加快发展体育产业促进体育消费的若干意见》将全民健身上升为国家战略。在"全民健身运动已经成为民族复兴的新动力、经济转型的新趋势、民生需求的新期待"的大背景下,作为社会公共文化服务机构的图书馆应主动出击、积极作为,为国家战略发展提供有力的文化支持。基于以上三点,双方决定将"运动"作为分馆主题。

## 2.2　资源建设

### 2.2.1　图书资源的配置

　　特色馆藏是主题分馆的基础[4]。运动主题图书主要涉及体育明星、体育文化及体育艺术,它们都可以有效满足读者获取竞技体育信息的精神和信息需求。随着生活水平的不断提高,人们对于健康和休闲的重视程度越来越高,健美健身类体育图书,如瑜伽、健身操等逐渐为读者所喜爱。运动分馆的周边主要是年轻人,他们对滑翔伞、轮滑、高尔夫、攀岩、射击等时尚户外体育项目充满热情。此外,棋牌类、垂钓类、旅游类等休闲活动类的图书,还有一些结构更为自由和宽泛的收藏类、拍卖活动类等其他文体活动类图书也受到读者的欢迎[5]。考虑到读者多为体育的非专业人士,则应注重选择那些图解更加生动形象的图书。鉴于读者对运动的兴趣广泛,且体育运动类图书杂志有限,仅有 40 余种,因此运动分馆采用全部收录的方式。

主题图书馆一直因受众面狭窄、资源利用率不高而为业界诟病。杭州图书馆在为各主题分馆配置资源时,除主题特色资源外,还配置国内外文学、人物传记、散文、小说、摄影等面向大众的文化休闲类图书,占比约为 50%。并且,主题分馆也被纳入杭州三级图书服务网络,可以在杭州地区公共图书馆间实现图书"通借通还",通过这些措施提高主题分馆的服务效能。

在此基础上,杭州图书馆每年根据主题分馆的物理空间、读者反馈、主题图书的出版情况,以及总馆为主题分馆提供的书目名单确定购书经费,完成补充相关纸质信息资源的采购任务。

### 2.2.2　项目资源的引入

为了突显主题分馆同常规主题阅览室的差异,主题分馆多将活动作为核心业务工作。在资源建设过程中,一方面激活各种形式的文献,另一方面以新的设备设施增强互动性和体验性。18 座主题分馆中,有 12 座均引入能突出主题特色的项目资源,占比高达 66.7%。以运动分馆为例,在运动项目的选择上,优先考虑老百姓在日常生活中感兴趣,而又难接触到的运动项目。结合运动项目所需空间、运动所代表的文化、运动项目产生的声音、安全性等因素筛选拟引入项目。运动项目合作方必须具有较为雄厚的实力和良好的信用。经过层层筛选,运动分馆最终选择杭州名仕远景高尔夫俱乐部和杭州钱塘弓社射箭馆作为合作伙伴,接收两家单位捐赠的室内高尔夫、射箭运动项目体验设备各一套,以取中西合璧、古今交融之意。此后运动分馆又陆续引入骑行、击剑和体测等项目。

## 2.3　空间设计

主题图书馆为了充分发挥文献和本主题项目资源的优势,14 座主题图书馆均是根据主题内容进行图书馆整体建筑设计或是空间设计与布局。具体来说,运动分馆使读者既可在学习之余体验运动的乐趣,亦可在运动之后享受阅读静谧时光的空间。运动分馆在空间设计上采取动静分离、动中有静的设计:一楼以动感设计为主,设有射箭和高尔夫等运动项目的体验区,方便教练进行运动指导以及读者间的交流。为了更好地服务于"以活动为中心"的办馆理念,一楼增设信息共享空间,为读者提供讲座和沙龙讨论的场地。同时,考虑到运动分馆位于社区中,讲座和沙龙的形式应较为轻松。为了突出温馨的氛围,共享空间的室内设计采用"非正式学习空间"的设计方案,没有严肃的桌椅,而是将座位设计成加大宽度的阶梯形式。配备多媒体投影设备以便分享与交流。二楼为安静的阅读学习区和图书馆办公区,此区域依靠色彩搭配和细节处理加强人文色彩。墙体为立式书架所装饰,书架、阅览桌以及地板皆是暖暖的实木色调,给人以亲切、温和之感;门窗均采用大块的落地玻璃,给人洁净、轻盈之感。

## 2.4　社会合作

### 2.4.1　预热

经过近半年筹建,杭州图书馆运动分馆的开馆时间日渐临近。运动分馆地理位置较偏,距市区有一个半小时的车程,在开馆时能否产生较大的影响力成为突出的不确定因素。在运动设施引进过程中,杭州名仕远景高尔夫俱乐部和杭州钱塘弓社射箭馆两家合作单位在开展公益活动方面有明显的意向,因而运动分馆计划组织一个为期5天的免费运动训练体验营。杭州八方电信有限公司为该次活动提供经费支持,杭州名仕远景高尔夫俱乐部和杭州钱塘弓社射箭馆提供教练指导,杭州图书馆提供场地,在各方的共同努力下,运动分馆暑期青少年运动训练体验营活动在开馆的前一个月正式开始。60余位青少年齐聚在杭州图书馆运动分馆,为开馆预热。

开馆当天,近千名运动爱好者参与了开幕式。运动分馆以骑友网、6628等社团为基础,成立"杭州图书馆市民运动队"之骑行俱乐部、酷跑俱乐部两支队伍,沿西溪湿地骑行、慢跑。《杭州日报》、《钱江晚报》、《浙江日报》、《青年时报》、杭州电视台等多家主流媒体对开幕式进行报道,许多摄影爱好者定格开幕式过程中运动、阅读、表演的精彩瞬间。此后,还从中挑选出50幅作品在运动分馆和各"馆外体验点"举办摄影巡回展,以线上线下结合的方式评选出奖项,在享受乐趣的同时提升了运动分馆的知名度。

### 2.4.2　馆外延伸

为了进一步提升社会效应,实现持续"引流",运动分馆开始寻求同更多运动场馆的合作。选择的合作场馆必须具有营业执照,保障服务的专业性和安全性;其次,必须承诺协助运动分馆开展公益活动。当然,在合作过程中也满足合作方借助杭州图书馆的平台宣传自身的诉求,推广藏在"深闺"的运动项目。这种双赢的合作模式让更多市民可以体验和享受运动的乐趣,并成为分馆发展的不竭源泉。

为了提升辨识度和公信力,所有馆外体验点统一标识、统一挂牌、统一服务。在合作过程中,许多"馆外体验点"提出配置文献,提升文化氛围的要求。运动分馆考虑到这种形式能够进一步扩大服务辐射面,激活馆藏资源,于是将"馆外体验点"升级为"馆外阅读点"。馆外阅读点采取"集体借,集体还"的配书方式,资源配置遵循以综合性为主,结合场馆特点调整的原则。

## 2.5　服务设计

正式开馆后,运动分馆的运营目标是成为集学习空间、交流空间、创意空间、展示空间、娱乐空间于一体的"第三文化空间"。因而,如何设计服务成为运动分馆的核心问题。

### 2.5.1 "运动＋体验"

设备和项目是运动分馆的特色和优势资源,让读者在专业健身教练的指导下体验运动的乐趣成为服务开发的重点。考虑到运动分馆的主要服务对象工作日较忙,运动分馆便将体验活动时间安排在周六下午。届时,专业教练现场指导读者参与射箭、高尔夫、骑行等运动。教练大多来自志愿者协会、体育局的推荐,也可以直接从体育队聘请,都具有相关行业的教练资格证或裁判员认证证书。

体验活动虽然不嵌入阅读,但图书馆由此建立起与这些潜在读者的联系,从而逐步引导阅读意愿和阅读能力不足的人走近阅读[6]。

### 2.5.2 "运动＋交流"

借助体验活动将读者吸引进图书馆之后,如何让读者形成归属感将读者留住,就成为重点考虑的问题。运动对现代人尤其是年轻人来说已经不仅仅是一种生活方式,也是一个社交平台。于是,"运动＋交流"的构思渐渐形成。

馆员们在与各种组织和社团交流的过程中发现,一些取得较高成就的"达人"十分乐于而且善于分享和交流。于是,运动分馆将"运动达人"纳入资源建设体系之中,设立"达人图书馆",让他们的经历以故事的形式呈现给读者。通过现场交流互动和思想情感上的碰撞,读者完成对这本"书"全面生动地解读[7]。每次交流会之后,都有读者表示达人们通过分享丰富而独特的人生经历,鲜活地展现了运动的内涵和魅力,向社会传递正能量。

### 2.5.3 "运动＋知识"

全民运动已成为社会热潮。运动贵在坚持,也重在适度,不科学的运动很容易造成损伤。鉴于此,运动分馆每月都组织公开课、展览等活动,推广运动项目,普及健身和养生知识。在谈及主题的选择时,运动分馆的馆员向我们介绍:"每一个馆外体验点的负责人都以自己的运动项目而感到自豪,我们就为他提供一个展示的平台"。

# 3. 体制机制建设

## 3.1 活动宣传

做好宣传是活动成功的前提条件。为了扩大活动信息覆盖范围,不仅会运用图书馆和合作机构官方微信和网站宣传,也会广泛发动读者在朋友圈传播,多途径地为活动造势。

　　活动报名主要以微信推文附带活动群二维码的方式为主,辅以网页和链接报名。为了保障活动效果,每次活动人数限制在 30 位左右。在报名过程中为了防止读者报名后违约而影响他人正常报名,图书馆规定每一个 ID 每次只能报一人。报名系统与诚信系统、积分系统关联,违约将直接影响后续活动的参加资格。如果读者报名后无法参与,可在活动开始之前的 24 小时内登录网页版报名页面自助取消。

　　杭州图书馆自 2018 年 9 月 1 日起,对馆内活动进行规范,打造全新"YUE"品牌。经笔者统计 2018 年 9 月 1 日至 2019 年 6 月 30 日,18 座主题图书馆中有佛学分馆、科技分馆、电影、音乐、运动、生活、环保 7 座分馆举办过大型活动,而这种活动宣传机制在举办活动的馆中普及程度达到 100%。

## 3.2　工作标准化

　　为提高活动质量,加强主题分馆间的学习、交流,18 座主题分馆严格遵守杭州图书馆 ISO 质量管理体系的规定控制组织实施的每一个环节。从策划、实施到评估都严格按照标准执行。这使得新馆员可以在最短时间内明确工作流程和要求,提高工作效率,保证工作质量,也便于进一步总结经验、教训。

　　在活动过程中,分馆与合作方各负其责。主合作方及其他社会合作方主要负责前期宣传、设置活动场地、协助读者签到、提供茶水及消耗品服务;分馆则主要负责活动策划、联系合作单位、制作海报、前期宣传、购买活动奖品以及撰写活动结束后的新闻报道。

## 3.3　合作机制

### 3.3.1　合作原则

　　66.7% 的杭州主题分馆是采用合作建设的模式,主题分馆在与企业和社会机构合作过程中始终把握"主导性、专业性"。杭州图书馆派遣工作人员开展专业性服务工作,全权负责分馆的业务管理,以确保主题分馆保持开放、公益性的服务理念,规章制度、管理流程、服务方式、服务内容乃至各种基础设施、形象标志等基本沿用总馆的做法。在财务支出方面,杭州图书馆承担运动分馆所有文献的采购,负责补充和丰富馆藏;企业则无偿提供服务场地,购置书桌、书架等基本设施,保障日常运转的水、电、物业管理、网络等基础运行费用。为确保合作的持续性和有效性,明确权责,还会邀请当地政府(街道办)作为第三方参与建设。为了避免日后可能产生的产权纠纷,三方以合同方式明确各自的权利和义务,约定财产的所有权[8]。

### 3.3.2　志愿者服务

　　主题图书馆馆员的数量大多仅为 1~3 名,日常工作繁重。因此,近半数的分馆积极借助志愿者的力量促进自身发展。为了使志愿者团队管理制度化、科学化和系统化,杭州图书馆在《杭州市志愿服务条例》等的基础上制定了《杭州图书馆志愿者服务须知》,形成了从国家、省市到图书馆各层面完整的制度体系,使图书馆志愿者服务做到有制度可依。

主题分馆多与其附近的企业、社会机构和学校达成志愿者实践基地合作协议,还通过《杭州日报》、志愿者组织等途径面向社会招募 18 至 50 岁之间的志愿者。在正式上岗之前,志愿者要接受基本素质和技能培训。志愿者在服务时佩戴统一的标志,他们不仅可以解决日常管理问题,例如前台服务咨询解答、书籍整理、维护馆内秩序等,还能及时、全面地满足读者的个性化需求。在志愿者工作过程中,如果遇到无法处理的情况,则联系馆员。志愿者服务实行签到、签退制度。志愿服务虽然是无偿的,但每位志愿者可获得每日 60 元的交通补贴以及营养午餐,当服务时长满足一定条件后亦可享受志愿者礼遇。

## 3.4　品牌建设

主题分馆建设的目的之一是让读者去了解相关主题文化,在此过程中提升读者对图书馆的认知度,形成品牌忠诚度。55.6% 的主题分馆有自己的主题品牌活动。举例来说,运动分馆初以"运动啦"作为品牌。为了防止"去图书馆化",分馆策划了"阅读遇上运动"主题品牌活动,采用"阅读＋运动"和"体验＋分享"相结合的方式。为使活动更贴近群众和生活,运动分馆紧紧围绕时事热点、时间节点、时尚元素将运动与阅读有机结合。2017 年,央视《朗读者》掀起全民朗读热潮,很多机构建立了固定的阅读亭。运动分馆则在其中加入"运动"元素,与杭州师范大学图书馆、咪咕数字传媒合作举办"运动达人朗读接力"主题活动,将一个个固定的阅读点串联起来。活动由运动分馆统筹规划,吸引到骑友网、爱动人、汤姆约客咖啡、Fresh 营养运动餐、小巴保险科技等社会机构的支持,筹集活动经费 2 万余元,60 余位运动达人、大学生和喜欢读书的市民参加,《杭州日报》《每日商报》、杭州在线等多家主流媒体进行了报道。

# 4. 结语

"整合"主题信息,"联动"社会资源,"营造"主题氛围,从零点起步到广为人知,从点滴想法到自成体系,从单枪匹马到多方合作,杭州图书馆主题分馆一路走来获得社会各界的一致肯定和广泛赞誉。它不仅秉持着"政府主导、社会参与、共建共享"的发展理念[9],更是一直努力践行着体验感受、交流互动、知识传播的服务方式,积极开展各项促进市民美好生活所需的文化活动,成为市民和游客学习知识、品味文化、了解杭州的好去处。

　　2019年3月8日,杭州图书馆第18家主题分馆——李白诗词文化分馆正式开馆,它的成立推动了文化和旅游多角度、全链条的深度融合,开启了杭州图书馆在文旅融合背景下"图书馆＋"模式的新探索。我们真诚期待,在未来,杭州图书馆继续推动主题分馆集群建设,深化功能布局,点亮主题特色。以活动为纽带,让阅读和特色主题结合,成为聚集馆外社会资源、拓展图书馆服务创新的引航者、公共文化服务体系中不可或缺的新高地。

**参考文献**

[1] 王世伟.主题图书馆述略[J].山东图书馆学刊,2009(04):36-38.

[2] 许慧颖.我国主题图书馆的发展分析[J].图书馆学研究,2013(07):23-27.

[3] 中国文明网.杭州图书馆将打造"文化综合体"[EB/OL].[2019-06-07].http://www.wenming.cn/book/pdjj/201309/t20130929_1497143.shtml.

[4] 屠淑敏.试论公共图书馆服务体系中主题图书馆建设——基于杭州主题图书馆建设实践的思考[J].图书馆工作与研究,2016(03):77-81.

[5] 王爱萍.中外体育图书出版比较及其建议[J].出版发行研究,2017(10):52-55.

[6] 范并思.图书馆服务创新中的推广活动[J].大学图书情报学刊,2019,37(01):3-6.

[7] 朱峻薇,邵春骁,石璞.公共图书馆主题特色服务社会化合作的实践探索——以杭州图书馆运动分馆为例[J].图书馆研究与工作,2018(11):19-22.

[8] 余子牛.巧妇且为无米之炊[J].图书与情报,2009(05):92-96.

[9] 杭州市文化广电新闻出版局.当李白来到杭州,这座新诞生的图书馆便有了"诗和远方"……[EB/OL].[2019-06-07].http://wh.hangzhou.gov.cn/art/2019/3/13/art_1552178_31000885.html.

# 重点群体服务创新

联合国教科文组织（UNESCO）在《IFLA/UNESCO Public Library Manifesto 1994》中宣告，"公共图书馆是地区的信息中心，它向用户迅速提供各种知识和信息。每一个人都有平等享受公共图书馆服务的权利，而不受年龄、种族、性别、宗教信仰、国籍、语言或社会地位的限制。对因故不能享用常规服务和资料的用户，例如少数民族用户、残疾用户、医院病人或监狱囚犯，必须向其提供特殊服务和资料"。《中华人民共和国公共图书馆法》第七条、第三十四条也明确指出"国家扶持革命老区、民族地区、边疆地区和贫困地区公共图书馆事业的发展"，"政府设立的公共图书馆应当设置少年儿童阅览区域，根据少年儿童的特点配备相应的专业人员，开展面向少年儿童的阅读指导和社会教育活动，并为学校开展有关课外活动提供支持。有条件的地区可以单独设立少年儿童图书馆。政府设立的公共图书馆应当考虑老年人、残疾人等群体的特点，积极创造条件，提供适合其需要的文献信息、无障碍设施设备和服务等"。

改革开放以来，我国公共图书馆事业蓬勃发展。各地、各级公共图书馆秉承公平、均等的服务原则，给予儿童、残障人群服务高度关注，在实践中涌现出许许多多的优秀案例。然而，由于区域经济和社会发展的不平衡，乡镇、贫困和边远地区的公共图书馆服务依然比较薄弱，这必将成为下一阶段我国公共图书馆事业建设和发展的重中之重。

# 点亮心灯
## ——记浦东图书馆视障者服务 *

段宇锋① 徐红芳② 王灿昊③（华东师范大学经济与管理学部）

**摘　要**：公共图书馆作为保障公民知识文化权益的社会机构，有义务为包括视障者在内的弱势群体提供平等服务。本文通过对上海浦东图书馆视障者服务项目相关负责人进行深入访谈，追溯其平等服务理念和人文关怀精神的来源，详细介绍了无障碍电脑培训班的筹备、发展和优化过程，包括课程的设置、讲师和馆员的选择等，并对浦东图书馆、媒体以及社会各界的参与对视障者服务的推动作用进行了描述和总结。

**关键词**：公共图书馆；平等服务；视障读者；电脑培训

# 1. 点亮心灯

2010 年，对于上海浦东图书馆来说是不平凡的一年，对于中国图书馆界而言更是值得铭记的一年。就在这一年，浦东新区图书馆（于 2010 年 10 月更名为浦东图书馆）视障者服务获得了国际图书馆协会联合会（IFLA）ulverscroft 基金会颁发的最佳实践奖，这是中国图书馆首次获此殊荣。浦东图书馆视障者服务近十年的坚守和努力，得到了国内外同行的广泛关注和高度认可，这一路留下的是浦东图书馆人一步步坚实的脚印和一次次无悔的付出。

---

\*　案例发表于《图书馆杂志》2018 年第 8 期。文中未注明出处的数据和素材来源于对浦东图书馆的访谈和内部资料，在此衷心感谢浦东图书馆对本文撰写提供的支持。

①　段宇锋，华东师范大学经济与管理学部，教授，博士生导师。

②　徐红芳，华东师范大学经济与管理学部，硕士研究生。

③　王灿昊，华东师范大学经济与管理学部，博士研究生。

　　早在 2001 年,浦东图书馆就开始了对视障人士服务的尝试和探索。当时,国内虽然已经有部分图书馆为视障人士提供服务,但是效果都不尽如人意;再加上视障人群因为生理缺陷,长期脱离社会活动,获取信息的渠道有限,绝大多数都不知道图书馆是否会为他们提供服务,甚至担忧自身缺陷会给他人带来不便。在这样一个图书馆人与视障人群相互无沟通、无了解的尴尬处境下,浦东图书馆主动出击,率先打破僵局,在馆内划分专门的服务区域,采购和调拨盲人专用文献,并主动联系浦东新区残疾人联合会,通过他们的号召和组织,邀请视障人群到馆参观,以此建立视障人群对图书馆的信任。

　　浦东图书馆深知仅仅把视障人群"请进来"还远远不够,更重要的是能让他们"留下来",成为图书馆的常客。视障人群中的大部分都是后天致盲者,学习盲文、阅读盲文书籍对他们来说存在很大的难度;加之盲文书籍的出版周期长,传递的信息和知识严重滞后,高昂的成本也制约着盲文书籍的出版,导致可选择的品种极为有限。所以,依靠盲文书籍根本无法留住视障读者。在认真听取视障人群的意见,了解需求的同时,浦东图书馆把眼光投向了国外。当了解到国外研发出了一款读屏软件,可以将计算机上的文字转成声音时,浦东图书馆开始思考是否可以运用这项技术支持视障人群的阅读?此时,恰逢上海基督教青年会接受国外一笔捐赠,专门用于视障者的教育培训。于是,浦东图书馆决定利用上海基督教青年会的师资为视障人群进行无障碍电脑培训。就这样,在上海基督教青年会和浦东新区残联的支持和帮助下,各方共同努力,第一期无障碍电脑培训班于 2002 年夏季正式开班。

　　从 2002 年到 2017 年,浦东图书馆共举办了 43 期无障碍电脑培训班,结业学员近 500 人,越来越多的视障人士通过无障碍电脑培训班的学习开启了新的生活。浦东图书馆也在全心全意为视障人群提供平等服务的理念支持下,先后两次荣获"上海市扶残助残先进集体";2014 年被评为全国视障者阅读推广优秀组织;2015 年被评为全国阅读推广案例一等奖;2016 年被评为全国五星级文化助盲志愿服务团队,同年还获得上海市百个优秀阅读推广组织的称号。这些成绩的获得都是浦东图书馆视障者服务成果的直观体现,也是社会对浦东图书馆视障者服务的赞誉。对于不断奋进的浦东图书馆人来说,荣誉只是对过往的肯定,未来仍需一步一个脚印,用真诚的服务、坚定的信念、无悔的付出去点亮视障者那尘封已久的心灯。

# 2. 以理为盏，以爱为芯——平等服务理念和人文关怀精神

## 2.1 平等服务理念

浦东图书馆视障者服务始终坚持为每一个读者提供平等的服务，尽全力满足每一个读者的合理要求。其理念源于 1994 年联合国教科文组织发布的《公共图书馆宣言》。宣言指出，"每一个人都有平等享受公共图书馆服务的权利，而不受年龄、种族、性别、宗教信仰、国籍、语言或社会地位的限制。对因故不能享用常规服务和资料的用户，例如少数民族用户、残疾用户、医院病人或监狱囚犯，必须向其提供特殊服务和资料"[1]。2008 年，中国图书馆学会在年会上正式发布的《图书馆服务宣言》也提出，"图书馆，特别是公共图书馆，以实现和保障公民基本阅读权利为职责，通过对全社会成员实行平等服务，维护公民享受图书馆服务的权利；图书馆提供人性化、便利化服务，致力于消除公众利用图书馆的困难，保障社会弱势群体获得图书馆服务的权利"[2]。《中华人民共和国残疾人保障法》《中共中央国务院关于残疾人事业发展的意见》（2008 年 3 月）、《中国残疾人"十一五发展纲要"》《中共中央宣传部等部门关于加强残疾人为文化建设的意见》（2012 年）等也都强调要保障残障人士的基本权益、为残障人士提供平等的文化服务。譬如，《关于加强残疾人为文化建设的意见》指出，"各类公共文化服务设施和爱国主义教育示范基地等要免费向残疾人开放或给予优惠，并提供无障碍服务；各级公共图书馆要建立视障者阅览室，配置盲文读物及相关设备"[3]。

如果说宣言和政策为浦东图书馆的视障者服务营造了良好的社会和政策环境，那么，浦东图书馆对这项服务的支持就是服务发展的基础。尽管是针对少数群体的服务，但是浦东图书馆全馆上下从人员到资金、设备、场地等都对视障者服务给予了百分百的支持。浦东图书馆每年都专门安排 10 万元经费用于视障者服务，并且配备了两名专职人员负责视障者在馆的各项活动。目前，馆藏盲文书籍已达 886 种共 1930 册，大字本 138 册，有声读物 458 种共 3545 盘；配置盲人专用电脑 15 台，均安装了专为盲人设计的阳光读屏软件和永德读屏软件。另外还配有点显器、刻印机、复印机、盲文打字机、阅读器、助视器、听书机、扫描棒、JVC 音响等多种盲人专用现代化设备。馆员们还自发成立了阳光基金，帮助生活困难的视障人士。

## 2.2 人文关怀精神

浦东图书馆在为视障人群提供平等服务的同时，也深知他们是所有读者中最

困难的人群。视力缺陷不仅让他们的行动受到了限制，也让他们的内心变得敏感甚至自卑。在服务过程中，浦东图书馆人给予他们更多的关怀，真正走进了他们的内心。

为了打开他们的心扉，浦东图书馆于 2001 年成立了视障者读书会。每月一期的读书会活动除了向视障者宣传和普及相关的政策，也会宣传与视障人群相关的活动，鼓励他们积极参与。而且，视障者之间也会在读书会上分享读书心得。读书会已从最初的 10 来人，发展到每个街道都有读书小组，成员超过 800 人。越来越多的视障者通过浦东图书馆相识，他们或是结伴相游，或是相约学习。这些曾经封闭、自卑的心灵开始重新接纳生活，拥抱阳光。这是浦东图书馆人十余年坚守得到的最暖心的回馈。

视障者在培训班学习过程中付出的努力是常人无法想象的。因为视力原因，学员往往要从电脑开机学起，操作键盘只能依靠双手去摸去感受，任何一个简单的动作都要让他们付出比常人多十倍、百倍的时间。为了让他们真正掌握所学知识，课后老师都会单独辅导学员，解答问题，甚至根据学员个人情况安排教学计划。很多视障学员在学习交流的过程中会流露出自卑心理，浦东图书馆意识到解开他们心结的重要性，因而，专门安排工作人员与这些学员交谈，了解他们的家庭状况、教育背景、工作经历等等，有针对性地进行心理疏导，让他们重拾自信。

浦东图书馆对视障人士给予的无私关怀影响着越来越多的社会团体。中国残疾人联合会制定的《残疾人实用评定标准》将视力残疾从差至优分为四级，一、二级视力残疾称为"盲人"，三、四级视力残疾称为"低视力"[4]。为确保视障者出行安全，浦东图书馆在视障者服务的相关制度中规定，全盲读者到馆必须有家人陪同，半盲或视力低下的读者可单独前往图书馆。浦东图书馆位于地铁 7 号线锦绣路站附近，地铁 7 号线自然就成为视障群体到达浦东图书馆的主要交通方式之一。地铁 7 号线锦绣路站工作人员本着"关注弱势群体"的精神主动与浦东图书馆联系，为到馆视障人士提供接送服务，为最后一公里保驾护航[5]。

# 3. 心有明灯长相随——始终把视障者需求放在首位

从第一期视障者无障碍电脑培训班以来，浦东图书馆始终把视障者需求放在首位。在课程的设置、讲师和馆员的选择等方面充分考虑视障者的需求。

## 3.1 精心组织课程

浦东图书馆采用的是永德读屏软件和冲浪星。永德读屏软件是运行在后台的工具软件。在一台装有声卡、耳机或音箱的普通计算机上安装后，Windows 操作系统就变成了带语音的操作系统。每按一次键盘,屏幕上出现新的内容或者可操作界面的状态出现变化,系统就会发出语音提示。冲浪星是一款运行于Windows系统,专为视障人士量身打造的综合性上网辅助程序,支持网站导航、广播电视、新闻报刊、歌曲音乐、视频影视、有声小说、实用查询、网络购物等功能。它将同类网站集合在一起,极大地缩短了视障者查询信息的时间。学员在两款软件的协助下,不仅缩短了适应电脑的时间,也提高了学习效率。

对于无障碍电脑培训班的课程设置,浦东图书馆没有做硬性的规定,而是根据视障人士的需求,在授课老师的共同参与下不断融入最新技术丰富课程内容。目前培训班的教学内容主要分为四个阶段:第一个阶段主要是让学员熟悉电脑,教会学员编辑文档和简单的排版。学员们自主选择是学习拼音输入法还是五笔字型法,然后分组教学。第二个阶段的课程主要学习快捷键、在 Windows 系统创建桌面快捷方式以及熟悉开始菜单里面的内容等。第三个阶段教授浏览网页,掌握百度搜索。由于网站变化大、操作较复杂,学员们还要学习使用冲浪星,利用冲浪星浏览网站。第四个阶段则学习 QQ 等聊天软件,掌握文字和语音聊天方法,学习收发文件。另外,也会根据学员的具体需求,传授他们从 QQ 面板转向 QQ 邮箱面板的方法,以及学习收发邮件等。有微弱光感的学员如果有看股票或者视频的需求,培训班也会将这些内容纳入后续的教学计划。为了保证教学质量,浦东图书馆将培训期由最初的 1 至 2 个月调整为 4 至 5 个月,每周安排两次课程,每期招收学员也控制在 12 人左右。

浦东图书馆还持续关注结业学员的后续发展。值得欣慰的是,越来越多的学员重新获得了工作机会,甚至有的学员开始自己创业。譬如,2003 年,一名学员即将大学毕业时,由于青光眼复发致盲,生活陷入一片黑暗。面对突如其来的打击,最初她选择了逃避。直到 2004 年,偶然间通过电台广播了解到浦东图书馆有针对视障人群的无障碍电脑培训班,她终于鼓起勇气走出第一步,接下来的学习让她重拾自信,找到了人生的方向。她主动利用学到的口述影像知识,将上海市中医文献馆老中医口传的磁带文献转化为能在计算机上永久保存的格式。2009年,她和一群志同道合的视障合伙人共同创办的"用心创世界"网店开张,这是全国首家完全由盲人自行经营管理的网店。不仅如此,公司还为越来越多的残障人士提供了就业岗位,通过举办网络培训班为残障伙伴提供就业、创业的知识和技能。2011 年,她被评为上海市第二届微型创业十佳新秀,她的团队也获得"淘宝大学最具成长力网商"称号;2012 年,她更是被评为全国就业创业优秀个人。

受此鼓舞,浦东图书馆于 2012 年增设无障碍电脑培训提高班,主要以沙龙形式,推动学员交流学习和使用电脑过程中遇到的难题,针对网上购物等个性化需求提供帮助和支持。2014 年,浦东图书馆的领导意识到手机是视障人士的重要工具,在日常生活和工作中,手机的使用频率比电脑高得多。于是在 2014 年又增设了手机阅读班,指导学员使用苹果手机 IOS 系统自带的 voiceover(语音辅助程序)功能,以及如何利用手机进行网上交流、购物。新课程一推出就引起了强烈的反响。目前,浦东图书馆的无障碍培训班从最初的基础班拓展为提高班、手机阅读班三个层次。

## 3.2　精选讲师和馆员

考虑到视障群体的特殊性,浦东图书馆极力促成从电脑培训班结业的学员担任讲师。这样不仅能拉近学员与讲师之间的距离,能够更有效地沟通;而且,在教学过程中也能准确地把握学员的学习难点,采取更有效的方式方法,从而提高学员的学习效率,保证培训质量。基础班的徐斌老师、手机阅读班的王臻老师,都曾因为视力障碍经历了人生的灰暗期。在浦东图书馆参加了无障碍电脑培训班后,他们抱着回馈社会的心态积极投入到培训班的教学工作,与学员共同学习、共同进步。

视障人群因为生理缺陷,内心极度敏感,与他们沟通需要馆员付出更多的耐心和爱心。视障人群在馆内的活动(如就餐等)都需要馆员的安排和引领,为视障者服务的馆员需要有更多奉献的精神和主动服务的意识。所以,如何配备视障者服务中心的馆员让浦东图书馆颇费心思。现有的两位馆员中,有一位就是读者服务中心的副主任。

浦东图书馆在这些细节上做出的努力只为了给视障人群提供行之有效的服务,拉近图书馆与视障人群的距离,满足他们个性化的需求,让众多的视障者真正受益,也让他们的生活得到真正的改善。

## 3.3　重返阳光下

除了电脑培训,浦东图书馆还主动承担起视障人群的心理疏导工作,引导他们重建积极的人生态度。每年浦东图书馆都会举办名为"重返阳光下"的征文活动,为视障者提供一个用文字表达自己内心世界,与外界交流的平台。并且还会把优秀作品精心装订成册,置于展览区和浦东图书馆网站展示。有读者以《读书改变我的生活》为题,感激经过无障碍电脑培训班的学习,让他们以另一种阅读方式重新捧起心爱的书籍,点亮心中的希望之光;有的读者把电脑喻为翅膀,让他重新在书本的世界里翱翔;还有的感叹学习这把神奇的钥匙打开了他心头沉重的枷锁,为紧闭的心房推开了一扇窗,让春风、阳光和雨露滋养了即将枯竭的心,让他重新找回了自信和勇气。

# 4. 灯光延四方——多方位宣传推广

浦东图书馆因其丰富多彩的视障者活动和定期开展的技能培训被视障人群亲切地称为"盲人之家",也成为社会了解视障群体的一个窗口,越来越多的人和社会组织通过媒体以及浦东图书馆的宣传开始关注他们。

## 4.1　媒体的关注和宣传

无障碍电脑培训班举办之初,视障人群对此没有多少了解。为此,浦东图书馆通过广播、电台、电视、报纸广泛宣传,这其中就包括上海东方都市广播"同一片蓝天下"栏目。栏目邀请培训班结业的视障人士做客电台,与听众分享自己的亲身经历和眼中的无障碍电脑培训班。慢慢地,越来越多的视障人士知道了浦东图书馆的视障者服务。

2011 年,东方网和中国新闻网分别对浦东图书馆视障者服务进行了题为《浦东图书馆为视障者打开心灵之窗 不靠眼也能用电脑》、《让文字变动听的上海浦东"盲人读书室"》的专题报道,详细介绍了浦东图书馆的无障碍电脑培训班。接着,中央电视台、上海电视台、《解放日报》、《东方早报》、《新闻晨报》等一批有影响力的媒体接连对此进行报道,引起了上级部门和领导的重视,也吸引了社会各界对视障人群的关注。这些重视和关注逐渐转化成有形的支持,极大地促进了浦东图书馆视障者服务的发展。

## 4.2　请进来,走出去

2010 年浦东图书馆获得国际图联团体最佳实践大奖,同时获得了大会奖励的 13000 英镑。浦东图书馆意识到自己的使命已不再仅仅是为本地区的视障群体提供服务,而是要为更多的视障人士提供学习的机会,推进全国公共图书馆的视障者服务工作。于是,他们决定将这笔资金用于全国视障人群服务的推广和培训。浦东图书馆不但出资邀请黑龙江、重庆、新疆等 14 家公共图书馆为视障者服务的工作人员到浦东图书馆参加"如何为视障者服务"的培训研讨,组织专人前往重庆、内蒙古以及黑龙江等地的公共图书馆讲学,和他们一起探讨如何更好地开展视障者的阅读服务;还专门拿出这笔奖金的一部分援建内蒙古包头市图书馆视障阅览室,为他们提供一些硬件设施并进行读屏软件使用的培训。"请进来、走出去"的方式不但塑造了浦东图书馆视障者服务的品牌,也直接推动了全国公共图书馆视障者服务的发展。

# 5.灯灯相续至如今——社会各界积极参与

2016年,浦东图书馆举办各类视障读者活动284场,参与人次高达4137人。越来越多的视障者走出了原有封闭的世界,重新融入社会,开启新的生活。这其中,不仅有浦东图书馆的不懈努力和付出,还有社会各界乃至视障人士自身的积极参与。

浦东图书馆每月都会播放无障碍电影。所谓无障碍电影就是专为方便残障人士观看,经过加工的电影,分为专供视障者和专供听障者两个版本。前者主要是通过重新剪辑增补大量配音解说,让视障者了解整部电影的内容,享受电影艺术的乐趣;后者则是通过增配字幕,让听力障碍者无障碍地欣赏电影。浦东图书馆入藏的无障碍电影已经超过200部,共600多盘。关于无障碍电影,这其中又有与浦东图书馆不得不说的故事。中国无障碍电影的创始人——蒋鸿源先生本是上海电影发行公司创作部的一名电影评论家,后来因为身体原因双眼视力骤降近乎失明,不得不离开工作岗位。2002年,蒋先生从浦东新区盲人协会了解到浦东图书馆开办视障者无障碍电脑培训班的消息,于是抱着试一试的心态报名参加了培训班。通过几个月的学习,蒋先生不但学会了利用读屏软件自主浏览网页、查阅资料,甚至还能在电脑上编辑文字,重新开始他的文学创作。于是,蒋先生发挥自己的专长,开始创作中国无障碍电影,让视障者欣赏电影的梦想成为现实[6]。

喜马拉雅FM也是浦东图书馆的合作伙伴。浦东图书馆在喜马拉雅这个平台上举办了诸如"内心城市——最美声音"等主题的视障者线上朗诵比赛,与比赛相关的消息以及参赛作品都会在喜马拉雅活动专区发布。喜马拉雅也利用自身优势,为视障人群提供大量的语音资源。其中,"你是我的眼"助盲公益活动,就邀请志愿者为视障者读一本书,并将声音上传至助盲公益平台,以期为视障者建立一个有声图书馆。在线下每月播放无障碍电影时,浦东图书馆都会邀请喜马拉雅团队的专业人员现场配音,给视障者带来不一样的听觉感受。

很多学生志愿者也加入到了浦东图书馆视障志愿者服务队伍。譬如,上海第二工业大学的学生志愿者会定期组织智力助残活动,前往包括视障在内的残障人士家庭,为他们的子女做义务家教;华东师范大学第二附属中学的学生志愿者利用课余时间,根据视障者需求朗诵各种作品并录制成音频保存下来。正是这些志愿者活动丰富了浦东图书馆的视障者服务,为浦东图书馆提供了丰富的阅读资源和人力支持。

# 6. 盼以新颜迎未来

因为地区发展不平衡、资金设备不完善以及对视障者服务意识薄弱等原因，目前全国公共图书馆视障者服务的发展水平是极度不平衡的[7]。原浦东新区图书馆馆长陈克杰先生透露，针对全国公共图书馆的《图书馆视障人士服务规范》已经起草完成，未来该规范将对全国公共图书馆如何开展视障人群服务提供明确的方向。

在采访即将结束之时，读者服务部郁伟东主任说道："视障者服务不在于轰轰烈烈，而在于平凡的坚持和点点滴滴的积累。"正是抱着这样的信念，浦东图书馆视障者服务走过了 15 年。在无数荣誉的背后，是浦东图书馆人的无私奉献和默默坚守，他们用自己的爱点亮了视障者的心灯，为视障人士开启了新的人生之路。

**参考文献**

[1] IFLA/UNESCO Public Library Manifesto 1994[EB/OL].[2016-09-01]. https://www.ifla.org/publications/iflaunesco-public-library-manifesto-1994.

[2] 图书馆服务宣言[OL].[2010-12-21]http://www.lsc.org.cn/c/cn/news/2010-12/21/news_5091.html.

[3] 关于加强残疾人为文化建设的意见[OL].[2012-04-10]http://www.wenming.cn/ziliao/wenjian/jigou/qita/201204/t20120410_602657_1.shtml.

[4] 中国残疾人实用评定标准[OL].[2006-12-02].http://www.gov.cn/ztzl/gacjr/content_459939.htm.

[5] 郁伟东.公共图书馆扶盲助盲志愿服务探析——以浦东图书馆为例[A].全国中小型公共图书馆联合会、中国知网中国知识资源总库编委会.全国中小型公共图书馆联合会 2015 年研讨会会议论文集(三)[C].全国中小型公共图书馆联合会、中国知网中国知识资源总库编委会,2015;7.

[6] 双伟巍.打开视障者心灵的窗户——以浦东图书馆视障者服务为例[J].四川图书馆学报,2016,(01);31-34.

[7] 廖瑶,付伟棠.我国公共图书馆盲人阅览室服务体系研究[J].图书馆论坛,2012,32(03);126-131.

# 为孩子开启智慧之门
## ——杭州少年儿童图书馆低幼服务 *

段宇锋①　周子番②　王灿昊③（华东师范大学经济与管理学部）

**摘　要**：随着社会的发展，国民素质普遍提高，人们越来越重视学龄前儿童的早教问题。杭州少年儿童图书馆立足于国内未成年人服务不足现状，建立了针对0～6岁低幼儿童的服务项目。本文在对杭州少年儿童图书馆实地考察以及与相关负责人交流的基础上，详述了杭州少年儿童图书馆如何通过自下而上渐进式的创新逐渐将低幼服务的想法转变为现实，以及在充分吸收志愿者加入到活动组织中的基础上，充实和架构低幼服务品牌的过程。

**关键词**：图书馆；学龄前儿童；未成年人服务；活动

杭州少年儿童图书馆坐落在钟灵毓秀的西子湖畔，作为杭州市唯一的少年儿童图书馆，它肩负着为杭州地区未成年人提供服务的重任。肩上的这份责任和担当，使得杭州少年儿童图书馆不断审视自身，锐意开拓，持续改善图书馆的环境和服务。2010年，杭州少年儿童图书馆开始旧馆改造，经过两年多的精心设计和施工，在2012年重新开馆，以全新的姿态迎接小读者们的到来。2013年8月，在中国图书馆学会举办的"阅读与圆梦"——第一届全国图书馆未成年人服务论坛上，杭州少年儿童图书馆的"小可妈妈伴小时"亲子课堂系列活动荣获优秀案例二等奖。重新开馆不到一年的时间就获得了如此喜人的成绩，它的背后是杭州少年儿童图书馆人对低幼服务孜孜不倦的探索。

---

　*　案例发表于《图书馆杂志》2019年第1期。文中未标明来源的图片和数据来源于对杭州少年儿童图书馆的访谈和内部资料，衷心感谢杭州少年儿童图书馆对本文撰写提供的支持。
　①　段宇锋，华东师范大学经济与管理学部，教授，博士生导师。
　②　周子番，华东师范大学经济与管理学部，硕士研究生。
　③　王灿昊，华东师范大学经济与管理学部，博士研究生。

# 1. 创新起点服务开端：低幼服务的思想萌芽

2011 年，为了解国内图书馆未成年人服务情况，探索提升服务能级的方向和策略，杭州少年儿童图书馆的领导和业务骨干走访调研了国内许多有特色未成年人服务的图书馆。调研结果显示：我国图书馆针对学龄儿童的阅读服务项目非常丰富，但是多数图书馆认为 0～6 岁的学龄前儿童不具备识字能力，自然也就没有将他们纳入阅读服务的考虑范围。这实际上忽视了阅读服务对 0～6 岁儿童的重要作用。美国教育心理学家 B.S.Bloom 在其著作中曾指出：若以 17 岁时人的智力发展水平 100 为标准，则 4 岁时就已具备 50%，8 岁时达到 80%，剩下的 20% 是从 8 岁到 17 岁中的九年获得[1]。由此可见，0～6 岁正是儿童智力启蒙开发的黄金时期，而书籍则是儿童吸收知识、拓展想象力的第一种工具。儿童的阅读水平关系到他们的智力发展、学习方式形成和知识结构构建等诸多影响一生的方面。

国际图联也在《婴幼儿图书馆服务指南》中提到：婴幼儿身处的环境对早期阅读能力的培养起着极大的作用。全世界的家庭都需要在当地的图书馆获得一定的帮助。图书馆要营造一定的阅读环境以激发婴幼儿的阅读兴趣并吸引他们来到图书馆[2]。因此，为 0～6 岁儿童提供阅读引导，协助他们建立良好的阅读习惯，是杭州少年儿童图书馆探索低幼服务的现实要求，而低幼服务也是整个少年儿童图书馆服务的开端。对 0～6 岁这群特殊的小读者来说，少年儿童图书馆只有在提供阅读空间的基础上让他们体会到阅读的快乐，同时指导家长如何正确地引导孩子，才能真正开启他们阅读兴趣的大门。因此，杭州少年儿童图书馆将低幼服务作为他们创新的切入点，但新的方向也提出了新的要求，变革势在必行。

# 2. 千里之行始于足下：低幼服务的现实支撑

杭州少年儿童图书馆秉承陶行知先生"生活即教育"的思想，在体验活动中完成儿童的阅读启蒙，在舒适的环境中培养孩子们的阅读兴趣和对图书馆的亲近感，从 2011 年到 2012 年，杭州少年儿童图书馆开始了针对 0～6 岁儿童的服务筹备工作。

## 2.1 环境优化

在图书馆建筑环境方面，国内多数少年儿童图书馆的建筑设计主要基于少年儿童的生理特点,诸如身高、体重、性别等,而另外一个更为重要的依据——少年儿童的群体心理特征,则常常被忽视,更不要说他们每一个成长周期心理上的变化[3]。为了营造适合0~6岁儿童的图书馆环境,杭州少年儿童图书馆在改造中特别关注了低幼儿童的心理特征:首先,在装修上考虑到0~6岁儿童对颜色敏感的特点,墙壁和书架都以鲜艳明快的颜色为主;其次,重新设计玩具天地,新增了绘本区,专门为0~6岁儿童开辟出阅读和游戏的场所。除此之外,图书馆还注重装修细节,把楼梯、拐角等尖锐处做了软包处理,玩具天地内全部铺设地暖以保持室温。重新开放的杭州少年儿童图书馆,功能区划分合理,装修和设施注重细节,为低幼服务的开展奠定了良好的基础。

图1　改造前后的杭州少年儿童图书馆

## 2.2　专业人员

在图书馆馆员方面,支撑未成年人服务的诸多要素中,馆员是最能体现服务水准的要素[4]42。儿童心理学家皮亚杰认为:从出生到两岁,儿童处于"感知运动阶段";从两岁到七岁处于前运算阶段,儿童利用符号系统表征理解环境信息[5]。正是由于0~6岁儿童特殊的感知思维方式,图书馆员需要具备儿童心理学、幼儿教育等方面的知识才能更好地开展服务。于是,2011年杭州少年儿童图书馆开始有意识地招收具有幼儿教育知识背景的专业人才,为新建的图书馆低幼部输送血液。低幼部吴白羽主任的七年幼儿教学经验让她在活动策划、组织和执行等方面拥有自己独特的想法:首先,由于0~6岁儿童的识字能力有限,还没有形成自己的认知体系,只能通过图画、颜色和成年人的讲述来理解书籍,她就将绘本上的内容绘声绘色地讲述出来,引导并培养孩子的阅读能力。其次,由于这一年龄段孩子的行为和认知能力发展很快,吴主任还根据孩子认知和思维发展情况把0~6岁年龄段的儿童进一步划分为0~2岁、3~4岁和4~6岁三个阶段。

## 2.3　分级服务

在图书馆服务方式方面,儿童读物的分级制可以追溯到 20 世纪的欧美等国,他们根据年龄特征确定适合该年龄段儿童阅读的书籍。21 世纪以来,我国对图书分级制的研究实践越来越重视。2009 年 6 月,由南方分级阅读中心研发的《儿童青少年分级阅读内容选择标准》和《儿童青少年分级阅读水平评价标准》通过了我国版权中心的审核,这两套"儿童青少年课外阅读分级标准"成为国内分级阅读的首套标准[6]。基于儿童的年龄特征和图书分级阅读标准,杭州少年儿童图书馆将服务方式定为按年龄开展分级服务。0～6 岁的学龄前儿童由低幼部负责,这个新的业务部门也因此正式建立。

## 2.4　管理保障

在图书馆管理制度方面,杭州少年儿童图书馆低幼服务品牌并不是随心所欲建设发展的,在它井然有序的活动背后是日益规范的管理标准。

### 2.4.1　ISO9001 认证

利用质量管理方法和模式来控制图书馆工作是提高图书馆服务质量和保证图书馆质量管理水平的有效途径[7]。2015 年,杭州少年儿童图书馆完成了 ISO9001 认证,建立起了完善的管理制度和业务运营规范。这使得新馆员可以在最短时间内明确各项工作的流程和要求,提高工作效率,保证工作质量,也便于进一步总结经验教训。所有活动从策划、实施到评估都要按照标准执行,即使未来部门人员有调动,活动仍然可以参照既定的流程和规范正常开展。如大型活动的安全预案文件可以直接参照图书馆 ISO9001 的预案文件,这也在一定程度上减轻了工作人员的负担。

### 2.4.2　年度责任目标书

目标是行动的方向。杭州少年儿童图书馆馆领导每年都会在年初与部门主任商讨后制定各部门的年度责任目标书。目标书涵盖部门未来一年的基础工作、重点工作和创新工作。在细节方面,目标书对部门的年活动数量、参与人数、媒体报道情况、活动社会化程度都做出要求。譬如,目标书规定低幼部全年的活动数量需达到 116 场以上,每次活动的参加人数不应少于 20 人。在目标书的指导下,低幼部每年的活动量均在 200 场以上,2017 年甚至达到了 278 场。对于未来的重点工作,目标书分项目确定年度工作目标以及相应的工作要求,并将任务落实到每个岗位,让每位馆员都能明确工作的方向。最后,由馆员讨论确定创新工作的发展方向,再经由馆领导进一步审核研究,确保年度责任目标书的整体性、可行性和合理性。

### 2.4.3　经费与活动管理

图书馆作为全额拨款的事业单位,经费相对于服务和发展需求总是显得那么"局促"。杭州少年儿童图书馆 2017 年活动经费共 24 万元,之前几年仅为 10 万元,而每年开展的活动量 900 余场,从总体上来看,活动数量还在逐年增加。在经费相对不足的情况下,杭州少年儿童图书馆仍然能够举办如此多数量的活动,主要依托的是社会志愿者的支持和与社会机构的合作。不同于传统举办活动的方式,他们积极吸收家长、学生等社会志愿者加入活动组织之中,广泛地与社会机构开展合作。图书馆的馆员也都有意识地在保证活动圆满的基础上尽量减少开支。馆内的统计数据显示,每次大型活动的花费只有 3 千到 4 千元。在活动管理方面,杭州少年儿童图书馆根据活动效果及时调整活动内容。譬如,在缓解孩子入学焦虑方面,最初杭州少年儿童图书馆邀请幼儿园教师来做相关讲座,但实际上小学教师更了解小学的情况,也能更准确地把握缓解焦虑的方法。所以,他们调整思路,邀请杭州学军小学的教师传授如何缓解孩子幼升小焦虑的技巧,活动效果远超预期。

# 3. 精益求精日臻完善：低幼服务的品牌建设与推广

图书馆未成年人服务的重要特点之一是"服务活动化"[4]44。杭州少年儿童图书馆以绘本阅读、手工剪纸、舞蹈游戏等活动为基础,拓展思路、丰富和完善活动组织方式,打造出低幼服务品牌——"小可妈妈伴小时"。

## 3.1　品牌建设

"小可妈妈伴小时"中"伴"的含义来自亲子阅读中的陪伴,同时它还有谐音"半小时"的时间含义。由于小孩子的天生好动性,杭州少年儿童图书馆考虑到孩子们所能接受的阅读时间,从而把活动时长规定为半个小时。馆员从亲子课堂开始,自下而上地从读者们的需求中发现拓展品牌内涵的思路。截至 2017 年,"小可妈妈伴小时"这一品牌已逐步建立起四大服务系列。

### 3.1.1　亲子课堂

亲子课堂系列活动始于名为"我爱阅读"的绘本阅读活动。绘本作为一种题材生动、颜色丰富、用图画传递内容的书籍,有效地克服了学龄前儿童无法通过文字阅读书籍的障碍。小朋友们在小凳子上排排坐,聚精会神地听讲解员讲述那些妙趣横生的故事。课堂讲解者有时是图书馆馆员,有时是志愿者妈妈,他们用生动的语言、丰富的肢体动作引导孩子进入到绘本的情景中,通过这些故事培养孩子们的阅读兴趣、想象力和语言表达能力。除此之外,馆员们为了增强孩子们的活动体验,还根据 0～6 岁儿童擅长模仿、喜爱活动的特点,在亲子课堂中融入了剪纸、舞蹈、绘画等元素。到目前为止亲子课堂已经囊括了绘本阅读、快乐游戏、趣味手工、涂涂画画、我爱跳舞、科普课堂、英语"say hello"等多种活动内容。每周杭州少年儿童图书馆都会针对不同年龄段儿童举办五场左右的亲子课堂活动,这些丰富多样的活动给孩子们带去了愉快的体验,受到了当地读者尤其是小读者的欢迎。以 2016 年 12 月为例,在这一个月中低幼部举办的亲子课堂系列活动就多达 27 场。

### 3.1.2　大型节假日活动

杭州少年儿童图书馆从 2013 年开始,在元旦、4.23 世界读书日、儿童节、国庆节等节假日都会举办大型活动。这些活动不仅寓教于乐,还为孩子们提供了一个分享、交流、展示的平台,让他们在活动中学会主动表达,将学习的知识和技能展示出来。譬如,2017 年杭州少年儿童图书馆携手励恩国际少儿英语举办的喜迎国庆亲子游园会活动,其内容涉及亲子游戏、认识字母、手工制作纽扣花朵等诸多方面。这次活动吸引了 200 多个家庭的积极参与。孩子们在签到台处领取游园卡参与上述游戏,几个项目都完成之后可以获得一份闯关小礼品。在小读者与家长的互动过程中,不仅学到了知识,还增进了亲子感情。正如吴主任所说:"孩子们脸上明媚的笑容,就是对我们工作的最大肯定"。因为大型活动辐射面广、影响力强,搜狐新闻曾专门报道过"小可妈妈伴小时"喜迎国庆亲子游园会活动,极大地提升了杭州少年儿童图书馆的社会影响力,使更多的人了解到了"小可妈妈伴小时"这一服务品牌。

### 3.1.3　亲子交流会

家长是孩子的第一位导师。如何让家长认识到早期阅读的重要性并正确引导孩子产生阅读兴趣,对孩子未来发展、培养亲子感情有重要意义。杭州少年儿童图书馆建立专门的家长微信群,以便与家长间沟通。家长们在群里讨论孩子成长过程中遇到的各种问题,譬如,如何解决孩子的蛀牙问题,如何让孩子养成良好的阅读习惯,孩子有攻击性行为怎么办等。但是,并不是所有问题都能在群里找到理想的解决方案,家长们迫切需要一个面对面交流育儿经验的机会。考虑到家长们的诉求,杭州少年儿童图书馆搭建了亲子交流会这一平台。他们或是邀请有经验的家长,或是邀请有关专家举办育儿讲座,让更多的家长在分享交流中学习幼儿教育。2017 年 9 月 2 日,图书馆特邀"杭州正面管教团队"的吴老师讲解如何缓解孩子"幼升小"焦虑问题。在交流会中,吴老师结合自身经验提出了很多实用的方法,家长还通过角色扮演体会不同的提问方式带给孩子的影响。亲子交流会虽然不预设固定的主题,但每次交流的内容都十分贴合家庭在育儿方面所面临的担忧和困惑。表 1 罗列了 2014 年亲子交流会的部分主题。

表 1　2014 年亲子交流会部分主题

| 时间 | 交流主题 | 主讲人 |
|---|---|---|
| 3 月 30 日 | 婴幼儿日常:口腔保健与护理 | 杭州口腔医院医生 |
| 5 月 25 日 | 缓解幼儿入园焦虑:让宝宝梯度入园 | 贾佳弄幼儿园团支书 |
| 6 月 29 日 | 《寻找色彩——撕纸贴贴画》家庭儿童美育 | 浙师大杭州幼儿师范学院团委书记 |
| 7 月 27 日 | 理解图画书中的童心与世界 | 浙师大杭州幼儿师范学院教师、儿童文学博士 |
| 9 月 27 日 | 夏季经络保健及鼻炎哮喘的临床治疗方法 | 原杭州市中医院推拿科副主任医师 |
| 11 月 30 日 | 儿童营养与智力发展 | 国家二级营养师 |
| 12 月 28 日 | 儿童心理学在教育中的应用 | 教育研究者、物理博士后 |

### 3.1.4　亲子课堂走进社区

"小可妈妈伴小时"前三个系列的活动获得了超乎预期的社会关注,活动参与人数不断攀升。然而,部分城区距离图书馆较远,读者无法方便地参与图书馆的活动。杭州少年儿童图书馆作为杭州唯一的少年儿童图书馆,担负着为当地读者提供均等服务的责任。为了将服务辐射到更远的社区,暑期杭州少年儿童图书馆与杭州文化中心以及社区合作,在社区、家长志愿者和社会机构的配合下,将亲子课堂系列活动推送到杭州的另外几个城区。2014 年,《钱江晚报》在报道中这样描述了下沙高教社区热闹的活动场面:"参加的孩子都是学龄前的儿童,由爸爸或者妈妈带着来参加活动,一下子就把社区提供的活动室挤得满满当当"[8]。

从最初的亲子课堂,到大型节假日活动、亲子交流会、亲子课堂走进社区,杭州少年儿童图书馆从以图书馆为中心寻找服务创新点到以读者为中心自下而上的丰富品牌内涵,不断发掘和解决读者问题,使"小可妈妈伴小时"的服务更加贴近读者的需求,服务形式也更加成熟和多样化。

## 3.2　品牌推广

图书馆作为公益性社会教育文化场所,各种活动的开展都离不开社会各界的信任和支持。杭州少年儿童图书馆在丰富品牌内涵的同时,也在不断创新活动组织方式来推广品牌。

### 3.2.1　家长志愿者团队

2017 年《省级(副省级)少年儿童图书馆评估标准》将"是否有利用志愿者力量参与到阅读活动的组织策划和推广中"纳入少年儿童图书馆评估标准充分说明

图书馆的发展离不开社会各界的大力支持。杭州少年儿童图书馆早在 2013 年就已经开始借助家长志愿者的力量为图书馆活动增色添彩。随着家长对图书馆工作认同度的增加,家长们从最初为馆员提供简单的帮助,例如为绘本阅读活动提供工具,拍摄绘本照片等,成长为积极向馆员提供工作改进建议,甚至直接参与活动的伙伴。譬如,一位家长提出"小可妈妈伴小时"的活动宣传海报形式太呆板,可以通过色标区分年龄段,如用红色表示 0～2 周岁、黄色表示 3～4 周岁、蓝色表示 4～6 周岁;用图形表示活动,如打开的书本就是我爱阅读活动,然后将年龄段和活动用色标用图形的方式填充在日历上。海报一下子就变得鲜活起来(见图 2)。

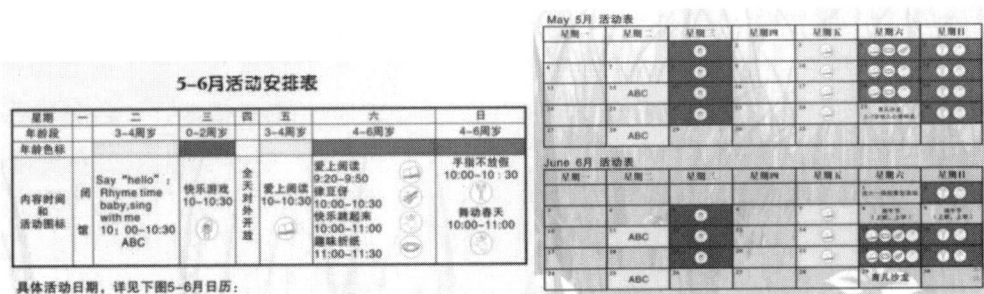

图 2　部分活动海报

此外,杭州少年儿童图书馆还成立了"小可妈妈伴小时"家长义工团,邀请具有专长的家长参与图书馆活动的组织。其中,阅读推广团队主要是有专职特长的家长志愿者协助图书馆开展阅读推广活动。在亲子课堂上,志愿者妈妈们为孩子们讲解绘本故事;网络维护团队主要由从事 IT 行业的家长组成,协助图书馆维护官网平台的信息;阵地服务团队则主要负责管理低幼部的图书和环境,维护公共秩序。除此之外,家长们在品牌建设中也起着举足轻重的作用,很多创新都源自家长们的建议。

### 3.2.2　高等院校

目前,杭州少年儿童图书馆已经与浙江师范大学杭州幼儿师范学院和浙江大学两所当地高校达成了实践基地合作协议。浙师大杭州幼儿师范学院的志愿者为六一专题活动准备的体验项目从小游戏出发,活动主题涉及与家人互动、垃圾分类标准、大脑开发等方面,项目内容丰富、专业性更强。另一个合作对象是浙江大学化工系。浙大化工系的志愿者在六一特辑活动中准备了科普小实验,让孩子们在实验中了解试纸变色原理、净水小窍门,通过实验学会观察现象,了解科学原理,体会科学的趣味性。另外,杭州少年儿童图书馆还与杭州师范大学学生医疗咨询服务队合作开展医学体验活动,在游戏中介绍急救、中医推拿、口腔护理和人体结构的相关知识。通过与学校的合作,杭州少年儿童图书馆的活动更具多样性和专业性,拉近了图书馆与学生的距离。同时,图书馆也为高校提供了教育实践基地,学生在图书馆得到了锻炼和实践的机会。

### 3.2.3 社会机构

除家长志愿者与高等院校之外,图书馆活动的品牌推广还离不开社会机构的支持与合作。社会机构有寻求平台宣传自己的诉求,对图书馆来说,与社会机构合作也是一种合理化运用社会资源服务读者、增强自身品牌影响力的方式。从整体来看,这是一种互利共赢的模式。在此种模式中,图书馆仍然需要展现自身特色,这就要求图书馆在与社会机构合作和本馆特色活动中寻求平衡。杭州少年儿童图书馆正是秉承"结合我馆特色利用社会资源,开展公益性质的读者服务阅读推广活动"的思路选择贴合本馆特色的合作对象与可持续发展的合作方式。2018年,杭州摩玩科技有限公司提到希望能将他们的乐高玩具向杭州少年儿童图书馆的低幼儿童开放,杭州少年儿童图书馆可以将该公司的乐高拼搭课程融合到亲子课堂内容中,这与低幼部门在各方面开发小读者思维能力的需求相符,双方的合作也得以顺利开展。除此之外,杭州春蕾舞蹈自2013年起就与杭州少年儿童图书馆达成了合作,这种长期合作离不开低幼部门在合作方式上做出的设计与努力。春蕾舞蹈希望在图书馆以公益的方式宣传自己的品牌,所以每周都会到杭州少年儿童图书馆教授三小时的公益课程,为喜爱舞蹈的孩子提供一个免费学习舞蹈的机会。杭州少年儿童图书馆不仅将舞蹈课程嵌入到亲子课堂体系中,还组建了"心梦天使"舞蹈队,让孩子在学习培训的过程获得自我提升。在此基础上,2016年杭州少年儿童图书馆举办的元旦迎新汇演还为舞蹈队的孩子搭建了展示的平台,活动的成功举办大大提升了孩子的自信心和表现能力。

杭州少年儿童图书馆在低幼服务品牌的建设和推广过程中,秉承自下而上渐进创新的原则,听取读者诉求,不断完善自身的品牌体系。从"小可妈妈伴小时"品牌的充实,到构思新颖的活动组织方式来推广品牌,都推动了杭州少年儿童图书馆独具特色的品牌发展模式的形成。

# 4. 结语

对杭州少年儿童图书馆来说,2012年是一个脱胎换骨、化蛹成蝶的开端。杭州少年儿童图书馆连续三年获得中国图书馆学会"全国少年儿童阅读年"系列活动最佳组织奖,2016年少年儿童图书馆的"青少年数字资源覆盖中小学校"项目再次在中国图书馆学会第二届全国图书馆未成年人服务论坛案例征集活动中获二等奖,2017年该项目又在第83届国际图联"世界图书馆与信息"大会上作为典型优秀案例被推荐。这些成绩的取得既是对他们的肯定也是鞭策。杭州少年儿童图书馆丁晓芳书记在谈及未来发展时表示,只要未来读者仍然有需要、仍然有改善的诉求,那么他们的探索和努力便不会停止,他们将一如既往地为更多的孩子送去开启智慧大门的钥匙。

**参考文献**

[1] 李胜春.关于实施幼儿素质教育的思考[J].天津师范大学学报(基础教育版),2001(02):70-72.

[2] 婴幼儿图书馆服务指南[EB/OL].(2015-06-23)http://www.docin.com/p-1193895256.html.

[3] 郑君平,林钦.从图书馆建筑视角看少年儿童图书馆的发展[J].图书馆工作与研究,2016(03):111-114.

[4] 范并思.图书馆服务中儿童权利原则研究[J].中国图书馆学报,2012(06):38-46.

[5] 许尧尧.基于儿童认知发展特点的公共图书馆阅读推广设计与实践[J].科技情报开发与经济,2014(17):14-16.

[6] 白冰.少年儿童分级阅读及其研究[J].出版发行研究,2009(09):16-18.

[7] 吕梅.ISO9001理念在现代图书馆服务中的阐释[J].图书馆论坛,2003(01):44-46.

[8] 钱江晚报[EB/OL].http://qjwb.zjol.com.cn/html/2014-07/18/content_2747017.htm?div=-1.

# "我陪你读":陪伴留守儿童阅读成长<sup>*</sup>

段宇锋<sup>①</sup>　杨　臻<sup>②</sup>（华东师范大学经济与管理学部）

季彤曦<sup>③</sup>　叶伟萍<sup>④</sup>　叶慧玲<sup>⑤</sup>（浙江省丽水市图书馆）

**摘　要**：面向特殊人群、农村和欠发达地区实现服务均等化是图书馆探索的重点问题之一。丽水市图书馆近年进行一系列服务创新，积极进行服务均等化探索。"我陪你读——陪伴留守儿童阅读成长"活动是针对留守儿童的阅读推广品牌活动，联合书香志愿者走进贫困山区，发挥社会力量的作用，调动了留守儿童的阅读积极性。活动在实践中不断完善，构建起科学可行的文化精准扶贫模式。

**关键词**：阅读推广；留守儿童；文化扶贫；丽水市图书馆

2019年1月11日清晨，一辆中巴车迎着寒风沿着崎岖的盘山公路驶往丽水大地乡，车内不时传出富有节律的歌声，在冬日的群山间回响。车上乘坐的是"书香志愿者"小分队，他们正在练习准备给孩子们表演的诗词歌曲《苔》。3个半小时后，车辆到达目的地——浙江智通大地希望小学。

浙江智通大地希望小学是典型的农村自然微班学校，位于海拔850米的大地乡，距离县城67公里。学校占地面积2,750平方米，总建筑面积1,942平方米。从2007年4月起，学校接受浙江智通科技工程有限公司资助，成为当时全县唯一一所全寄宿免费制学校。学校有在职在岗教师10人，6个教学班仅有在校生28人，附属幼儿园在园幼儿只有2人。学生基本来自大地乡，数量呈逐年下降趋势，但贫困生比例越来越大。站在教学楼前的操场上，在教室里孩子们的琅琅读书声

---

　*　案例发表于《图书馆论坛》2020年第4期。文中未标明来源的数据和图片由丽水市图书馆提供，在此衷心感谢丽水市图书馆对本文撰写提供的支持。

　①　段宇锋，华东师范大学经济与管理学部，教授，博士生导师。

　②　杨臻，华东师范大学经济与管理学部，硕士研究生。

　③　季彤曦，浙江省丽水市图书馆，馆长。

　④　叶伟萍，浙江省丽水市图书馆，副馆长。

　⑤　叶慧玲，浙江省丽水市图书馆。

中,丽水市图书馆季彤曦馆长向我们讲述了"我陪你读——陪伴留守儿童阅读成长"活动的由来。

# 1. "我陪你读"活动的背景

丽水市地处浙江西南部,素有"九山半水半分田"之说,下辖青田、缙云、遂昌、松阳、云和、庆元、景宁、龙泉 8 个县,其中一半以上是贫困县。坐落在文昌路的丽水市图书馆建于 1980 年代末,共 6 层,建筑面积 1,171 平方米。门前的马赛克墙柱,院内的石桌石凳和桂花树,从建馆至今没有任何改变。随着时代变迁,该馆的"温情"渐渐消逝,似乎只是老一辈丽水人的记忆。

2016 年季彤曦馆长上任之时,图书馆仅 14 个编制,购书费 60 万元,馆藏 35 万册,全年到馆读者 212,808 人次,但办理借书证的仅 1,692 人,书刊外借仅 259,263 册次。馆舍老旧破小,购置经费不足,业务发展迟缓,各种问题迎面而来。而且随着城市快速发展,地处老城区深巷的图书馆与市民的距离越拉越远,影响越来越小。当务之急除了加固修缮老馆舍,提升服务能力,以创新促发展更是重中之重。在深入调查和反复论证的基础上,确定了以阅读推广为突破口,依托图书馆的核心能力整合社会资源,创新服务内容和形式,提升社会服务绩效和影响力的工作思路。

## 1.1 用阅读推动图书馆服务

(1)书香志愿者。2016 年 1 月成立第一批"书香志愿者"服务队,以"推广全民阅读,打造书香丽水"为使命,联合社会力量共同参与公益活动。成立书香志愿者队伍的原因有二:一是解决图书馆人员少,但想提升服务品质、拓宽服务空间的实际问题;二是通过招募志愿者,带动和影响社会各界更多地关注图书馆事业,全面推进全民阅读。在书香志愿者团队组建中,图书馆承担着组织者和导向员的角色,帮助志愿者团队更好地为全民阅读的目标服务。目前丽水市书香志愿者队伍有专人管理,并接入团市委的志愿服务代码,对志愿者实行馆内积分奖励,优先推选阅读推广人。

(2)丽水朗读团。丽水朗读团由丽水市图书馆、《处州晚报》联合成立于 2017 年 10 月,是纯公益性组织。拥有成员近 600 人,年龄最大的 86 岁,最小的 8 岁。朗读团内设秘书处,下设 7 个班级,包含 6 个成人班和 1 个未成年人班。每个班都配备班主任 1 名,导师 1 名。每个班建立了各自独立的微信群,线上线下活动交替开展。丽水市图书馆会与朗读团一起定期组织开展大型讲座及朗读活动,内容丰富、形式灵活。

朗读团成立以来,浙江省级媒体,丽水日报、处州晚报、丽水网、指尖丽水、丽水电视广播等本土媒体持续报道和点赞,其中丽水电视台开辟"一起朗读"专栏、处州晚报开辟"悦读丽水"专栏微信平台,指尖丽水 App 通过专栏推送朗读团的经典诵读作品。丽水朗读团组织活动上百场次,如"图书馆之夜——读者朗读会",为朗读爱好者搭建了朗读交流平台,进一步带动全民阅读。2019 年 1 月,丽水朗读团获得丽水市宣传思想文化工作创新奖。

## 1.2 阅读空间的延伸

(1)丽水市行政中心"阅读吧"。为浓厚机关阅读氛围,满足机关干部阅读需求,2017 年 6 月 2 日,丽水市行政中心"阅读吧"开放。这是丽水市第一个阅读吧,也是浙江省第一个市级行政自助服务的休闲阅读吧。在市政府有限的空间中建设无人值守的阅读吧,这是丽水市图书馆团队面临的第一个困难,经过多次沟通,说明建设阅读吧的意义、方案,最终得到机关事务局的支持。阅读吧广受干部职工喜爱,解决了机关干部职工去图书馆老馆借书交通不便利、时间不充裕、借还麻烦等问题。阅读吧得到时任市长和组织部长的表扬,被很多部门、县级机关参考和模仿,引领了书香机关的打造。

(2)城市书房。为营造舒适便利的阅读环境,打造的市区首家城市书房坐落在丽水市紫金路与城北街交叉路口,面积 135 平方米,座位 40 多个。城市书房内设儿童区、成人区、阅读区三个区域,藏书 8,000 余册;配有自助借还机、办证机,与市图书馆以及各分馆阅读吧的书籍实现通借通还;设置充电插座、卫生间、饮用水、药箱等便民设施。城市书房于 2017 年开放,平均每月接待读者 1 万人次。

## 1.3 阅读推广的细化

(1)重视传统文化。丽水市图书馆联合"万象书院"打造"学而读书会"。2017 年 3 月,在万象山南园举办第一期"学而读书会"。在启动仪式上,学员齐读《读书倡议书》,吟唱《游子吟》,齐诵《大学》;丽水职业技术学院副院长刘克勤做了专题讲座《我们一起去看看丽水的人文生活》。迄今"学而读书会"已举办 30 余期主题读书活动,参与人员 7,000 余人次。每期活动地点由万象书院提供,活动主题及讲座嘉宾由丽水市图书馆拟定并邀请。读书会一年招收学员一次,每周六举办一期活动,按照国画、太极、古琴、书法分组举办学习沙龙。丰富的读书主题帮助学员从古籍涉猎到诗歌诵读,从散文赏析到小说精读,引导市民走进经典,养成"爱读书、读好书、善读书"习惯。

(2)特殊群体服务。针对视障人士,上门开展订单服务,按需配送盲文图书、集体借阅听书机等。针对老年读者,定期开展"老年读者电脑知识免费培训班",介绍适合老年读者使用的图书馆数字资源。针对服刑人士,与之江监狱合作开设读书吧。

（3）亲子阅读。亲子阅读是儿童阅读服务的重要内容。丽水市图书馆面积狭小，2017年借用新华书店市内门店二楼的场地开展亲子阅读活动。创意是活动的灵魂。丽水市图书馆在"亲子角色阅读"概念的基础上策划"我是角儿"——亲子角色阅读活动，父母和孩子在活动中扮演书中的不同角色，深受追捧。该活动多次受邀走进幼儿园和小学，被评为浙江省亲子阅读体验基地。

# 2."我陪你读"活动缘起

丽水市图书馆的阅读推广活动支持了城市文化氛围的营造，彰显了图书馆的社会价值，也打开了创新发展的突破口。丽水"九山半水半分田"的自然环境导致许多青壮年常年在外务工，地处偏远交通不便的村庄平时只有为数不多的老人和孩子，形成了特殊村——留守儿童村。出身畲族的季彤曦馆长深知这些地方更需要文化滋养，这也是公共图书馆践行公平均等服务原则的责任和使命。在使命的鞭策下，丽水市图书馆牵头建设了一批山区图书室和农家书屋。但季馆长说："虽然如今有乡镇文化站图书室和农家书屋，但孩子的阅读习惯却需要培养，孩子的阅读更需要温暖陪伴和鼓励。"2018年7月，丽水市图书馆联合"书香志愿者"服务队走进景宁县岗石村，为孩子们带去"阅读与表达"公益讲座，与他们共同学习郭沫若的《天上的街市》。这次活动拉开了"我陪你读——陪伴留守儿童阅读成长"系列活动的序幕。"举办我陪你读活动，就是想让我们的志愿者担起留守儿童阅读陪伴者的使命，让我们当他们的阅读爸妈，给孩子带去阅读的快乐，让他们知道阅读的意义，爱上阅读，懂得阅读。"季馆长如是说。"我陪你读"活动从开展以来，引起了各界对丽水市留守儿童的关注，尤其是教师队伍。许多教师主动联系丽水市图书馆，希望加入"我陪你读"志愿者行列。"我陪你读"并非一蹴而就，没有轰轰烈烈的场面，却有着极有温度的画面，无论馆员还是志愿者团队付出的都是满满的爱心。

# 3. 活动纪实

2019年1月11日，笔者跟随丽水市"书香志愿者"团队前往浙江智通大地希望小学，亲身参与"我陪你读——陪伴留守儿童阅读成长"活动。柳校长对学校进行简要的介绍，拉开了活动序幕。活动内容主要包含"阅读与表达"公益讲座、《今天，我们是初升的太阳》的阅读分享，以及志愿者团队为孩子们准备的诗歌编曲

《苔》。

第一场活动是季彤曦馆长带来的"阅读与表达"公益讲座。学生们早已搬好小凳围坐在一起,等待讲座的开始。季馆长以孩子的视角和生活体验分享了阅读与表达的密切关系,鼓励他们要大声大胆读出来,阅读不仅有"阅"还有"读"。学生们明白了从小多读经典文章,不仅可以丰富知识,还能培养语感,锻炼语言表达能力,明白了阅读的重要性。刚开始,学生们的自我介绍都十分拘谨,但通过"阅读与表达"讲座,他们明白了自信的重要性,之后的交流不再紧张。

第二场活动是《今天,我们是初升的太阳》的阅读分享。志愿者以"诵读"为切入点,带领孩子们一起朗诵,细心地帮助他们纠正读音,教他们如何更好地表达,如何通过语音语调的转变传达文字中流露的情感,如何用体态来辅助语言、完善语言。简短的指导后,留给孩子们单独展示的时间,给他们提供了实践机会。起初,孩子们有一丝胆怯,由于村里大多数青壮年外出务工,他们除了课堂教育外,很少受到阅读的启蒙和陪伴,但在季馆长和志愿者们近距离沟通下,他们慢慢减少了拘束感,眼里开始充满了跃跃欲试的神情。在志愿者鼓励之下,孩子们一个接一个加入展示的队伍中去。在即将结束时,季馆长提出了更高的要求,她在辅导一名二年级孩子时,让其体会语言中的情境,通过诗句幻想出场景,让自己的诵读更具感情。孩子们还说回去之后要将学会的方法运用起来,以后可以表演给父母看。阅读不是一个一次性的活动,从一次的阅读分享延伸到家庭阅读、延伸到课后阅读,才是阅读推广真正的作用所在。阅读推广是打开阅读的一扇窗,让孩子们领略阅读的美,以便闲暇时、放松时、焦虑时,无时无刻都有能力寻到方法去推开这扇窗,以阅读滋养生活。

最后一场活动是志愿者团队为孩子们准备的诗歌编曲《苔》。"白日不到处,青春恰自来。苔花如米小,也学牡丹开。"全诗一共四句。志愿者细心地讲述诗歌背后的意义:"苔在不宜生命成长的地方,依旧能吐出绿意,展现自己的青春,这青春并不从何处来,而是生命力旺盛的苔藓自己创造出来的!它就是凭着坚强的活力,突破环境的重重窒碍,焕发青春的光彩。"学生、老师和志愿者一起在指挥老师的帮助下合唱了这首诗歌。孩子们的歌声稚嫩而又充满活力,正如苔一般,展现出无比的生命力。

图 1　"阅读与表达"公益讲座　　　　　　图 2　合唱《苔》

# 4. 思考和探讨

## 4.1　文化扶贫

让贫困地区民众脱贫致富、共享改革开放和经济发展成果是"十三五"时期国家的重要任务。扶贫是一项由经济扶贫、教育扶贫和文化扶贫共同构成的系统性工程，其中文化扶贫不仅是满足贫困人口精神文化生活的重要方式，同时为经济扶贫、教育扶贫提供支持。《"十三五"时期贫困地区公共文化服务体系建设规划纲要》将文化扶贫或文化帮扶作为支持贫困地区公共文化建设与发展的措施，具体任务包括开展文化志愿服务、建立文化结对帮扶工作机制、动员社会各界参与帮扶等。

习近平总书记在《在部分省区市扶贫攻坚与"十三五"时期经济社会发展座谈会上的讲话（节选）》上提道："脚下沾有多少泥土，心中就沉淀多少真情。工作队和驻村干部要一心扑在扶贫开发工作上，强化责任要求，有效发挥作用。"[1]公共图书馆作为重要的社会公共文化资源，在大力推进精准扶贫的背景下，更要主动参与到文化扶贫工作中来，利用自身优势，构建起科学、合理、可行、有效的文化精准扶贫模式。丽水市图书馆的"我陪你读"活动正是以贫困山区留守儿童为主要对象，关心帮助贫困地区儿童，为他们开展阅读活动，符合时代旋律，给出了一条公共图书馆与山区学校精准文化扶贫的道路，是图书馆服务社会解决重大现实问题的体现。活动开展以来，先后走进景宁、遂昌、龙泉等多个地方的希望小学，扶贫范围广，扶贫频次高，发挥了公共图书馆的作用。"我陪你读"活动开展近 1 年时间，受到丽水市政府重视，支持该活动持续开展，使"我陪你读"有了更好的发展空间。

### 4.2 以创新方式激发孩子的阅读热情

当今以"留守儿童"为对象开展阅读推广的研究热度逐渐上升。胡霄调研发现公共图书馆留守儿童服务存在 4 个困境：缺乏留守儿童服务的法律保障，省市级公共图书馆服务覆盖力有限，农村图书馆资源不足，地区间差异性导致服务不均衡[2]。覃仕莲认为农村留守儿童面临闲暇时间课外阅读活动少、课外图书获取渠道有限、阅读指导活动的缺乏影响阅读结构、网络化阅读活动较薄弱、基层图书馆难以激起阅读兴趣等多重阅读困境[3]。陆俊等建议加强农村学校图书馆阅读设施建设，加强与公共图书馆广泛合作，加强家庭和学校的培育功能[4]。

各地关于留守儿童的阅读推广均有独特之处。重庆图书馆建立"蒲公英梦想书屋"服务品牌，结合区县图书馆开展活动，如亲情聊天室、留守儿童摄影展、心理辅导讲座[5]。江西省抚州市图书馆建立专门为农村留守儿童服务的流通点，由农村的中小学校提供场地、设备、人员，图书馆提供文献[6]。安徽省六安市文化广电新闻出版局与上海浦东图书馆共同在大别山革命老区山村建起 10 个"候鸟书屋"，购买了一批适合留守儿童的图书和电脑，浦东图书馆还联系上海、北京等爱心企业、爱心人士签约结对帮扶 102 名留守儿童[7]。

丽水市大地乡大多数青壮年外出工作，没有父母引导和教育的留守儿童们缺乏阅读启蒙与阅读陪伴，对阅读的热情并不高。"我陪你读"活动以近距离交流等没有隔阂的创新方式激发了孩子们的阅读热情，在他们心中埋下了渴望阅读的种子。在活动结束分享中，六年级学生陈梅婷说，今天第一次知道原来阅读可以这样，非常喜欢这样的阅读方式。一年级学生张新腾说，他要用今天老师教他的方法好好练习，等爸爸妈妈过年回来，好好读给他们听。这些声音肯定了活动的价值与意义。

### 4.3 以感情为纽带鼓励社会力量的参与

活动注重用爱传递，志愿者大多以朋友身份和孩子们进行沟通，通过生动的实例寓教于乐，让孩子们在阅读中提升表达能力，在表达练习中感受阅读乐趣。轻松的教学方式消减了孩子们的胆怯，鼓励他们积极参与。这样的活动方式也吸引越来越多志愿者参与到"我陪你读"活动中，志愿队伍不断壮大，其中包括优秀教师、大学生、媒体工作者。书香志愿者、丽水市广播电视总台主持人曾彤说："这是一个极有意义的活动，温暖直抵人心。每次活动结束时，学生们都依依不舍，还想多学一些，希望我们再多讲一点。他们的话深深触动着所有志愿者，也坚定了我们要积极参加这项活动的决心。"正是这种志愿者与留守儿童间的情感纽带进一步提升了社会力量参与其中的积极性。

国家注重公共文化体系建设，而城市和经济发达地区的公共文化服务水平与农村和欠发达地区还有十分大的差距,而公共图书馆的资源是有限的,对欠发达地区的服务能力也是有限的。在这种背景下,"我陪你读"活动依托丽水市图书馆,有效动员社会力量。在联合当地县级图书馆,形成市县合作模式的前提下,动员《瓯江晚报》"学而读书会"等社会机构参与其中,扩大了活动影响。"我陪你读"是系列活动,长期的人力使用对公共图书馆本身而言也是挑战。丽水市图书馆采用的是通过"书香志愿队"进行人力补齐,组建书香志愿队是"我陪你读"活动中至关重要的一环。书香志愿者们走进农村文化礼堂、乡村学校,和孩子一起阅读,维系情感纽带。志愿者给留守儿童当"陪读爸妈",让孩子体会阅读的快乐、感受阅读的温暖,从小养成良好的阅读习惯,而志愿者也从中收获了温暖与感动。正是由于情感纽带的维系,才使得志愿者的自发行为一方面保证了系列活动下的人力配比稳定,另一方面也在一定程度上保证了人员质量和活动效果,为提升公共图书馆社会服务能力和综合社会力量提供了良好的借鉴案例。

## 4.4　提升和发展策略

(1)组织和管理的规范化。"我陪你读"活动的组织者是丽水市图书馆,具体由馆长审核,活动部策划。活动行程主要通过线上等方式告知,各环节成本由活动部主任把控,在前期活动策划中有明确的预算。由于是系列活动,单次活动时间有限,进度考核以每日工作汇报形式体现,总结当日成果和不足。从活动组织和管理看,以下方面可进一步完善:一是建立详细的活动制度,提高活动规划的科学性,降低人员尤其是志愿者管理的不确定性;二是建立活动过程管理规范,降低大规模活动的现场管理风险,提升活动控制能力;三是健全文档管理。活动的策划文案、现场管控方案、活动总结等文档具有工作档案和重要的决策参考价值,应认真撰写,妥善管理和运用。

(2)品牌建设。"我陪你读"——陪伴留守儿童阅读成长活动还处于成长阶段,但从活动流程、活动效果等来看,有机会成长为品牌活动,形成一定效应。要将其打造为品牌活动,首先需要提升"我陪你读"活动的品质和效能。襄阳市图书馆曾打造了一款品牌活动,名为"小皮匠悦读园",活动主要针对未成年人开展阅读推广工作[8]。在提升活动品质和效能时,运用了拉斯韦尔5W模式理论,即who(谁)、says what(说了什么),in which channel(通过什么渠道)、to whom(向谁说)、with what effect(有什么效果),去分析阅读推广活动,从而进行优化。其次,需要以品牌化理念经营推广"我陪你读"活动,突出活动的文化内涵和个性。一方面需要整合资源,提高活动管理水平和效率,保证活动开展的计划性和持续性;另一方面需要塑造活动形象,加强与受众的互动与沟通。例如,东莞图书馆大朗分馆的"朗读亲子馆:亲子阅读推广活动"、"智朗团:故事爸妈"、"朗读天使"等活动均是以品牌化理念经营推广活动,以"朗"字突出活动品牌,培养了大批忠实受众[9]。

（3）活动内容的完善。笔者在参与活动期间对大地希望小学的阅览室进行了调研，整理了 2018 年第一学期借阅登记手册。2018 年第一学期共借阅图书 252 本，平均每人每学期阅读量为 9 本。其中，借阅世界名著 14 本，重复借阅《绿野仙踪》4 本；借阅作文书 24 本；借阅少儿读物 208 本，《十万个为什么》借阅量最多；借阅其余读物 6 本。根据数据不难发现孩子们喜欢的读物类型。如果活动策划前有针对性地分析受众的阅读需求，结合馆藏准备相应读物，可以预见活动的针对性和效果将进一步提升。

# 5. 结语

丽水市图书馆在自身硬件设备不足，人员配置不齐等诸多不利因素下，群策群力，以阅读推广为手段，发掘、整合社会资源，增强图书馆的社会服务能力。丽水市图书馆针对山区留守儿童打造的"我陪你读——陪伴留守儿童阅读成长"活动是在精准扶贫背景下公共图书馆面向欠发达地区的特殊群体实现服务均等化的一次探索，对基层公共图书馆尤其是中西部基层公共图书馆具有较强的现实参考价值。

**参考文献**

[1] 习近平谈扶贫：脚下沾有多少泥土，心中就沉淀多少真情.[EB/OL].2018 - 09 - 17. http://cpc.people.com.cn/xuexi/n1/2018/0917/c385476-30297362.html.

[2] 胡霄.我国公共图书馆服务留守儿童的困境与对策研究[J].图书馆建设，2019(3)：79 - 84.

[3] 覃仕莲，徐军华.基于实地调研的农村留守儿童阅读推广探究[J].图书馆建设，2017(8)：54 - 61.

[4] 陆俊，邓祎，罗冰雪，等.农村儿童阅读现状调查与阅读推广策略探析[J].图书馆，2018 (7)：63 - 68.

[5] 张波.公共图书馆农村留守儿童集群化服务实践与思考——以"蒲公英梦想书屋"为例[J]. 图书馆学研究，2015(20)：75 - 78.

[6] 孔彬.为留守儿童撑起一片阅读的蓝天——抚州市图书馆开展农村留守儿童阅读服务的实践与思考[J].图书馆研究，2013(2)：79 - 81.

[7] 黄奇杰，侯凤芝.社会力量参与留守儿童阅读服务模式研究[J].中国出版，2017(9)：28 - 31.

[8] 梁丹婷，陈志良，叶霭帆.基层图书馆亲子阅读推广的探索与思考——以东莞图书馆大朗分馆"朗读亲子馆"系列活动为例[J].图书馆理论与实践，2019(7)：102 - 105.

[9] 陶鑫.试论公共图书馆提升未成年人阅读品牌活动品质和效能的途径——以襄阳市图书馆为例[J].新世纪图书馆，2019(7)：48 - 52.

# "新布客":托起贫困儿童的读书梦*

段宇锋①　王亚宁②(华东师范大学经济与管理学部)
周　媛③(贵州省图书馆)

**摘　要**："新布客书屋"充实了贵州省贫困地区儿童的阅读资源,使贵州扶贫工作锦上添花。文章详述新布客建立的缘起,论述新布客品牌以连锁概念运营的历程,重点描述新布客的构建、内涵、统一运营模式、志愿服务,以及公共图书馆文化服务在精准扶贫中的作用。

**关键词**:贵州省图书馆;新布客;新布客书屋

贵州有 50 个国家级贫困县,贫困问题突出,青壮年纷纷外出务工,留守儿童、流动儿童大批出现。他们远离父母,家庭教育以隔代教育和寄养教育为主,由于孩子们的祖辈或受托人的受教育程度普遍较低,有些甚至是文盲,往往只能顾及他们的温饱和人身安全,没有能力辅导学业,更谈不上引导和陪伴他们的课外阅读。

根据《中国城乡少年阅读现状白皮书》,乡村少年儿童的阅读热爱程度丝毫不弱于城市的同龄人,高达 91.8% 受访乡村少年儿童明确表示对课外阅读感兴趣,与城市 96.2% 相差无几。[1]乡村儿童获取课外书的主要渠道是学校图书室或教室图书角,但许多乡村学校配备的图书室来自捐赠,图书陈旧,相当数量的图书还不适合小学和初中阶段阅读,学生实际可借阅图书有限。为此,贵州省图书馆给予留守儿童群体人文关怀,开展阅读服务,打造了"新布客"品牌。本文概述新布客服务的缘由、品牌运行,助益公共文化建设和文化扶贫大业。

---

　*　案例发表于《图书馆论坛》2020 年第 4 期。文中未注明出处的数据和素材来源于对贵州省图书馆的访谈和内部资料,在此衷心感谢贵州省图书馆对本文撰写提供的支持。

　①　段宇锋,华东师范大学经济与管理学部,教授,博士生导师。

　②　王亚宁,华东师范大学经济与管理学部,博士研究生。

　③　周媛,贵州省图书馆。

# 1. 缘起

## 1.1 打造儿童阅读空间

让农村儿童享有与城市儿童平等阅读的权利,培养儿童良好的阅读习惯,是公共图书馆的责任。贵州省图书馆为推动儿童阅读服务,2007 年成立少儿部。2009 年,秉承"至乐读书,共享阅读"理念,贵州省图书馆建了一个近 600 平方米的儿童阅读空间,这是贵州省图书馆界首个儿童阅读主题馆。它包括三大场馆:一是绘本馆,这也是贵州省第一家公益性绘本馆,共有 7,000 多册绘本;二是借阅室,分为图书区、期刊区、光盘区、服务区;三是儿童阅读推广活动中心,有亲子阅读区、活动区、益智玩具区、儿童创意作品展示区、书法体验区。

## 1.2 引入志愿服务机制

儿童阅读空间资源有限,为提升服务能力,贵州省图书馆少儿部 2009 年引入志愿服务机制,与社会各界合作推动阅读推广,其中包括香港乐施会。当时,香港乐施会发展项目中有一类"基础教育项目",主要针对留守儿童、流动儿童和农村小规模学校就读学生,以推动平等教育、推行多元文化素质教育为目标,实施阅读推广、留守儿童关怀陪伴、农民工子女教育等项目。乐施会"基础教育项目"理念与贵州省图书馆儿童阅读推广理念契合,因此,2010 年 1 月至 2013 年 7 月,贵州省图书馆与乐施会合作开展"贵阳市社区儿童阅读共享项目":贵州省图书馆负责策划、制订方案并执行,包括志愿者招募、培训、管理,图书采购、编目、加工,举办阅读推广活动等;乐施会提供经费支持,进行项目审计。项目以绘本为抓手,激发了孩子们的阅读兴趣。在此期间,贵州省图书馆成立阅读推广志愿者团队——"布客儿童阅读推广志愿服务队",专门开展儿童阅读推广活动。3 年中,布客儿童阅读推广志愿服务队为 3 所流动儿童学校组织阅读推广活动 69 场次,受众超过 3,000 人。该项目获"2013 年社区乡镇阅读推广活动优秀案例征集"最佳案例奖第一名[2],为布客书屋建设奠定了基础。

# 2. "新布客"的成长

## 2.1　书屋初建

在贵州曙光小学、黔春小学就读的孩子都是农村进城务工人员子女,父母或监护人往往以捡拾垃圾、背背篓(一种应招搬运工)、卖蔬菜、揽零活或从事环卫、建筑等工作谋生,生存环境恶劣。2010 年 11 月,共青团贵州省委向贵州省图书馆推荐曙光小学和黔春小学,希望改善孩子们的阅读状况。贵州省图书馆与贵州省青少年发展基金会、唐煌导演工作室共同主办"'赠人玫瑰、手有余香'2010 爱心奉献"活动,向社会募集资金和闲置图书。活动于 11 月 20 日开始,12 月 20 日结束,在 10 余所高校和社区设置 22 个爱心募集点,募得图书 3,200 余册,捐赠给了曙光小学和黔春小学;募得善款 2,900 余元,用于这两所学校布客书屋建设[3]。曙光小学书屋和黔春小学书屋成为第一批布客书屋,改善了孩子们无课外书读、无好书读的状况。

德江县是贵州省文旅厅帮扶县,贵州省文旅厅成立"同步小康"驻德江工作队,要求各单位发挥专长,推进精准扶贫。贵州省图书馆决定在扶贫点建设图书室,开展儿童阅读推广活动。2015 年,贵州省图书馆拿出专项资金在贫困地区设置"布客书屋",正式更名为"新布客书屋"。新布客书屋以贵州省图书馆为建设主体,主要服务留守儿童、流动儿童;在达不到建设分馆和流动点条件的地方,为流动人口学校、乡村学校以及特殊群体建设少年儿童公益图书室,成为贵州省公共图书馆延伸服务的重要形式。

## 2.2　"新布客"的内涵

"新布客"的"新"代表"至乐读书·共享阅读"的阅读新理念;"布客"是英文"BOOK"的音译,"布"有传播的意思,"客"有群体的含义,突出"至乐读书"和儿童服务的内涵。书屋的标志被设计为一个孩子坐在书上快乐地读书,隐含英文"BOOK"的缩写"BK"(书的侧面像"B",看书的小孩像字母"K");底色为温暖的橙黄色,象征着阅读就像阳光一样,温暖孩子们的心灵。

儿童时期是公民阅读能力和阅读习惯培养的重要阶段,全民阅读应从少年儿童抓起已成

**图 1　"新布客书屋"的 LOGO**

为社会共识。《关于加快构建现代公共文化服务体系的意见》要求推进文化志愿服务,促进文化志愿服务制度化、规范化、常态化。新布客以"文化志愿服务""阅读推广"打造具有图书馆行业特色的儿童阅读服务品牌。为强化新布客品牌,2016 年 1 月贵州省图书馆向国家商标局申请注册新布客的名称和标志。

新布客由"新布客书屋"、"新布客儿童阅读推广志愿者"、"新布客绘本故事会"3 个子品牌组成。其中,"新布客书屋"是贵州省图书馆整合社会资源援建的公益儿童图书室,也是开展文化志愿服务的平台。依托这个平台,不仅基层少年儿童的文化生活得到了丰富,而且当地的文化志愿者在开展阅读推广活动时也能有章可循。在新布客品牌下,"新布客儿童阅读推广志愿者"为开展阅读推广活动提供人力与智力支持;"新布客绘本故事会"是阅读推广文化志愿服务中一种深受儿童喜爱的活动形式。这 3 个子品牌相互关联支撑,构成贵州省图书馆新布客儿童阅读推广的公益文化品牌。

## 2.3　运营模式

"新布客"坚持"至乐读书,共享阅读"的理念,用心阅读,用爱推广,形成"统一管理、统一标准"的连锁模式,精准高效地提供服务。

### 2.3.1　统一管理

(1)建设流程。从 2015 年开始,贵州省图书馆以连锁模式规范"新布客书屋"的建设,每个书屋大致投入 5 万元。新布客书屋的建设改变了以往单纯捐赠的方式,而是与受赠方共建,具体有社会援建、贵州省图书馆援建、合作援建等多种形式,这些形式解决了以往捐赠资源管理不善、使用不足的问题。

书屋的每个新增点都必须由具有合作意愿的主体首先提出书面申请;贵州省图书馆考察申请方的条件,报送贵州省图书馆办公会批准。审核通过后,双方签订《贵州省图书馆新布客书屋合作协议》。协议内容主要包括:①合作方免费提供独立、安全的场地,3 年内不拆、不迁阅览场地(10 平方米以上);②合作方有专人负责图书的借阅和管理工作,确保图书财产的完整性;③新布客书屋的地理位置能覆盖方圆 2.5 公里范围;④合作方保证书屋每周免费对未成年人开放不少于 2 次,开放时间累计不少于 10 小时。

(2)人员管理。新布客书屋由贵州省图书馆以连锁形式统一管理,不仅负责书屋管理人员的统一培训,还负责在图书管理、少儿活动开展方面给予专业指导。由于贫困地区学校师资有限,书屋管理员由学校任课老师兼任。为缓解老师压力,贵州省图书馆在培训图书管理员的同时,还会培训 20 名学生作为"义务小馆员"。义务小馆员协助图书室管理员登记图书借阅和整理图书,不仅增进了学生与书籍的接触,使他们更加热爱阅读,还从接受帮扶者转变为传递爱心的志愿者,成为孩子们服务他人、自我成长的平台。德江县是国家级贫困县,与贵州省图书馆、贵州省文旅厅"同步小康"驻德江工作队、德江县长堡镇人民政府联合,共建"长堡镇中心完小新布客书屋",服务于 680 名学生,其中 365 名学生是留守儿童。书屋由贵州省图书馆负责图书采购、数据加工、指导藏书排架,贵州省文旅厅"同步小康"驻德江工作队、长堡镇政府负责项目联系和沟通协调督促,长堡镇中心完小提供场地及管理人员,负责图书管理及流通服务。

　　2.3.2　统一标准

　　(1)外观形象。新布客书屋采用统一的形象识别,室外有新布客书屋标识牌和借阅制度标牌,标识牌色彩为橙红色。室内有布客书屋 logo、编号、贵州省图书馆(第一援建单位)以及共建单位的名称。

　　(2)资源配置。从儿童的心理和生理发育特点看,纸本是阅读的最佳资源。贵州省图书馆以《中国儿童分级阅读参考书目》为基本书目,根据新布客书屋的读者年龄段确定藏书配置方案,加入深受孩子们喜爱的品种,如《淘气包马小跳》、《查理九世》,首次配送图书不少于 1,000 册。为保障新布客书屋的资源,贵州省图书馆 2015 年以来每年划拨一笔专款。在图书采购和管理方面,为了让孩子们有更多的阅读选择,原则上每种书只采购 1 本。这些采购的图书会加盖"贵州省图书馆新布客书屋藏书"字样藏书章,标注"NO.＋布客书屋编号＋图书编号"。对捐赠书刊,贵州省图书馆仅清点数目,不盖章,不标注。书屋共建方验收后,将收条返回给贵州省图书馆存档。为丰富孩子们的课外生活,书屋配置了围棋、象棋、跳棋等益智棋类。

## 2.4　志愿者队伍

　　"新布客儿童阅读推广志愿者"是贵州省图书馆于 2016 年 1 月 9 日成立的一支以"新布客书屋"为平台的文化志愿者队伍,前身是"布客儿童阅读推广志愿服务队"。这些志愿者具有从事儿童阅读推广活动的能力,热爱儿童阅读推广活动。志愿者有专门的服务徽章,制定了从一星级到五星级志愿者的晋级规范,志愿者符合表 1 所列任意一项即可晋升。新布客儿童阅读推广志愿者定期开展绘本故事讲述和阅读活动,这就是"新布客绘本故事会"。书屋在社会各界赞助与支持下,每年平均举办约 20 场活动。

表 1　贵州省图书馆"新布客儿童阅读推广志愿者"晋级规范

| ① | 一年中,协助公益性儿童阅读推广活动的组织实施,服务时长达 900 分钟。 |
| ② | 一年中,作为主讲人参与组织实施公益性儿童阅读推广活动 3 次。 |
| ③ | 一年中,参与策划公益性儿童阅读推广活动 2 次。 |
| ④ | 一年中,独立策划组织实施公益性儿童阅读推广活动 1 次。 |

| | |
|---|---|
| ⑤ | 一年中,参与由公共图书馆、政府机关、社会机构等开展的儿童阅读推广培训,课时达 24 学时。 |
| ⑥ | 一年中,赞助开展中型以上公益性儿童阅读推广活动 1 次。 |
| ⑦ | 一年中,参与完成公益性儿童阅读推广课题项目 1 次。 |
| ⑧ | 一年中,对公益性儿童阅读推广活动提出创新思路、可行性方案、建设性意见者。 |
| ⑨ | 当年被评为"优秀阅读推广志愿者"称号者。 |

# 3. "新布客"绽放华彩

## 3.1 改善少儿阅读

在建设每所书屋前,贵州省图书馆都会到当地深入调研。以夜郎小学为例,学校位于国家级贫困县桐梓县的夜郎镇。夜郎镇是夜郎古国故地,距桐梓县城 40 公里,共有 430 名学生,其中留守儿童 113 人。调研发现,虽然夜郎镇具有悠久的历史,夜郎小学也颇具规模,但图书室图书陈旧不堪。4,000 余册藏书中相当部分属于成人读物,可供学生阅读的书刊品种不仅少,而且复本配置不合理,如《技术与识字》竟有 166 本。2016 年 6 月 27 日,贵州省图书馆与夜郎镇政府携手在夜郎小学共建新布客书屋。贵州省图书馆筹备 2,300 余册图书和近 60 种棋类玩具,总价值超过 6.6 万元;同时,在学生中培训 20 名"义务小馆员"。3 年来,夜郎小学通过书屋解决了学生看书难问题。如今贵州已有曙光小学、黔春小学、高坡乡完小、遵义市洪江小学、贵阳市爱心家园自闭症儿童训练中心、安顺市图书馆、威宁县图书馆、湄潭天城小学、盘州图书馆等 36 个新布客书屋。积少成多,聚沙成塔,新布客书屋改善了贵州省儿童阅读状况。

图 2　夜郎镇中心学校书屋

## 3.2　社会广泛认可

新布客成为推动公共图书馆资源均衡利用、促进青少年阅读的品牌。新布客不仅有卓越的服务价值观——"至乐读书·共享阅读",鲜明的服务特色——聚焦于留守儿童等特殊儿童群体,更树立了良好的社会形象——个性化的名称、标识和爱心满满的服务体验。新布客渴望阅读的孩子都能亲近阅读、共享阅读的快乐。

在行业内,贵州省图书馆以新布客为平台,定期举办未成年人公益文化活动,面向全省公共图书馆开展儿童阅读推广活动示范及儿童阅读推广志愿者培训;加强与各市图书馆合作,共同推动儿童服务、儿童阅读推广、志愿者团队建设等工作。

面向社会,贵州省图书馆与超过 30 家社会组织合作,包括基金会、学校、媒体、学生社团、志愿者组织等,支持了新布客乃至贵州省图书馆事业的发展。新华网、《贵州日报》、《图书馆报》等媒体对项目进行了报道,提升了社会各界对新布客的关注和认同,强化了新布客在儿童阅读推广领域的品牌力和影响力。2016 年,"新布客书屋儿童阅读推广服务项目"获得"出版界图书馆界全民阅读年会"全民阅读案例一等奖、贵州省"十大全民阅读活动"等荣誉;2017 年,获得文化部"基层文化志愿服务活动经典型案例"表彰,"新布客儿童阅读推广志愿者"荣获"基层文化志愿服务典型团队"。

## 3.3　助力扶贫工作

公共文化服务在扶贫工作中具有重要意义。公共文化服务要做到贫困群众在哪,公共文化服务的触角就要延伸到哪;贫困群众在哪里,文化扶贫就要精准推进到哪里。贵州贫困地区多,面对公共文化服务欠账多、效能低、效果差的问题,新布客项目在一定程度上保障了留守儿童阅读需求,助推了文化扶贫事业。首先,扶贫先扶志。扶贫既要"口袋富裕",更要同扶智、扶志结合起来。贵州省图书馆作为贵州省开展社会教育、开发智力资源、提供文化娱乐的功能多样载体,以文化资源引领发展观念转变,提升贫困地区群众的精神自信。其次,扶贫必扶智。新布客让贵州贫困地区的孩子们接受良好的文化教育,成为阻断贫困代际传递的途径。最后,治贫先治愚。新布客为贫困地区的孩子们送去读物,将阅读推广扎根于贫困地区儿童,实现了对贫困地区儿童的精准帮扶。授人以书,解学之渴;读万卷书,才能行万里路。对贵州省贫困地区的孩子们来说,书籍就像是他们看世界的"眼睛",为他们开启一扇通往外界的大门,为他们今后走出大山铺就一条光明平坦之路。

**参考文献**

[1] 城乡少年阅读现状白皮书.[2017 - 04 - 28].平安人寿"幕天捐书"项目,中国青少年发展基金会,21世纪教育研究院. http://www.ce.cn/xwzx/gnsz/gdxw/201903/03/t20190303_31602501.shtml.

[2] 贵州省图书馆两项文化志愿服务荣获文化部表彰[EB/OL].[2018 - 03 - 02]. http://dy.163.com/v2/article/detail/DBT4J4T10514RMAE.html.

[3] 首期"布客(BOOK)书屋"爱心图书室落户贵阳2所农民工小学[EB/OL].[2010 - 12 - 30]. http://www.cydf.org.cn/index.php? a=show&c=index&catid=283&id=1431&m=content.

# "背篼图书馆":小背篼里装载着大情怀[*]

段宇锋[①]　王灿昊[②]（华东师范大学经济与管理学部）
常绍慧[③]（云南省大关县图书馆）

**摘　要**：云南省大关县"背篼图书馆"这一创新公共文化服务模式，通过整合文化系统资源和社会资源，用"背篼"这一传统农耕工具为不通公路的偏远贫困地区群众背去了宝贵的精神食粮，响应了国家"扶贫先扶志，治贫先治愚"的号召。文章详述背篼图书馆的源起、发展历程以及"留守儿童流动图书室"建设和政府推动、社会共建等渐趋完善的服务模式；论述背篼图书馆在贫困地区取得的显著社会效应；探讨背篼图书馆的未来发展。

**关键词**：背篼；背篼图书馆；扶贫；公共文化事业

位于我国西南边陲乌蒙山腹地的云南大关县是国家深度贫困地区之一，属于多民族聚居区，山高坡陡，土地贫瘠，交通闭塞。大关县下辖9个乡镇，共有84个自然村，其中68个村属于国家贫困村，8.69万人需脱贫。"悬崖上求生存，峭壁上谋发展"是这里的真实写照[1]。习近平总书记2016年在《东西部扶贫协作座谈会上的讲话》中提出：脱贫首要并不是摆脱物质的贫困，而是摆脱意识和思路的贫困，扶贫必扶智，治贫先治愚。因此，对地处偏远贫困山区不通公路的村寨，怎样以公共文化建设助力扶贫成为现实挑战。

大关县图书馆践行文化扶贫、扶贫先扶智的理念，举办"文化大关——爱读书的大关人"读书节、"文化大关—爱我家乡"征文比赛、中老年电脑基础知识培训班，流动图书车定期到贫困地区开展借阅服务，这些工作丰富了贫困山区群众的

---

\*　案例发表于《图书馆论坛》2020年第4期。文中未标明来源的数据和图片由云南省大关县图书馆提供，在此衷心感谢云南省大关县图书馆对本文撰写提供的支持。

①　段宇锋，华东师范大学经济与管理学部，教授，博士生导师。

②　王灿昊，华东师范大学经济与管理学部，博士研究生。

③　常绍慧，原云南省大关县图书馆馆长。

精神文化生活。然而，大关县图书馆原馆长常绍慧认为，要真正实现全民阅读，这些远远不够。她说："尽管我们已经打通了公共文化服务的最后一公里，但那些在大山深处，不通公路，人迹罕至的贫困地区，我们的服务还没延伸到那里。在全民阅读浪潮中，这些贫困群众不应被遗忘。"正是这样的使命使她组织起了一支送书服务工作队，毅然扛起当地传承了数千年的农耕工具——"背篼"，深入崇山峻岭，将图书和文具送入一个个不通公路的村寨。"背篼图书馆"打通了大关县这个贫困地区公共文化服务的"最后一米"！

# 1. "背篼图书馆"的诞生

2015 年底，常绍慧和 4 名大关县文化系统的同事作为扶贫干部到玉碗镇何家坡指导脱贫工作。虽说是本地人，但此前 5 人都未到过何家坡，那里是镇上唯一不通公路的村寨。50 多户人家中多数是苗族，住在海拔 1500 米的半山上，陡坡上一条不足 50 厘米宽的羊肠小道是通向外界的"交通要道"，当地群众的生活物资只能靠人力徒步两个小时背进去。扶贫工作组进驻后被眼前的景象惊呆了：几乎每家住的都是摇摇欲坠的土坯房，人均面积不足 10 平方米，下雨时屋顶四处透风漏水，墙面、房顶到处都是由于长期漏水而留下的斑驳裂缝。更大的问题是，由于不了解扶贫政策，村民完全不配合驻村扶贫干部的工作，召集村民开会时以各种理由推脱。工作组一连入户 4 次，没有一位村民愿意留工作组在家吃饭，甚至连句"吃完饭再走"的客套话都没有。无法建立沟通机制，扶贫工作一度陷于停滞状态。

常绍慧看到村寨里有很多留守儿童，于是建议工作组下次入村时背点书和文具，给孩子们补过"六一"儿童节。这一想法得到工作组成员和文体局领导的支持。于是 5 个人自筹 2,000 元采购了书包、文具，为村民准备了 300 多册图书和400 多册期刊。为丰富村民文化生活，常绍慧还向分管领导申请，从大关县文体局协调了 1 台便携音响和两只话筒，用 U 盘下载了 200 多首歌曲。2016 年 6 月 4日，扶贫工作组一行 5 人乘车到公路的尽头，背上盛满书籍、文具的背篼，沿着不足半米宽的陡峭山路走向何家坡。这次工作组受到村民的热烈欢迎，甚至有村民等在半路帮着背物资，村民小组长主动做饭招待工作组。村子位于半山腰，村里没有一块平坦的地方，工作组最后在村长家的屋顶给留守儿童们补过了儿童节。孩子们身着苗族盛装，跳着苗族舞蹈感谢，拉进了工作组与村民的关系。返回县城后，工作组向县文体局领导汇报了具体情况，局领导建议将这种扶贫模式扩展至其他不通公路的偏远贫困山村。1 个月后，大关县文体局"背篼扶贫"方案出台，成立了以常绍慧为队长、11 名局职工组成的背篼工作队开展送书服务。

大关县"背篼扶贫"经验得到昭通市文体局的肯定,并在全市推广[2],"背篼图书馆"应运而生。"背篼图书馆"一般设在村民小组长家里,每个借阅点配置1个书柜,430多本图书,300余本期刊。张贴《村民借阅须知》:每人每次可以免费借阅3册图书,期限1个月,可续借;保管好图书,不要丢失,不要损坏,不要涂写乱画;如逾期不还或损坏丢失,要适当赔偿。为了实现标准化管理,大关县图书馆制定《大关县背篼图书馆管理制度》、《背篼图书馆管理员工作细则》等规章制度。

# 2. "背篼图书馆"托起文化扶贫新希望

## 2.1 建立留守儿童流动图书室

留守儿童的健康成长是脱贫工作不可忽视的内容。何家坡是玉碗镇唯一不通公路的村社,住户基本上只能解决温饱。极端贫困使得村中的青壮年选择外出打工补贴家用,空心化现象严重[3]。村里的孩子们要到5公里开外的旧公馆小学上学,无论严寒酷暑,每天天不亮就出门,天黑才能回到家。背篼图书馆的队员们始终记挂着这些孩子,经过多方努力,建立了"留守儿童流动图书室",这是背篼图书馆的提升发展。留守儿童流动图书室让孩子们进一步感受到了关爱,纷纷表示要努力学习,长大后回报社会。

这一模式在昭通市引起强烈反响,昭通市文体局印发《大关县"背篼图书馆"暨留守儿童流动图书室组建方案》,规定背篼图书馆所有工作人员每季度至少1次到各个流动图书室巡回送书、教唱红歌;组织留守儿童开展作文竞赛、互动亲情视频电话、游戏、演出等活动;组织留守儿童集中阅读,加强阅读指导,确保孩子们读好书,形成爱读书习惯,解决留守儿童课外书籍缺乏、家庭教育缺失等问题[4]。方案提出以"充分发挥大关县图书馆图书资源的优势,为贫困偏远山区群众和留守儿童创造良好的读书条件"作为留守儿童流动图书室建设的指导思想。方案制定了四项基本原则:坚持政府主导、公益服务;坚持结构合理、发展平衡;坚持网络健全、运行有效、就近方便、惠及全民;坚持统筹协调、突出带动、完善体系建设。留守儿童流动图书室成为大关县文化惠民工程体系的补充,为实现"文化乐民、文化育民、文化富民"发挥积极作用。

流动图书室设在村民小组活动室(没有活动室的就建在村民小组长家里),由村民小组长负责管理;书柜、图书等资源主要由大关县图书馆负责,运营经费主要来自主管部门的拨款和捐赠;演出、培训、义诊等活动依靠各方面支持。为防止出现闲置不用情况,大关县图书馆实施"三步走"策略,确保流动图书室持续运转:①流动图书室配备专人负责图书借阅及日常管理;②大关县图书馆经常在各个流动图书室开展全民阅读活动,包括征文比赛、演讲比赛、分级阅读活动,创造全民阅读氛围,提高留守儿童的阅读热情;③定期更换图书,以优质资源提升流动图书馆的活力。

## 2.2　政府推动和社会共建

为了增强背篼图书馆的服务能力,确保送书进村组工作落到实处,在大关县政府统一协调下,成立大关县背篼图书馆组建工作领导组和送书服务工作队。领导组的职责是研究背篼图书馆工作,定期召开分析总结会议,适时组织安排活动,充分发挥背篼图书馆的主导引领作用,做到人员安排到位、责任明确到位、措施落实到位。在大关县图书馆设立领导小组办公室,处理日常事务。送书服务工作队根据领导组的统筹安排,组织和实施背篼图书馆送书进村组活动。领导组和送书服务工作队的建立,形成了以大关县图书馆为主导,整合全县资源,融合宣传、统战、教育、民宗、农业、畜牧、林业、卫计、扶贫、防艾办等 22 家成员单位参与的共建模式,实现背篼图书馆与全民阅读活动、精神文明创建和公共文化服务体系建设的有机结合。

政府的强力推动使背篼图书馆的社会效益迅速彰显。随着服务向纵深推进,一些问题和发展瓶颈开始凸显。"兵马未动,粮草先行",经费、人员、物资短缺一直是背篼图书馆最大的掣肘;背篼图书馆服务地区山高路陡,人迹罕至,队员们的安全无法得到保障;这些地区的群众文化水平低,思想认识落后,迷信盛行,对国家政策和开展的活动不了解甚至有抵触情绪,等等。2018 年 3 月,为破解瓶颈,背篼图书馆开展"金点子"有奖征集活动,各界人士提出"金点子"100 多条。在筹集经费方面,背篼图书馆不仅积极向文化主管部门申请专项建设资金,还广泛接受社会捐赠,目前累计投入资金达 35 万元。在人员方面,志愿者队伍的建立缓解了背篼图书馆人力资源短缺。在部分地区,由于文化生活单调、信仰缺失,让邪教有了可乘之机,队员们通过开展政策理论知识培训和少数民族传统文化宣传,将民众的思想意识引导到正确的价值观上来。尤其是苗族志愿者的加入,他们用自身经历向乡亲们宣讲政策,讲到情真意切处,在场的苗族同胞流下了眼泪。这些活动支持了易地搬迁等扶贫工作,抵制和打击了非法宗教传播行为。在物资方面,一些社会组织和爱心人士将学习用品委托背篼图书馆工作人员发放给学生,勉励他们努力学习。目前已收到爱心人士及中华慈善总会等公益组织捐赠的图书 4,200 余册,衣物 200 多件。

图 1　"背篼图书馆"苗族志愿者在宣讲党的十九大精神

背篼图书馆引起新闻媒体的强烈关注,被《中国文化报》头版头条报道,《人民日报海外版》《中国妇女报》《半月谈》《云南日报》等 30 多家媒体转载。中央电视台《文化十分》栏目跟踪采访,以《背篼图书馆打通公共文化服务最后一公里》为题报道了背篼图书馆。

## 2.3　"背篼图书馆"遍地开花

政府的重视、社会力量的参与使背篼图书馆的服务范围和能力有了巨大提升。2016 年以来,背篼图书馆从刚成立时只有 2,000 元经费的 5 人小分队,发展到由 200 多人组成的背篼图书队。截止到 2019 年初,背篼图书队先后深入 6 个乡镇 15 个村民小组,在大关县高海拔贫困地区,如玉碗镇何家坡(苗寨)、悦乐镇海坝(苗寨)、悦乐镇堡山"光棍村"、悦乐镇太阳坝(苗寨)、上高桥乡大麻窝、蛤蟆塘、阴山林口、罗汉林、陆坪、小沟等地,建起 15 个背篼图书馆,覆盖 650 余户 2,000 余人;赠送书柜 14 个、图书 5,880 册、期刊 4,200 册,以及各类学习用品,共计 18.2 万元[5];发放收音机、电视接收机 300 余台,共计 16 万元。举办苗族舞蹈培训 3 次、芦笙制作培训 5 次、口弦制作培训 3 次、弩制作培训 6 次,送演出 13 次,双语讲解十九大全会精神 5 次。通过背篼图书馆宣传和影响,何家坡已落实 150 余只绵羊养殖项目,实现了适龄儿童全部入学,通往何家坡的公路已建成通车,结束了何家坡不通公路的历史;海坝苗族聚居区和堡山自然村易地搬迁安置工作全面落实[6];大麻窝已解决 33 名适龄儿童求学的师资配备;堡山自然村易地扶贫搬迁安置点建设接近尾声;迷信问题得到根本性改善,易滋生邪教的土壤得以铲除。

# 3. "背篼图书馆"的社会效应

## 3.1　服务到基层，和谐入人心

　　背篼图书馆背出了一条扶贫扶志的公共文化服务新路子，背出了一个个感人的故事。队员们牺牲与家人团聚时间，周末早上出门，晚上回城。夏天，顶着近40摄氏度的高温前往堡山村，队员们晒黑了脸，磨破了背，汗水湿透了衣襟。到海坝苗寨的道路泥泞，大家忍饥挨饿，餐风沐雨，没有叫一声苦，说一声累。面对困难，队员们没有退缩，都说："路再远，山再高，坡再陡，都挡不住我们的脚步，我们愿意背着盛满知识的背篼坚定前行，用自己的双脚和背篼为深山里的群众送去精神文化食粮。"[7]天星镇龙塘村处于深山，路况复杂，越野车在颠簸的路上连续三次爆胎。当地村民知道背篼图书队要来，冒着大雨早早来到车行驶不了的地方帮助队员搬运物资。身着盛装的苗族男女站在村头，用最隆重的苗族礼仪——"拦路酒"欢迎队员们的到来[8]。队员教孩子们苗族传统舞蹈、芦笙演奏，开展读书活动；临别时孩子们唱着歌，挥着手，翻越好几座山头送队员们下山。车在拐弯处陷在泥里无法行驶，站在山头送别的孩子们看到后跑回村里喊来村民，和队员们一起将车抬了出来。所有人的鞋子、衣服上都沾满了泥，但脸上却挂满了笑容，其乐融融的和谐场景成为心中最美的记忆。

图 2　"背篼图书馆"走进龙塘

## 3.2　净化精神家园，巩固思想阵地

　　贫困山区长期闭塞，社会文明程度低，陈规陋习根深蒂固。生病了不就医、乱

就医,靠信教搞法事,请神汉驱鬼辟邪、接受邪教组织成员洗礼;人死了请阴阳先生看风水、选坟地、做道场,出现邪教抬头、迷信盛行现象。背篼图书馆给贫困山区群众送文化、送知识、送政策、送科技,保障他们的基本文化权益,"填平补齐"了群众多样化的文化需求,发挥了文化育民作用,推进了社会主义核心价值观在贫困山区落地生根。背篼图书馆覆盖的山区,人人讲和谐、处处讲美德、时时讲环保、事事讲文明的良好风尚逐渐形成,用知识改变命运、用文明打造乡风、用智慧创造财富的观念被广泛接受。

### 3.3　鼓舞信心斗志,助力精准脱贫

受地理环境、社会经济、人文氛围等因素影响,贫困山区群众大多安于现状,脱贫内生动力不足,"等、靠、要"思想严重,"干部着急,群众不急""干部干,群众看""靠着墙根晒太阳,等着别人送小康"问题不同程度地存在,个别贫困户不配合甚至抗拒脱贫的情况时有发生。背篼图书馆最大限度地调动和发挥群众的积极性、主动性,激发自我脱贫、自我发展意识,变"要我富"为"我要富";把文化建设与扶智和扶志深度融合,以文化引领发展理念、发展方式的转变,既扶思想、扶观念、扶信心,又扶思路、扶知识、扶技术,让贫困群众有了"愿飞"的意识、"先飞"的行动。靠能力养家富家,进而服务社会已成为大关县贫困山区的主流意识。

### 3.4　提升技能素质,增强致富本领

大关县贫困地区群众收入偏低,增收渠道有限。绝大多数村民靠种植马铃薯、圈养牲畜等维持简单的再生产;交通不便、信息闭塞导致生产力长期低下,农业产业化经营难度大。背篼图书馆在送文化、送知识的同时送技能培训,根据群众脱贫致富需求,会同农业、人力资源等部门邀请农业养殖专家到村指导培训,提升了群众的农业科技水平,培养出一批具有一定科学文化素质和掌握实用技术的新型农民和科技致富带头人。在背篼图书馆引起越来越多关注的过程中,好多先前不通公路的村寨建成了"村村通"公路,农产品市场流通显著改善,村民增收渠道多元,为脱贫致富打下了坚实的基础。

# 4.　思考

### 4.1　社会力量是图书馆事业发展的助推器

谈及背篼图书馆,大关县图书馆原馆长常绍慧说:"最困难的不是山高路远,不是背篼沉重,而是没有足够的图书支持。图书馆每年3万元的管理经费只能满

足购买期刊的需求,而没有新的图书补充,背篓图书馆的作用就无法发挥。"事实上,经费匮乏不仅是背篓图书馆的桎梏,也是绝大多数中西部基层图书馆共同面临的问题。

我国公共图书馆运营经费主要来源于中央和地方财政拨款。由于区域经济发展不平衡,中西部地区基层图书馆投入远远低于东部地区。近年虽然中央加大了对中西部地区文化事业的支持力度,出台了一系列有利于中西部文化事业发展的政策,但中西部与东部地区在公共图书馆事业上的投入差距并没有缩小,甚至还有越来越大的倾向。张博认为,推动公共文化事业发展的巨大动力来自社会力量,即文化类非政府组织和庞大的社会资本[9],前者中的成员大多具有专长,参与公共文化建设的积极性高,文化志愿者队伍就是鲜活的体现;后者是指我国拥有的雄厚的社会资本。背篓图书馆在建设过程中,除了积极争取主管部门的直接投入,还整合慈善机构、志愿者等社会资源,以弥补在经费、人力、物资等方面的不足。吸纳社会力量参与公共图书馆建设和服务虽然已是被广泛接受的理念和实践方式,但如何因地制宜,最大化地发挥社会力量的效用,还是工作中的难点。

## 4.2　应运而生,与时俱进

背篓图书馆源于脱贫攻坚工作。随着脱贫攻坚战向纵深发展,许多偏远山区的村民已经易地搬迁,住进了宽敞明亮的新家,摘掉了贫困户的帽子。在新形势下,背篓图书馆还有存在的必要吗?未来何去何从?背篓图书队的队员们对此非常乐观。他们认为,可以借鉴发达地区覆盖乡村和社区的图书馆服务体系建设实践,依托背篓图书馆的品牌,坚持可持续发展、因地制宜、统筹规划、适度、效益优化、普遍均等原则[10],在易地搬迁后的社区安置点设置分馆,以县图书馆作为总馆,各乡镇图书馆、社区图书馆作为分馆,在人员、财务、服务等方面统一管理。据统计,2018 年大关县约 30 万人,人均馆藏仅 0.15 册,公共图书馆如何保障民众日益增长的精神文化服务需求依然是一项艰巨的任务。

**参考文献**

[1] 常绍慧.行走在大山里的"背篓图书馆"——云南省大关县图书馆开展全民阅读活动纪实 [J].新阅读,2018(6):40－41.

[2] 云南"背篓图书馆"在行走中壮大[OL].[2016－11－17].http://www.csln.net/dgxtsg/ clients/0034/Index.aspx? job＝viewnews&pageid＝500-56102.

[3] 云南大关:"背篓图书馆"情暖留守儿童[OL].[2016－06－14].http://paper.cnwomen. com.cn/content/2016-06/14/028575.html.

[4] 昭通市文体广电旅游局.大关县"背篓图书馆"暨留守儿童流动图书室组建方案的通知[Z]. 2016－07－21.

[5] 行走在大山里的"背篓图书馆"[OL].[2019－03－06].http://gongyi.people.com.cn/GB/

n1/2019/0306/c424397-30960693.html.

［6］大关"背篓图书馆"走进堡山安置点,助力脱贫攻坚［OL］.［2018 - 08 - 21］.http://www. csln.net/dgxtsg/clients/0034/Index.aspx? job＝viewnews&pageid＝500-64072.

［7］行走在大山里的"背篓图书馆"——云南大关打通公共文化服务最后一公里［OL］.［2016 - 08 - 02］.http://ll.sxgov.cn/content/2016-08/02/content_7340281.htm.

［8］云南·大关"背篓图书馆"走进龙塘——文化引领,精准扶贫［OL］.［2017 - 07 - 20］. http://www.csln.net/dgxtsg/clients/0034/Index.aspx? job＝viewnews&pageid＝500-58550.

［9］张博.城镇化进程中公共文化服务建设面临的机遇与挑战［J］.人民论坛,2014(26):168 - 170.

［10］王凌.中西部地区县图书馆总分馆制建设研究［J］.新世纪图书馆,2014(9):73 - 76.

# 百姓书社：都市乡村的书香风景*

黄　莺①（上海市嘉定区图书馆）

张军玲②　段宇锋③（华东师范大学经济与管理学部）

**摘　要**："百姓书社"是嘉定基层文化的重要载体，为实现城乡均等化全域公共文化服务体系打下了基础。文章梳理从 20 世纪建立居委（村）图书室，到 2006 年筹备实施、运营管理百姓书社的历程；概述建设过程中遭遇的困难和应对策略，揭示百姓书社的服务内容。

**关键词**：百姓书社；嘉定区图书馆；图书馆服务体系；基层图书馆

一家"百姓书社"，为爱书的居民点亮一盏阅读的灯；一家家"百姓书社"，是嘉定城市文化底蕴的见证。百姓书社是上海市嘉定区图书馆（以下简称"嘉定馆"）延伸服务的创新，消除"最后一公里"障碍，满足百姓精神文化需求。2018 年在"中国图书馆学会年会·中国图书馆展览会"上，百姓书社项目获评"'中国图书馆最美故事'系列风采展示活动之创新案例"。荣誉的背后是嘉定馆 10 余年来秉持"延伸服务"理念，对公共文化服务体系持之以恒的探索。

# 1. "百姓书社"伊始

20 世纪 90 年代正值计划经济向市场经济转型阶段，农村社会主义市场经济发展焕发了亿万农民对科技致富的热情，农民在养殖业、种植业、农副产品加工业

---

\*　案例发表于《图书馆论坛》2020 年第 4 期。文中未注明出处的数据和素材来源于对嘉定区图书馆的访谈和内部资料。

①　黄莺，上海市嘉定区图书馆馆长。

②　张军玲，华东师范大学经济与管理学部，硕士研究生。

③　段宇锋，华东师范大学经济与管理学部，教授，博士生导师。

等经济活动中需要的技术信息、供销信息,相当部分来自居委(村)图书室。为此,中央制定"绿色证书"计划、"万村书库工程"、"知识工程"、"知识扶贫"等政策鼓励区(县)图书馆加大对居委(村)图书室的建设力度[1]。嘉定区政府将建室工作列入城乡精神文明建设内容,在 17 个镇、2 个街道、1 个工业开发区和 1 个筹建小区共 300 个居委(村)建成图书室 111 个[2]。21 世纪初,嘉定区政府为加强新郊区、新农村建设,一方面在部分农村实施城市化改造,一方面对乡镇进行调整与合并。在这一进程中,嘉定城乡图书馆服务体系在覆盖面上出现新的空白。

《嘉定区 2003—2005 年经济和社会发展三年行动计划纲要》强调加强文化设施建设,以打造历史文化名城形象。2004 年 10 月 22 日,嘉定馆加入上海市中心图书馆,成为 28 家分馆之一。同年 12 月,区财政投资 300 余万元,首次改建嘉定馆。改建后建筑面积 4,183 平方米,环境优美,现代设施齐全,读者门庭若市。强烈的社会反响推动嘉定馆建设包括区、镇(乡)、街道、社区(农村)图书馆服务体系,有镇级图书馆 9 所,乡级图书馆 1 所,街道级图书馆 4 所,社区(农村)图书馆若干,以保障居民基本文化权益。之后嘉定馆根据城市化进程中的人口变动情况,考虑让图书馆服务向新社区(即动迁居民社区、外来建设者社区等)延伸。

# 2. 问题指引谋求发展方向

在工作开展前,嘉定馆对居委(村)图书室建设现状进行调研,发现在一些条件较好的动迁居民社区和外来务工人员集中居住的公寓,镇图书馆通过社区图书室、"个体户"图书室等形式为居民提供服务。比如,海伦小区在居民家中建立"个体户"图书室服务周边百姓。还有一些社区自发形成类似图书室的场所,如居民委员会干部定期为社区老人读报读书的场地。为进一步了解基层图书馆服务效果,嘉定馆联合华东师范大学信息学系对镇村中不同级别的图书馆进行调查。在选取的 8 所图书馆中,4 所是直接设立在居民身边的居委(村)图书室,另 4 所镇图书馆也在中心位置,但对"改善图书馆服务最需要的"这一问题的反馈信息中,选择"增加图书馆数量或流动借阅点"的读者占 65.7%[3],表明基层图书馆服务难以满足居民需求。分析发现,问题主要源于:一是布局问题。首先,随着镇级管理体制变化,部分乡镇合并,镇级图书馆服务半径扩大。其次,新居民社区增加,出现许多类似动迁居民集中居住的海伦小区和外来务工人员集中居住的永盛公寓这样的新型社区,对图书馆服务需求迫切。二是管理问题。虽然部分基层图书馆重视服务宣传,甚至提出有奖办证、借阅举措,但大多基层图书馆管理者并不在意读者流失,缺乏主动推广图书馆的理念。大部分管理人员对基础运营工作,如开放时间告示、基本布局介绍、服务项目标识等没有起码的规范意识,借书证年费甚至高于市馆读者证。有些管理人员即使意识到运营方式不当,也没有改进意愿。

镇级图书馆完全按照行政级别设立,无法新增。为此,嘉定馆决定通过居委(村)图书室来扩大图书馆体系覆盖范围。适逢十六届五中全会提出把建设社会主义新农村作为"我国现代化进程中的重大历史任务",强调新农村建设的一项任务是文化建设,主要指在加强农村公共文化建设的基础上,开展多种形式的具有地方特色的群众文化活动,丰富农民精神文化生活。为此,嘉定馆通过专家咨询和内部多轮开会商讨,制定《嘉定区"新农村图书馆建设工程"实施计划》,考虑到镇级图书馆管理问题频现,难以承担起建设和管理职责,决定由区馆直接管理居委(村)图书室,镇图书馆配合[4]。嘉定馆将使用率较高的居委(村)图书室转型纳入百姓书社体系。解决完基层馆管理问题后,针对布局难点,嘉定馆提出在需求密切的空白点建立百姓书社,不仅可动态适应城乡人口结构变化,而且选点直接面向弱势人群,弥补已有服务网点覆盖不到的薄弱环节。

# 3. "百姓书社"工作逐步展开

## 3.1 诞生

2006 年 8 月,嘉定馆"新农村图书馆建设工程"计划得到区政府批准并获得区财政支持。10月"百姓书社"项目启动,嘉定区文广局主办,嘉定馆实施。首先选择一批居委(村)图书室转型成百姓书社,包括人口较多的乡村的村级图书室、新农村建设示范村的村级图书室、外来人员集中居住的新建社区居委图书室,以及政府与社区共同投入建立的居委图书室。与此同时,嘉定馆联络基层负责人收集百姓需求反馈,勘探图书馆服务空白点,嘉定馆再派馆员调研判断是否适合作为设立百姓书社的选址。根据调研结果,选择安亭、马陆、工业区等 6 个街镇 8 个点进行百姓书社试点。每个书社由政府投入资金配置文献、书架、报刊架、桌椅等,嘉定馆负责统一采购、编目、配送,每隔半年更新 300 册图书。嘉定馆还要求每个书社必须保证提供 500 册图书、10 种报纸、15 种杂志以及多媒体资源用于日常服务。项目推进中遇到选址、管理、人财物不足困难,为此引入志愿者。通过基层管理人员推荐,一些退休干部和教师,甚至企业愿意无偿提供房屋建设百姓书社,承担运营管理职责。

政府支持不仅解决了百姓书社文献资源品种少的问题,更重要的是为基层建立起文献服务能力。2007 年初百姓书社列入区政府文化建设实事项目,向 13 个街镇推广,成为嘉定首批基层特色文化活动载体。百姓书社为农家书屋推进提供了经验,2009 年底嘉定率先实现全部行政村农家书屋建设。

## 3.2　运营

(1)标准化管理。嘉定馆为 100 家百姓书社配置统一标识,在百姓书社标识牌上印制嘉定馆 logo,并将标识牌摆放在百姓书社显眼位置,以表明百姓书社是嘉定馆服务体系的一部分。这样不仅向新读者宣传嘉定馆,使其对总馆有一定印象,也让嘉定馆老读者放心走进百姓书社。其次,出台系列规范指导百姓书社工作。《百姓书社借阅制度》提出图书需开架借阅、外借需登记、借阅册数最多 2 本且 14 天内需归还、报刊只提供阅览不外借等;《百姓书社管理员岗位职责》明确志愿者管理员的基本工作内容,包括公示开放时间、每周开放时间不少于 20 小时、按照《中图法》索书号排架和整理、借阅记录保持完整、保障阅读环境舒适安全。

(2)志愿者培训。百姓书社没有配备专职管理人员,依靠志愿者运营。为提高志愿者服务能力,采用授课方式统一培训。培训内容包括:讲解岗位职责,确保理解每一条规范的含义,如开放时间、开架借阅、外借登记、赔偿制度;进行百姓书社空间规划和设备使用指导形式;邀请专家开展阅读推广等主题讲座。

(3)进行评估和激励。嘉定区文广局每年委托第三方评估机构对百姓书社进行评估,迄今 6 次评估,评估标准包括是否按照规定时间开放等。对表现优异的百姓书社,嘉定馆进行激励。首先,根据评估结果选出"嘉定区优秀百姓书社及区示范点",举办表彰大会。其次,部分街镇图书馆为优秀百姓书社赠送硬件设备作为奖励,如南翔镇"朱振芳百姓书社"成立十周年获赠一批数字阅读听书机。与此同时,嘉定馆每年召开志愿者表彰大会,表彰优秀志愿者团队和个人,奖项分为"无私奉献奖"、"特别贡献奖"两类。"无私"是指志愿者们无论春夏秋冬、严寒酷暑,放弃休息时间,为社会发光发热;"特别"是指志愿者使用自己的优质资源和平台为百姓书社提供新服务项目、提升服务品质。

# 4.　"百姓书社"服务内容

基于已建成的"百姓书社"设施网络,嘉定区图书馆进一步明确"百姓书社"的服务内容定位:一是以提供阵地服务为基础业务,二是依托于社会力量延伸服务内容。

## 4.1　基础服务:打造文化生活阵地

嘉定馆支持百姓书社开展专家讲座和学习活动,如百姓书社通过读书活动、座谈会等配合相关单位开展迎接上海世博会、文明城区创建等工作,成为全新的政府宣传平台。百姓书社也自发策划特色活动,如朱振芳百姓书社在传统节日举办庆祝会,周边百姓主动表演节目。在这里以书为媒,以书为友,给人书家一体之感,搭建起新农村百姓文化交流阵地,2016年被评为嘉定公共文化服务标准化建设试点。

嘉定馆关注特殊群体的文化权益保障。2005年底以来在马陆镇永盛公寓和澄城公寓、江桥镇幸福村3个外来务工人员集中居住地建起"外来建设者读书俱乐部"[5],成为百姓书社体系一员。嘉定馆提供3,000余册藏书、50余种报刊、电子阅览设备,定期更换新书和报刊。外来建设者读书俱乐部成为集书报刊借阅、读书活动开展、培训讲座等服务于一体的文化生活阵地。

## 4.2　延伸服务:配送文献资源至家

为满足出行不便的读者的阅读需求,安亭镇老年骑游队成立"安亭书香环游志愿者服务队",主动请缨配送图书。共有26名队员,其中年纪最大的79岁,最小的52岁。他们分成4组,穿着统一的红色队服,背着统一的鹅黄色书包,骑着自行车将书报送至预定的每家每户。他们还将办理读者证的业务延伸到乡间,如果读者有办证需求,便在"书香环游"记录本上留下信息,汇总给镇图书馆,镇图书馆办理好读者证,再由骑游队下次配送时送到百姓手中。骑游车队被老百姓亲切地称为"车轮上的图书馆"。

图1　书香环游志愿者服务队配送图书

# 5. 结语

百姓书社在嘉定经济社会结构转型中孕育,实现了空间、管理和服务创新,为嘉定社区和农村营造了和谐的精神文化家园。2006年启动以来,嘉定共建成百姓书社100家,馆舍面积近4,000平方米,每年更新图书6万册,2018年借阅人次近 21 万,与 1 个区级总馆、12 个镇级分馆、30 个"我嘉书房"、110 个农家书屋、5 个街区智慧图书馆共同织就了一张便捷的公共图书馆服务网络。纵观百姓书社建设过程,文化主管部门没有投入太多建造用房和管理费用,便让居民在自家附近就能借阅书报刊,得到各界的肯定和赞誉。百姓书社已走过 10 多个春秋,支撑嘉图人一路走来的正是竭力为基层提供阅读服务的赤诚之心。

**参考文献**

[1] 滕占山,孙辉.浅谈农村图书馆(室)在网络化建设中的末梢传导作用[J].图书馆建设,1997(5):47-48.

[2] 袁国英.建立居委(村)图书室的探讨[J].图书馆杂志,1999,18(8):42-43.

[3] 金燕,范并思.城市化进程中的郊区新农村图书馆建设——嘉定区基层公共图书馆调查与建议[J].图书馆杂志,2007,26(3):26-28.

[4] 老槐的博客.嘉定区的"百姓书社".[EB/OL].http://oldhuai.bokee.com/6035673.html.

[5] 中国文化报.第五届全国服务农民、服务基层文化建设典型选登[EB/OL].[2013-12-16].http://www.zjcnt.com/content/2013/12/16/221127.htm.